JN058956

高橋昌一郎
Takahashi Shoichiro

天才の光と影

ノーベル賞受賞者23人の狂気

PHP

はじめに

空の晴れ渡った初夏のある日、山林に囲まれた渓谷の遊歩道を歩いていると、滝が流れている。いわゆる「マイナスイオン」の空気がとても美味しく、呼吸するたびに心が癒される。滝の周囲に検電器を設置すると、実際に大気がマイナスの電荷に帯電していることがわかる。滝の水滴が微粒化する際、プラスに帯電した大きい水滴が重力で落下し、マイナスに帯電した微小な水滴のみが大気に残るからである。この現象は、その原因を解明したドイツの物理学者フィリップ・レーナルトの名前を取って「レーナルト効果」と呼ばれる。

レーナルトは、巧妙に「電子線」を取り出せる特殊な「レーナルト管」を発明し、その後の「光電効果」の研究に多大な貢献をもたらしたことでも知られる。その結果、彼は「陰極線に関する研究」により、一九〇五年にノーベル物理学賞を受賞した。

さて、ここまで読んでくださった読者は、レーナルトをどのような人物と想像されるだろうか？　もしかすると、勤勉かつ研究熱心で、優しく温厚な人格者を思い浮かべるかもしれない。ところが、実はそうではないのである！

レーナルトの「狂気」は、ノーベル賞受賞の年から始まる。科学史上、一九〇五年は「奇跡の年」と呼ばれている。たった一年のあいだに、スイスの特許局に勤務するアルベルト・アインシュタインという無名の二十六歳の青年が、物理学を根本から覆す「特殊相対性理論」をはじめとする三つの主要論文を立て続けに発表したからである。世界の物理学界は、華々しく登場したアインシュタインの斬新な理論の話題で騒然となり、レーナルトの栄誉は、その陰に隠れてしまった。

そこから嫉妬と憎悪を募らせたレーナルトは、学問的にも人格的にもアインシュタインに対する攻撃を開始した。彼は、相対性理論を「机上の空論」と断定し、アインシュタインに論争を挑み、アインシュタインの業績を徹底的に貶めてノーベル賞授与を妨害し続けた。

さらに、アインシュタインがベルリン大学教授として迎えられ、ドイツで最も権威ある「カイザー・ヴィルヘルム研究所」の所長に就任すると、レーナルトの激怒は頂点に達した。アインシュタインは、レーナルトよりも十七歳も年下で、しかも彼の軽蔑する「ユダヤ人」であるにもかかわらず、レーナルトが羨望してやまない地位に昇りつめたからである。

レーナルトは、自分の実験物理学こそが「アーリア物理学」だと主張し、アインシュタインの理論物理学を「ユダヤ物理学」と名付けて排斥した。そのうえ『アインシュタインに反対する一〇〇人の著者』という書籍を監修し、台頭してきたナチスと手を組んで「ユダヤ物理学」の書籍や論文を焼き尽くした。レーナルトの「狂気」がいかに凄まじいものだったか、第二章をご覧いただきたい。

ここで私が「狂気」と呼んでいるのは、「常軌を逸脱している」あるいは「尋常ではない」という精神状態である。一般に、ノーベル賞を受賞するほどの研究を成し遂げた「天才」は、すばらしい人格者でもあると思われがちだが、実際には必ずしもそうではない。

レーナルトのようにヒトラーの写真を誇らしげに書斎に飾っていた「ナチス崇拝者」もいれば、「妻と愛人と愛人の子ども」と一緒に暮らしたシュレーディンガーのような「一夫多妻主義者」もいる。「光るアライグマ（実はエイリアン）」と会話を交わしたという「薬物中毒」のキャリー・マリスや、「アルコール依存症」で売春街から大学に通ったヴォルフガング・パウリ、「超越瞑想」に「オカルト傾倒」して周囲を唖然とさせたブライアン・ジョセフソンのようなノーベル賞受賞者もいる。

要するに、どんな天才にも、輝かしい「光」に満ちた栄光の姿と、その背面に暗い「影」の表情がある。本書では、とくに私が独特の「狂気」を感得したノーベル賞受賞者二三人を厳選して、彼らの数奇な人生を辿った。執筆に際しては、できる限り原典資料を掘り起こし、これまでに知られていないエピソードをふんだんに織り込んだつもりである。読者には、天才と狂気の紙一重の「知のジレンマ」から、通常では得られない「教訓」を読み取っていただけたら幸いである。

天才の光と影　目次

第四章 ニールス・ボーア
理想を追い求め挫折した天才

第五章 オットー・ハーン
幸運に恵まれた酒飲みの天才

第八章

アルベルト・アインシュタイン
愛と独創性に満ちた破天荒の天才

第九章

アルベルト・アインシュタイン(続)
世界のヒーローとなり、複数の女性と不倫し、ノーベル賞賞金を慰謝料にした天才

第十章

エルヴィン・シュレーディンガー

実在を追い求めた一夫多妻主義の天才

第十一章

ポール・ディラック

虐待を乗り越えた孤高の天才

第十四章

エガス・モニス

パリ講和会議全権大使を務め、ロボトミー手術を確立した恐怖の天才

第十五章

ライナス・ポーリング

量子化学を確立し、核廃絶を提唱し、ビタミンCを妄信した天才

第十八章

リチャード・ファインマン

量子電磁力学を確立し、ボンゴを叩き、チャレンジャー号事故を究明した天才

第十九章

ニコラス・ティンバーゲン

動物行動学を確立し、ナチスに抵抗し、自閉症の原因を親に求めた天才

第二十章

ブライアン・ジョセフソン

超伝導体の量子効果を解明し、超心理学に傾倒する天才

第二十一章

キャリー・マリス

「PCR法」を確立し、女性とサーフィンを愛し、LSDに溺れた天才

第二十二章

ジョン・ナッシュ

「ナッシュ均衡」を確立し、「プリンストンの幽霊」と呼ばれ、精神崩壊から立ち直った天才

01

第一章

フリッツ・ハーバー

人類を救済し、殺戮した天才

Fritz Haber

1918年　ノーベル化学賞

■誕生がもたらした悲劇

フリッツ・ハーバーは、一八六八年十二月九日、ドイツのブレスラウに生まれた。ブレスラウは、十八世紀にハプスブルク帝国からプロイセン王国に割譲(かつじょう)され、その後ドイツ領となったが、第二次世界大戦後はポーランド領となり、「ヴロツワフ」と名称を変えている。現在の首都ワルシャワから西南約三五〇㎞地点に位置する静かな都市である。

ハーバーの祖父は、織物業で財を成した裕福なユダヤ人だった。彼には五人の子どもがいたが、自由奔放な性格の長男が国外に飛び出したため、次男ジークフリートが家業を継ぐことになった。

二十一歳になったジークフリートは、叔父の幼馴染（おさななじみ）の娘パウラと結婚した。彼女は十九歳で、すばらしい美人だったという。周囲の親戚は、いとこ同士の結婚に反対したが、熱烈な恋に落ちていた二人は、結婚を強行した。その翌年、二人のあいだに生まれたのが、ハーバーである。

ハーバーの誕生は、もちろん夫妻にとって喜ばしい出来事だったが、ジークフリートに深い悲哀（ひあい）をもたらした。というのは、彼の最愛の妻パウラが、産後不良のため、出産から三週間後に亡くなってしまったからである。

父親ジークフリートは、その後の生涯にわたって息子ハーバーと事あるたびに対立し、温かく接することがなかった。その潜在的な原因は、ハーバーの誕生がもたらしたパウラの死にあったのかもしれない。

当時のドイツでは、不況のため織物の価格が下落を続けていた。先見の明のあったジークフリートは、ブレスラウ周辺で多く栽培されているアカネ草が赤い色素を多く含有する点に目を付けて、家業を思い切って全面的に染料業に転換させた。

ジークフリートは、愛妻の死を忘れるためか、猛烈に仕事に没頭した。彼は、アカネ草をはじめとする多彩な植物から染料を抽出するばかりでなく、生薬を精製販売することによって、莫大(ばくだい)な利益を得た。

そしてジークフリートは、パウラの死から六年後、十九歳のピアニストであるヘドヴィッヒを音楽会で見初(みそ)めて、結婚した。彼女は繊細(せんさい)で聡明な女性で、前妻の子ハーバーにも優しく接している。その後、彼女は、ジークフリートとのあいだに三人の娘をもうけた。

再婚までの六年間、ほぼ父親から見捨てられていた幼児ハーバーの面倒を見たのは、ジークフリートの妹イダと、パウラの兄ヘルマンの家族だった。ハーバーは、親戚のユダヤ人共同体のなかで育てられたのである。

■化学実験と決闘

十一歳のハーバーは、ギムナジウム（中等教育機関）に入学した。彼は、ギリシャ語とラテン語で優秀な成績を収め、とくに古典文学と詩学を好んだ。ハーバーは、父親と継母と幼い妹たちの前で、ゲーテの『ファウスト』の台詞(せりふ)を暗記して披露したこともあったという。

成長するにつれて、ハーバーの関心は数学と自然科学に移行していった。家には、生地の染色に使う天然染料や化学薬品があったので、自室で化学実験を行なっていたところ、異臭を発生させたため、父親から実験を禁止されてしまった。だが、伯父のヘルマンが、彼の家の倉庫で実験を続けることを許してくれた。

十七歳のハーバーは、ギムナジウムを優秀な成績で卒業し、ドイツ圏の大学への「大学入学資格」を取得した。ところが、自分が築き上げた染料業をハーバーに継がせようと考えた父親は、大学進学に反対し、ハーバーをハンブルクの染料商会に弟子入りさせた。

勉強好きのハーバーにとって、商人の弟子になって雑用を言いつけられる日々は、耐え難い苦痛だった。彼は、二カ月後、商会を勝手に辞職して、家に戻ってきてしまった。

激怒した父親ジークフリートをとりなしたのは、継母ヘドヴィッヒと伯父ヘルマンである。彼らの説得のおかげで、ハーバーは、大学に進学できることになった。

一八八六年九月、ハーバーはベルリン大学に進学し、翌年、ハイデルベルク大学に移籍して、ロベルト・ブンゼンのもとで化学を学んだ。

ブンゼンは、原子番号37「ルビジウム」と原子番号55「セシウム」を発見し、「ブンゼン・バーナー」を開発したことでも知られる。実験中の爆発のために片眼を失ったが、生涯独身で研究に没頭した人物である。

さて、当時のドイツの大学生のあいだでは、「メンズーア」と呼ばれる「決闘」が流行していた。二人が剣をもち、フェンシングのようなスタイルで戦い、どちらかに負傷や流血が認められれば、審判が終了を宣言する。大学生同士の口論や喧嘩がエスカレートすると、この方法で決着をつけたのである。

そこで驚くべきことは、ハーバーが大学時代に決闘を行なったという事実である。いかなる理由で誰と決闘したのか記録は残っていないが、彼の顔面左側には、唇から顎にかけて深い傷跡がある。このエピソードから、彼の内面に、非常に血気盛んな一面のあることがわかる。

一八八八年から一八八九年にかけて、十九歳のハーバーは、当時のドイツ国民の義務である兵役に就いた。彼は、砲兵連隊に所属し、休暇中のダンス・パーティで、十七歳のクララ・イマヴァールと出会った。

クララの父親は、かつてハイデルベルク大学のブンゼンのもとで化学を学び、砂糖工場の経営者になった化学者である。娘のクララは、教員養成学校の学生だった。ハーバーは、ここで将来の妻クララに一目惚れした。

兵役を終えたハーバーは、シャルロッテンブルク工科大学に編入した。この大学では、アカネ草の赤い色素「アリザリン」を合成させた業績で知られる化学者カール・リーバーマンに師事している。彼が青春を謳歌したハイデルベルク大学に戻らなかったのは、おそらく父親がリーバーマンのもとで学ぶように指示したからだろう。

一八九一年、二十二歳のハーバーは、香料や向精神薬の原料になる有機化合物「ヘリオトロピン」に関する論文で博士号を取得した。

父親と息子のあいだの亀裂

当時のドイツの化学界では、化学が対象とする物質の構造・性質・反応について、物理学の手法を用いて研究する「物理化学」が流行しはじめていた。その研究分野の第一人者が、ライプツィヒ大学の化学者ヴィルヘルム・オストヴァルトである。

オストヴァルトは、物質の触媒作用・化学平衡・反応速度に関する「物理化学」の基本法則を解明し、その業績によって、一九〇九年にノーベル化学賞を受賞する。

彼は油絵が趣味で、さまざまな色彩の絵具を考案し、「オストヴァルト・システム」と呼ばれる色彩を組み合わせた表色立体を作製したことでも知られる。彼の色彩理論は、画家パウル・クレーに影響を与えた。

ハーバーは、オストヴァルトの研究室への就職を切望したが、化学から芸術に至るまで多才で著名なオストヴァルトのもとには、ドイツ中から有能な研究者が詰めかけていた。結果的に、ハーバーは就職できなかった。

父親ジークフリートは、ハーバーに国外の商売を学ばせようと、ハンガリーの醸造会社とウクライナの化学肥料会社に就職させたが、どちらも長続きしなかった。結局、家に戻ってきたハーバーに家業の商売を教え込んだが、ここでも親子の衝突は絶えなかった。

ジークフリートは、独自に築いた植物からの染料抽出技術を大切にしていた。ところが、その当時、すでにアカネ草の赤い色素「アリザリン」は、天然由来の数分の一の経費で人工的に抽出できるようになっている。

染料は、畑の植物からではなく、化合物から人工的に抽出するほうが合理的だというのが、ハーバーの見解である。要するに、息子からすれば父親の技術は「時代遅れ」だった。結果的には、父親も天然染料から人工染料に工場のシステムを変更していくのだが、この家業の方針をめぐる衝突は、二人のあいだに大きな亀裂を生んだ。

一八九二年の夏、ハンブルクでコレラが発生した。ハーバーは、コレラがドイツ中に広がり、消毒用の塩化石灰が大量に必要になるはずだと父親に進言し、半信半疑だったジークフリートに塩化石灰を買い占めさせた。

ところが、ハンブルク市当局は、即座にコレラ患者を隔離したため、感染は広がらなかった。その結果、ハーバー家は莫大な損失を抱えてしまった。

偉才の開花と結婚

このコレラ事件は、父親に承認されたいというハーバーの少年時代からの希望を打ち砕いたが、逆に、彼に大きな幸運をもたらした。というのは、ジークフリートが「息子は、本当に商売に向いていない」と心底から悟り、ハーバーに家業を継がせる意向を断念したからである。

再び学問の世界に戻ることになったハーバーは、イエナ大学の化学者ルートヴィヒ・クノールの無給助手となった。そこで試薬を調製するような単調な作業に従事しながら、化学を変革させる新たな研究テーマを模索した。

同時に、ハーバーは、ライプツィヒ大学のオストヴァルト教授に、再度、研究室で雇用してほしいという手紙を書いている。せめて面接だけでもしてもらえないかと懇願したのだが、その希望は叶えられなかった。

なぜオストヴァルトがハーバーに冷たく接したのか、なぜ彼の偉才を見抜けなかったのかは謎とされているが、ハーバー自身は、その原因をユダヤの出自にあると考えた可能性がある。

父親ジークフリートは、熱心なユダヤ教徒ではなかったが、ユダヤの出自を誇りに思っていた。しかし、ハーバーは、イエナのプロテスタント教会で洗礼を受け「キリスト教徒」になった。この改宗により、「流浪の民」ではなく正式な「ドイツ人」になると同時に、父親や親戚のユダヤ人共同体と決別したのである。

一八九四年九月、二十五歳になったハーバーは、カールスルーエ工科大学の化学者ハンス・ブンテの研究室の無給助手として採用された。そこでハーバーは炭化水素を物理化学的に分析するという新たなテーマに取り組み、その成果を一八九六年に「炭化水素分解の実験的研究」という論文で発表した。この論文は、ドイツ化学界で高く評価され、ハーバーは二十七歳で大学講師に昇格した。

次にハーバーは、ニトロベンゼンを電気分解させて「アニリン」を合成することに成功した。彼は、その成果「ニトロベンゼンの還元」を一八九八年四月にライプツィヒ大学で開催されたドイツ電気化学会で発表した。

同じ年に、彼は電気化学の基礎を体系化した教科書『理論的基礎に基づく電気化学技術概論』を上梓している。この業績を高く評価したブンテ教授の推薦によって、ハーバーは二十九歳で准教授に昇格した。ようやくハーバーの偉才に気付いたオストヴァルトは、「バケツの水を頭から浴びせられたような気分だよ」と言ったという。

クララ・イマヴァール
（1901年）

一九〇一年四月、フライブルク大学で開催されたドイツ電気化学会では、驚くべき出来事があった。十年以上前に一目惚れしたクララが参加していたのである。

彼女は、教員養成学校を卒業後、学問への夢を捨てきれずにポーランドのヴロツワフ大学に進学し、女性初の化学博士号を取得した。さらに彼女は、世間の反ユダヤ風潮に悩んだ結果、ハーバーと同じようにプロテスタント教会で洗礼を受け「キリスト教徒」になっていた。

一九〇一年八月、三十二歳のハーバーと三十歳のクララは結婚した。ハーバーは、クララの叔父に結婚を報告する手紙のなかで、「この十年間、クララのことを忘れられませんでした」と告白し、「まるで夢の中の童話で王子と王女が結ばれたような気持ちです」と歓喜の気持ちを述べている。

翌年五月から八月、ハーバーはドイツ科学視察団のメンバーに選ばれて、アメリカ合衆国の東海岸から西海岸にかけて、一一の大学や研究機関の視察を行なった。六月、クララは一人で息子ヘルマンを出産している。

■アンモニア合成の成功

空気中の窒素と水素から化学肥料の原料となるアンモニアを化学合成できれば、「空気からパン」を限りなく生み出すことができる。それは「夢の技術」とみなされていた。

当時この技術に最も近付いていたのが、オストヴァルトだった。彼は一九〇〇年にアンモニア合成に成功したと主張して、ドイツ最大の化学会社ＢＡＳＦ社の技術者カール・ボッシュに工業化をもちかけたが、実現できなかった。

一九〇四年、この難関に挑戦することを決意したハーバーは、異常なほどの集中力と忍耐力で研究を続けた。窒素と水素の混合ガスを高圧下で触媒に通し、アンモニアを分離させる必要があったが、その触媒に「オスミウム」が適していることを発見するまでに五年かかっている。

一九〇九年三月二十三日、ついにアンモニア液化に成功したハーバーは、その成果をBASF社のボッシュに知らせた。そこからボッシュが工業化に取り組み、一九一二年から実用化されるようになったわけである。

「ハーバー・ボッシュ法」による人工アンモニア由来の化学肥料がなければ、世界人口のうち五〇億人は生存できないという試算もあるほど、現在でも全世界の食糧生産に影響を及ぼす化学工業の中心的技術である。この人類を救済する業績に対して、ハーバーは一九一八年、ボッシュは一九三一年に「ノーベル化学賞」を授与された。

ハーバーは、すでにカールスルーエ工科大学教授に昇格していたが、アンモニア合成の成功により、一九一二年に新設されたカイザー・ヴィルヘルム物理化学・電気化学研究所の所長に就任することになった。

さて、アンモニアは、窒素を栄養源とする植物の化学肥料にもなるが、「硝酸（しょうさん）」に化学変化させれば、火薬の原料にすることもできる。

一九一四年、第一次世界大戦が勃発すると、イギリス海軍は海上を封鎖して、ドイツが火薬の原料となる「硝石」を輸入できなくした。しかし、「ハーバー・ボッシュ法」による火薬の大量生産に成功したドイツは、第一次世界大戦で使用する爆薬の原料すべてを国内で調達することができた。その方法をもたらしたハーバーは、ドイツ科学界の「英雄」になった。

■毒ガス開発にとり憑かれた晩年

その一方で、ハーバーは人類を殺戮(さつりく)する「化学兵器の父」として悪名高い。長期化する第一次大戦において、ドイツに対するフランスとベルギーの国境線では、両軍が塹壕(ざんごう)を掘って対峙する長い「西部戦線」が形成された。このような塹壕戦では、空気より重く地を這(は)うように広がって敵を攻撃する「毒ガス」が効力を発揮する。

そこでハーバーが開発したのが、空気より二・五倍重く、毒性の強い「塩素ガス」だった。ハーバーは、一九一五年四月二十二日、西部戦線ベルギーのイーペルで陣頭指揮をとって、約六〇〇〇本のボンベに詰めた塩素ガスを散布した。連合軍は五〇〇〇人が死亡、一万五〇〇〇人が毒ガス中毒となり、「呼吸困難」や「失明」の後遺症に苦しんだ。

ハーバーの妻クララは、社会における女性の自立を主張し、結婚後も旧姓を維持して研究を続けていたが、ハーバーは彼女が「専業主婦」になることを望んだ。彼は毎夜一時二時まで研究に没頭し、彼女を顧(かえり)みなくなった。

クララは、夫が毒ガス開発に関わることに猛反対し、何度も止めるように懇願したが、ハーバーは聞き入れなかった。イーペルの戦闘で、夫の指揮により毒ガスで多数の犠牲者が出たことを知ったクララは、一九一五年五月二日、ハーバーの軍用拳銃で自殺した。

それにもかかわらず、ハーバーは憑（つ）かれたように毒ガス研究を止めなかった。彼は、イーペルで使われた塩素ガスを強化した「イペリット・ガス」、さらに毒性の強い「ツィクロン・ガス」を開発し続けた。皮肉なことに、これらの毒ガスは、のちにナチス・ドイツが効率的にユダヤ人を抹殺するために強制収容所で使用された。

ハーバーの親友が、物理学者アルベルト・アインシュタインである。第一次大戦中、アインシュタインと不仲な最初の妻とのあいだを何度も仲裁したのがハーバーだった。

アインシュタインはハーバーを「天才」と認めながら、「君は、科学的才能を大量殺戮兵器のために浪費している」と批判した。これに対してハーバーは「毒ガスで戦争を早く終わらせることができれば、結果的に、より多くの無数の人命を救うことができる」と反論した。

「ドイツ人以上にドイツ人になろうとした」ハーバーに対して、独裁政権を樹立したヒトラーのナチス・ドイツは、一九三三年、公職追放を宣言した。ハーバー自身は改宗しても、両親と祖父母がユダヤ人だからである。

ナチス・ドイツの科学諮問委員会では、当時の科学界を代表する物理学者マックス・プランクが、「ハーバーのような優秀な科学者がいなくなったら、ドイツの物理学と化学は大変な損失を被（こうむ）ります」と擁護（ようご）した。しかし、ユダヤ人を憎悪するヒトラーは、激怒して聞く耳をもたない。

ハーバーは、クララが消えた寂しさを紛らわせるためか、一九一七年にナイトクラブで知り合った二十一歳年下の女性と再婚したが、一九二八年に離婚している。

ベルリンで身の危険を感じるようになったハーバーは、単身パレスチナに向かった。最後に彼を受け入れたのは、皮肉なことに、再びユダヤ人の研究所だった。一九三四年一月二十九日、六十五歳のハーバーは、経由地スイスのバーゼルのホテルで睡眠中、冠状動脈硬化症のため逝去した。彼の遺言により、遺体はクララの隣に埋葬された。

02

第二章

フィリップ・レーナルト
憎悪と妄信に支配された天才

Philipp Eduard Anton von Lenard

1905年　ノーベル物理学賞

極端な性格の原点

フィリップ・レーナルトは、一八六二年六月七日、ハンガリーのプレスブルクに生まれた。プレスブルクは、一九一九年のチェコスロバキア共和国独立に伴い「ブラチスラヴァ」と名称を変えている。現在のスロバキアの首都であり、オーストリアとハンガリーの二カ国の国境と接する国際都市である。

レーナルトの家系は、十七世紀にドイツから肥沃（ひよく）なハンガリー帝国に移住してきた移民である。父親の家系はチロル地方、母親の家系はバーデン地方出身で、親族一同がドイツ出身であることを誇りにしていた。

広大なワイン農場を所有して、裕福な卸売業を営み、貴族の称号を有する父親フィリップ・フォン・レーナルトは、自分と同じ名前を息子に与えた。家庭内では、ハンガリー語ではなく、ドイツ語を用いている。

レーナルトの母親アントニーは、彼が三歳のときに亡くなったため、彼は、母の妹である叔母に育てられた。その後、その叔母は父親と結婚している。

実母の死がレーナルトに何をもたらしたのかは明らかではないが、彼は、必ずしも父と叔母から温かい愛情を注（そそ）がれて育ったわけではなかったようだ。というのは、のちにレーナルトが「私が生まれて初めて、唯一愛したのは、科学だった」と自伝で述べているからである。

彼は、クリスマスや誕生日に親族から貰った小遣いを貯金し、貯まるとユダヤ人街の書店に出掛けては、科学関係の書籍を購入した。家の庭に「化学実験室」を設置し、書籍に書かれている化学実験を行なって、そのような化学反応が本当に起こるのかどうかを確認した。

一方、彼は、科学的に検証できない文学や哲学を軽蔑（けいべつ）した。また、当時のハンガリー国粋主義の影響を強く受けて、富を独占するユダヤ人を嫌悪するようになった。

ギムナジウム（中等教育機関）に進学したレーナルトは、物理学の教師フィルギル・クラットから大きな影響を受けた。クラットは、ウィーン大学で学位を取得したばかりで、レーナルトよりも十二歳年上の若い教師である。

ある物質に光を当てると、その刺激を受けて、熱を伴わずに発光する現象を「ルミネセンス」と呼ぶ。現代社会で用いられている蛍光灯やプラズマディスプレイ、またカラーテレビのブラウン管に映る数えきれないほどの色彩発光も、その応用によって生まれた技術である。

クラットは、ルミネセンス研究の奥深さをレーナルトに教えた。二人は、さまざまな物質に光線を照射する実験を繰り返し、その成果を共著で発表した。二人の研究はレーナルトがギムナジウムを卒業したあとも続き、世界で最も古く権威ある物理学雑誌『アナーレン・デア・フィジーク』に三編の共著論文を発表している。

一八八〇年、十八歳のレーナルトは、ブダペスト大学に入学した。三年後にはドイツのハイデルベルク大学に移籍して、当時のドイツ語圏で最も著名な科学者の一人であるロベルト・ブンゼンの指導の下で化学を学んだ。一八八六年、彼は、優秀な成績で博士号を取得した。

翌年、レーナルトはブダペスト大学の助手となった。一八八九年にはクラットと共著の「ビスマスとマンガンの炎色反応」を発表し、化学界から大きな注目を浴びた。

その後、レーナルトは、助手や任期付き研究員として、アーヘン工科大学、ボン大学、ベルリン大学、ブレスラウ大学、カールスルーエ工科大学、ハイデルベルク大学を二、三年ごとに転々としている。

当時のヨーロッパには、さまざまな大学の研究室を移動しながら修業を続ける習慣があったが、それにしても、彼のように優秀な業績をあげながら、博士号取得から正規教授就任までに十二年もかかる研究者は珍しい。

レーナルトは、自分が極端な「反ユダヤ主義者」であることを周囲に隠そうとしなかった。もしかすると、彼の思想に尋常でない一面があることに気付いた各大学の教授陣が、彼の正規採用を躊躇（ちゅうちょ）したのかもしれない。

■「レーナルト管」とレントゲンへの憎悪

一八九八年九月、三十六歳のレーナルトは、ようやくキール大学物理学科教授に就任した。

彼は、その前年にハイデルベルク大学のエジプト学者アウグスト・アイゼンロールの娘カタリーナと結婚している。一八九八年には長女ルート、一九〇〇年には、長男ヴェルナーが生まれた。

レーナルトが正規採用されたのは、カールスルーエ工科大学の物理学者ハインリヒ・ヘルツの研究室にいたころに始めた陰極線の研究が高く評価されたからだった。

レーナルトより五歳年上のヘルツは、一八八五年に二十七歳の若さで教授になった天才的な物理学者であり、電磁波の研究で知られる。現在の国際単位系で「周波数」を示す「ヘルツ」は、彼の名前から取られた。

当時、内部を真空にした「クルックス管」と呼ばれるガラス管の両側に電極を封入して電圧をかけると、陰極から何らかの光線が出て陽極側が発光する現象が知られていた。この光線が「陰極線」である。

一八九二年、ヘルツは、陰極線が極めて薄い金属箔(はく)を透過できるという不思議な現象を実験で示した。ところが、その成功の直後、「多発血管炎性肉芽腫症」という難病に罹患(りかん)して、三十六歳の若さで急死してしまった。

ヘルツの研究を引き継いだレーナルトは、クルックス管の陰極側の開口部分に穴を開け、薄いアルミニウム箔を付ける工夫を思い付いた。陰極線は、この「レーナルトの窓」を透過して管の外に導かれるため、研究者は、光線の特徴を外部で実験できるようになった。

彼は、このように特殊加工したクルックス管を「レーナルト管」と自ら命名し、その効能を示す論文を一八九四年の『アナーレン・デア・フィジーク』に発表した。

この論文は、物理学界で大評判になった。ヴュルツブルク大学の物理学者ヴィルヘルム・レントゲンは、「アルミニウム製のレーナルトの窓」を入手できないかと乞(こ)う手紙を送った。レーナルトは、親切に技術的なアドバイスも添えて、二枚をレントゲンに送付した。

さて、一八九五年十一月八日、自宅の地下にある研究室で実験を始めたレントゲンは、奇妙なことに気付いた。部屋を完全な暗室にして、クルックス管を黒い紙で覆（おお）っていたにもかかわらず、管に電圧をかけると、離れた場所に置いてあるシアン化白金バリウムを塗った紙が奇妙に光り、黒い線が映ったのである。

さらに彼が驚愕したのは、管と紙のあいだに自分の手をかざすと、指の骨が浮かび上がって見えることだった。管から何らかの未知の「X線」が出ているのではないか。

その後、いろいろな試行錯誤を繰り返した結果、このX線は、肉眼では見えず、反射や屈折することもなく、一〇〇〇ページの本も透過するが、鉛（なまり）には遮断（しゃだん）され、放射された物質の厚みや密度に応じて吸収されることがわかった。

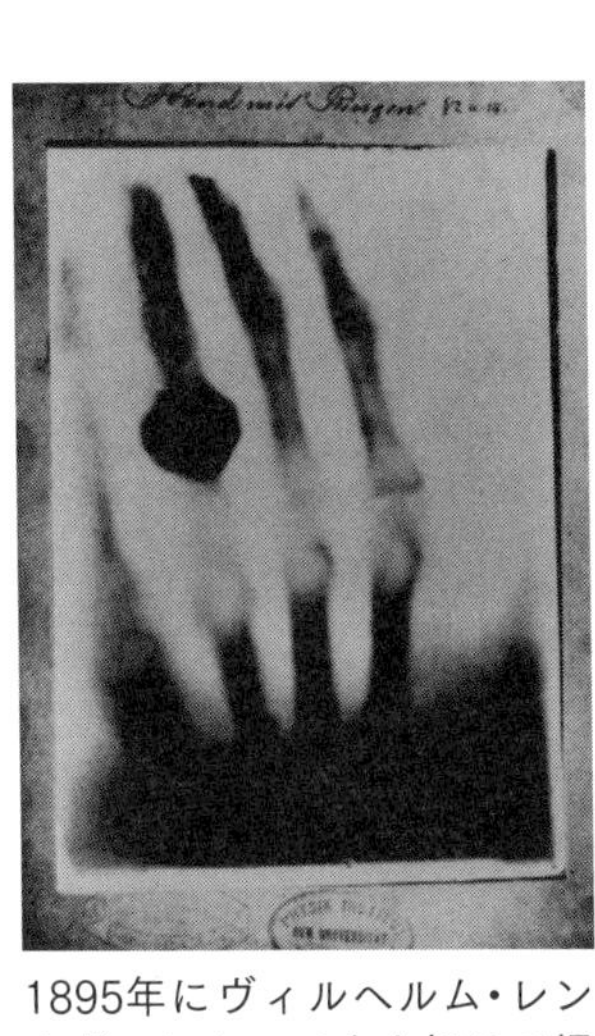

1895年にヴィルヘルム・レントゲンによって史上初めて撮影されたX線写真

レントゲンの妻ベルタは、夫が何か重大な研究を進めていることに気付いていた。だが、夫に何度尋ねても、「私は、人から頭がおかしくなったと言われる研究をしているだけだよ」と答えるばかりだった。

数日後、レントゲンは初めてベルタを研究室に入れた。そして、椅子に座らせ、黙って彼女の左手を感光版の上に置いて、十五分間X線を照射した。これが人類初の「レントゲン写真」

である。そこには、彼女の五本の指の骨と結婚指輪が写っていた。彼女は「自分の死体を見ているみたい」と言ったという。

一八九五年十二月二十八日、レントゲンはX線に関する研究報告「新しい種類の放射線について」を発表した。彼は、この論文とX線写真を一八九六年元旦にヨーロッパの著名な研究者たちに送付した。

X線を使えば、人間の身体を傷つけずに体内を検査できる。この発見が人類の医学にもたらす影響は、計り知れなかった。彼の論文は即座に英語に翻訳され、『ネイチャー』や『サイエンス』に掲載された。彼の実験は世界各国の研究室で次々と再現され、やがて世界中の病院に「レントゲン」が装備されることになった。

レントゲンは「新しい種類の放射線について」において、自分の発見ばかりでなく「レーナルト管」や「レーナルトの見事な実験」にも礼儀正しく言及している。

レーナルトが一八九七年五月二十一日付でレントゲンに送った手紙では、「貴殿のすばらしい発見があらゆる分野から賞賛されたおかげで、私のささやかな研究も注目を集めるようになりました」と謙虚に述べている。

しかし、レーナルトは、内心では悔しくて堪(たま)らなかったはずである。そもそもレーナルトの実験日誌には、レントゲンが見たのと似たような現象を、彼自身が何度も目撃していた記録がある。つまり、レーナルトにはX線を発見するチャンスが十分にあったのである。

ところがレーナルトは、それらの現象の原因は陰極線だという固定観念に支配されていた。彼には、未知の放射線を想定するような「想像力」がなかったのである。

一九〇一年、第一回ノーベル物理学賞がレントゲンに授与されることが決まった。選考委員会は一九名の委員によって構成され、投票結果は、レントゲン一二票、レントゲンとレーナルトの共同受賞五票、レーナルト一票、ケルビン卿（ウィリアム・トムソン）一票だったことが判明している。なお、レントゲンも選考委員だが、彼はケルビン卿に投票した。

自分が共同受賞できない結果を知ったレーナルトは、激怒した。おそらく彼は、選考委員のレントゲンが自分との共同受賞を妨害し、一人で栄誉を独占したと考えたはずである。なぜなら、それは、もしレーナルトが選考委員ならば、最もやりそうなことだったからである。

その後の生涯にわたって、レーナルトはレントゲンに対する誹謗中傷（ひぼうちゅうしょう）を繰り返した。一九四五年九月二十日、アメリカ軍に占領されたドイツで尋問を受けた八十三歳のレーナルトは、次のように述べている。

「X線を産んだのは私だ。レントゲンは産婆の役割を果たしたにすぎない。産婆が子どもの母親でないのと同じように、彼はX線の発見者ではない。私がいなければ、レントゲンは無名のままだったはずだ……」

■ノーベル賞受賞とアインシュタインへの憎悪

さて、渓谷の遊歩道を歩いていると、滝が流れていたとする。その周囲に検電器を設置すると、大気がマイナスの電荷に帯電していることがわかる。この現象は以前から知られていたが、その原因は明らかでなかった。

レーナルトは、さまざまな形状の水滴を数秒間にわたって同位置に保つことができる「風洞」を研究室に設置した。そこで実験を繰り返すことによって、水滴が微粒化する際、プラスに帯電した大きい水滴は重力で落下し、マイナスに帯電した微小な水滴のみが大気に残るという「レーナルト効果」を解明した。この研究成果は、一八九二年の「滝の電気について」に発表されている。

この「風洞」や「レーナルト管」の発明に表れているように、レーナルトには、物理現象を解明するために、実験装置を巧みに工夫する特殊な能力があった。

一九〇五年、四十三歳のレーナルトは「陰極線の研究」によって、第五回ノーベル物理学賞を受賞した。これによって、彼は一流の物理学者と認定されたわけだが、彼の栄誉は、この年に華々しく登場したアルベルト・アインシュタインの陰に隠れてしまった。

科学史上、一九〇五年は「奇跡の年」と呼ばれている。たった一年のあいだに、特許局に勤務していた二十六歳の無名のアインシュタインが、物理学を根本から覆す「光量子論」「ブラウン運動論」「特殊相対性理論」に関する三つの主要論文を立て続けに発表したからである。物理学界は、彼の斬新な理論の話題で騒然となった。

その後、アインシュタインは特殊相対性理論を加速度運動や重力理論にも適用できるように拡張し、一九一五年に「一般相対性理論」を完成させた。

ニュートン物理学は、宇宙全体の普遍的な枠組みとして「絶対時間」と「絶対空間」を出発点に設定する。ところがアインシュタインは、時間と空間も観測者の運動に応じて異なる相対的な概念であることを示し、ニュートン物理学の根本概念そのものを放棄した。

相対性理論によれば、運動している時計は静止している時計よりも遅く進み、運動している物体は進行方向に対して長さが縮む。その影響は、通常は無視できるほど小さいが、運動が光速度に接近すると大きくなる。

アインシュタインは、時間と空間ばかりでなく、質量とエネルギーの概念も根本的に変革した。彼は、一般相対性理論の重力場方程式により、太陽の重力によって空間に歪みが生じることから、太陽の近傍で観測される恒星の位置がずれて見えるに違いないと予測した。

そして、一九一九年五月二十九日、ケンブリッジ大学の天文学者アーサー・エディントンが、南半球で皆既日食中の恒星の位置を観測し、それが見事にアインシュタインの予測どおり一・七五秒角ずれていることを確認した。

第一次世界大戦中、イギリスとドイツは敵対関係にあった。ところが、エディントンの観測によって、ドイツ生まれの物理学者の理論がイギリスの天文学者に実証されることになった。このニュースは、「学問に国境はない」ことを証明する美談として、世界中に配信された。

一九一〇年のノーベル物理学賞選考委員会で、初めてアインシュタインの名前が候補に挙がった。相対性理論の重要さを見抜いて彼を推薦したのは、ライプツィヒ大学のヴィルヘルム・オストヴァルトだった。いかにオストヴァルトに先見の明があったか、よくわかる。

それから一九二一年にいたるまで、アインシュタインは、合計六三回もの推薦を受けたが、委員会内外の強固な反対により受賞を逃している。その主な理由は、彼が「ユダヤ人」であるにもかかわらず科学界の「英雄」であり、当時ドイツで勢力を急拡大していたナチスの「敵」だったからである。彼を最も嫌悪した黒幕の一人が、レーナルトだった。

■ナチスへの傾倒と「エーテル」の妄信

レーナルトは、ノーベル賞受賞に伴い、一九〇七年にハイデルベルク大学に設置された「フィリップ・レーナルト研究所」の所長に就任している。

ところが、彼よりも十七歳年下のアインシュタインが、一九一七年にドイツで最も権威ある「カイザー・ヴィルヘルム研究所」の所長に就任した。激怒したレーナルトは、「悲惨なベルリンの研究所を、ドイツ人の手に取り戻さなければならない」と述べている。

一九二〇年八月六日号の反ユダヤ系新聞に「アインシュタインの相対性理論は科学的な集団ヒステリー」という見出しの記事が掲げられた。筆者は「純粋科学を擁護するためのドイツ人科学者グループ」となっているが、その記事を記者に書かせたのはレーナルトだった。

この年の九月、第八六回ドイツ自然科学・医学会が開催された。九月二十三日と二十四日には、相対性理論に関する公開討論会が開かれ、そこで五十八歳のレーナルトと四十一歳のアインシュタインが、討論を行なった。

レーナルトは、光が波動として伝播するために「エーテル」と呼ばれる媒質が世界を満たしていると信じていた。ところが、それまでにエーテルを検出しようと試みた物理実験は、すべて失敗している。そこからレーナルトは、むしろ「実験で検出できない媒体こそがエーテルだ」という奇妙な妄信を抱くようになっていた。

アインシュタインの相対性理論は、エーテルの概念そのものを完全に放棄する。二人の討論は、最初から最後まで、完全なすれ違いに終わっている。

アインシュタインは、「マトモな物理学者のなかで相対性理論を理解できずに批判しているのはレーナルトだけだ」と憤慨し、「レーナルトの実験物理学には敬意を払うが、彼は理論物理学では何の業績もない」と批判している。

一方のレーナルトは、周囲の物理学者が次々と相対性理論を認めていく風潮を憤り、「エーテルを放棄するとは、なぜ誰もおかしいと思わないのか？　空気がないと言っているのに等しいのに……」と述べている。

レーナルトは、エディントンの観測は誤差にすぎないと断定して非難し、アインシュタインの相対性理論は「壮大な夢物語」にすぎない「ユダヤ物理学」だと決めつけた。

一九二二年、ついにアインシュタインのノーベル物理学賞授与が発表されると、レーナルトは、その決定を放棄するように懇願する手紙を選考委員会に送った。

一九三一年、学界で追い詰められたレーナルトは、反ユダヤ主義者を集めて『アインシュタインに反対する一〇〇人の著者』という本を上梓した。それを知ったアインシュタインは、「もし私が間違っているなら、それを指摘するには一人で十分だろうに」と笑ったという。

一九三三年五月十日、ナチスの支持者がベルリン国立歌劇場前広場に集結し、二万五〇〇〇冊以上の「反ドイツ思想」の書籍を焼いた。レーナルトの指令により、そこには「ユダヤ物理学」の書籍すべてが含まれていた。

ナチス・ドイツの科学顧問として強権を得たレーナルトは、終戦までユダヤ人科学者を迫害し続けた。彼の書斎には、ヒトラーの写真と「私の忠実で賞賛すべき同志」と書かれたサイン入りの手紙が飾られていた。

終戦後、レーナルトは、高齢のため連合軍の収監を逃れた。一九四七年五月二十日、八十四歳のレーナルトは逝去した。

03

第三章

ヨハネス・シュタルク

欺瞞と狂信に満ちた天才

Johannes Stark

1919年　ノーベル物理学賞

■「神童」と呼ばれた少年時代

ヨハネス・シュタルクは、一八七四年四月十五日、ドイツのシッケンホーフに生まれた。シッケンホーフは、現在は、ドイツのバイエルン州「フライウング」と名称を変えている。

ミュンヘンの北東約一六四㎞の地点に位置し、オーストリアとチェコの国境に接する自然の景観豊かな都市である。

さて、シュタルクの幼年時代に関する資料を英語とドイツ語で可能な限り検索したのだが、まったく見当たらない。ナチス・ドイツ時代には、彼の生涯を讃える記事や伝記が豊富にあったはずだが、晩年に連合軍の「非ナチ化法廷」で裁かれて以降、それらは破棄されたらしい。

ノーベル財団の短い受賞者紹介記事で判明しているのは、彼の父親がシッケンホーフの「裕福な地主」だったということだけである。彼の父親と母親の名前は不明で、家系に関する情報もない。少年時代の彼が、どのような家庭環境で育ったのかも、わからない。

ただし、複数の文献から、彼がギムナジウム（中等教育機関）に進学する前から「神童」と呼ばれていたことはわかっている。利発な少年であったことはたしかだろう。

ギムナジウム卒業後、シュタルクは、ミュンヘン大学に進学し、「ロンメル微分方程式」で知られる物理学者オイゲン・ロンメルの下で物理学と化学を学んだ。

ロンメル教授がシュタルクを非常に高く評価したことは間違いない。というのは、実は彼はノーベル物理学賞の選考委員であり、のちに彼がシュタルクへの授与を強く推薦することになるからである。

一八九七年、二十三歳のシュタルクは、博士論文「煤（すす）の物理的、とくに光学的性質に関する研究」を完成させて博士号を取得した。それからロンメルの助手を務めた後、一九〇〇年にゲッチンゲン大学の講師となった。

のちにゲッチンゲン大学物理学研究所所長を務め、一九二五年にノーベル物理学賞を受賞する温和な性格のジェイムス・フランクは、「シュタルクは、あらゆる意味で頭痛の種だった」と証言している。シュタルクは、研究室の誰よりも短気で独善的であり、周囲に数えきれないほどのトラブルを巻き起こした。

その一方でフランクは、「だが、シュタルクがすばらしい発想の持ち主であることはたしかだ。彼は、アインシュタインほど完全にではないが、光を量子で説明できることにも早い段階から気付いていた」と述べている。

人間の目で知覚できる光が「可視光線」である。この可視光線が「電磁波」の一部であることは、当時、すでに知られていた。可視光線よりも波長が長い電磁波が「赤外線」や放送・通信で用いられる「電波」、波長が短い電磁波が「紫外線」やX線などの「放射線」である。

その電磁波は、海水を伝わっていく波のように、あらゆる空間を満たしている「エーテル」を伝播（でんぱ）していく現象とみなされていた。この古典的な見解に固執したのが、第五回ノーベル物理学賞受賞者のフィリップ・レーナルト〔第二章参照〕である。

波のエネルギーは、「振幅」の二乗に比例することがわかっている。したがって、光波の振幅を大きくして光を強くすると、それだけエネルギーが大きくなるはずである。ということは、電球をたくさん用意して、光を強くして太陽光と同じエネルギーにすれば、人体に日焼けが起こるはずだが、実際には、そうはならない。

この現象を説明するために、光は粒子であり、波長によって異なるエネルギーをもつのではないか、という考え方が生み出された。その場合、光を強くしても同じ波長の粒子が多くなるだけで、エネルギーは変化しない。

マックス・プランク
（1933年）

一九〇〇年、ベルリン大学の物理学者マックス・プランクは、光のエネルギーが「プランク定数」と呼ばれる最小単位の整数倍の値しかとれないことを示す「プランクの法則」を発見した。彼は、この業績によって一九一八年にノーベル物理学賞を受賞する。

このプランクの法則から革新的な「光量子仮説」を導いたのが、一九〇五年のアルベルト・アインシュタインの論文「光の発生と変換に関する一つの発見法的観点」である。この論文で、アインシュタインは、光を粒子と明確に仮定し、その粒子を「光量子」と名付けて、そのエネルギーは振動数とプランク定数の乗数から得られると主張した。これが「光量子論」である。

さて、シュタルクは、フランクの証言にあるように、光量子仮説に近いアイディアをもっていたようだが、アインシュタインのように全体像を解明したわけではなく、もちろん、論文として正式に発表したわけでもない。

それにもかかわらず、シュタルクは、アインシュタインが何らかの方法で彼のアイディアを盗んだに違いないという妄想に支配された。その後の彼は、生涯をかけて、アインシュタインを徹底的に批判するようになった。

■第一次世界大戦のもたらした悲劇

一九〇九年、三十五歳のシュタルクは、アーヘン工科大学の任期付き教授となった。一九一三年、彼は、電界の中に置かれた原子や分子のスペクトル線が分裂する「シュタルク効果」を発見し、物理学界から大きな注目を浴びた。彼は、この効果の発見と研究によって、一九一九年にノーベル物理学賞を受賞する。

一九一四年、ゲッチンゲン大学の正規教授職の公募があった。就任を切望したシュタルクは、いろいろな方面から就職活動を行なったが、当時の物理学界の重鎮であるミュンヘン大学の物理学者アルノルト・ゾンマーフェルトが強く反対した。その最大の理由は、シュタルクの人間性を問題視したからだといわれている。

結果的に、ゲッチンゲン大学教授に就任したのは、ゾンマーフェルトの弟子に当たるオランダ出身のペーター・デバイだった。デバイは、一九三六年にノーベル化学賞を受賞する優秀な物理化学者である。

希望を打ち砕かれたシュタルクは、「ユダヤ人と、ユダヤ人の仲間と、ユダヤ人支配人のゾンマーフェルトに陥れられた」と激怒した。ゾンマーフェルトは、シュタルクがゲッチンゲン大学に就職する際には、推薦してくれた経緯があった。それにもかかわらず、シュタルクは衆人環視のなかで、ゾンマーフェルトを罵倒した。このころから、彼は徹底したユダヤ人差別を大声で叫ぶようになる。

一九一四年七月に第一次世界大戦が勃発すると、九月にイギリスの代表的作家五三人が署名した「イギリスの戦争の擁護」が発表された。ドイツのベルギー侵攻を非難し、イギリスと英語圏の人間は、全員が「正義」と「自由」と「法」を遵守するという内容である。

これに対抗して、十一月、ドイツを代表する学者九三人が署名した「文明世界への訴え（九三人のマニフェスト）」が発表された。イギリスはドイツが戦争を始めたという「プロパガンダ」で世界を騙そうとしているが、ドイツ軍がベルギーに進軍したのは、ベルギーが先に攻撃したからだと、ドイツを正当化する内容である。

この九三人のなかには、ヴィルヘルム・レントゲン、ヴィルヘルム・オストヴァルト、フリッツ・ハーバー〔第一章参照〕、プランク、レーナルトといったノーベル賞受賞者が一〇人含まれている。

第一次世界大戦開始直後は、両陣営の知識人が愛国心を公表し、自国の行動を賛美したわけである。ところが、戦争が長引いて西部戦線の膠着状態が続き、犠牲者が増大するにつれて、知識人の姿勢は大きく変化した。

のちに「九三人のマニフェスト」に署名したことを「謝罪」するプランクは、第一次世界大戦中に四人のうち三人の子どもを失った。一九一六年に長男が戦死、その翌年に長女が出産直後に死亡、その翌年には次女も出産直後に死亡した。敗戦が濃厚になったドイツでは食糧が不足し、十分な栄養を摂取できなかったことが原因である。

プランクは、生粋のドイツ人だが、ユダヤ人を差別することなく、アインシュタインの相対性理論の重要性を最初から公平に認めた人物である。戦後、彼に会ったアインシュタインは、「プランクの不幸が胸を締めつける。彼は驚くほど毅然としていたが、その悲しみに満ちた姿を見たとき、涙を抑えきれなかった」と述べている。

レーナルトとシュタルクの共謀

レーナルトの息子ヴェルナーも第一次世界大戦直後に亡くなったが、それは別の意味でレーナルトを憤慨させた。そもそもヴェルナーは、幼少期から病気がちで腎臓障害を抱えていたため、徴兵を免除された。このこと自体が、国粋主義者のレーナルトにとって、大きな屈辱だった。

その息子が、大戦中の食糧不足による栄養失調で亡くなったのである。彼の怒りは、裕福なユダヤ人に向かった。さらに、レーナルトを傷つける事件が起こった。

一九二二年六月二十四日、ドイツの外務大臣ヴァルター・ラーテナウの車が極右組織の青年二人に銃撃された。ラーテナウは、頭を撃ち抜かれて死亡した。

この事件に衝撃を受けたヴァイマル政府は、六月二十七日を急遽、特別に「国民の休日」と定め、ドイツ中の機関に半旗を掲げて哀悼（あいとう）の意を表明するように指示した。

ところが、当時、ハイデルベルク大学のフィリップ・レーナルト研究所所長だったレーナルトは、政府の指示を無視して、ドイツ国旗を旗竿の一番上に掲揚した。

ラーテナウはユダヤ人であり、アインシュタインの友人としても知られる実業家だった。レーナルトからすると、ラーテナウが暗殺されたことは大慶事で、むしろ拍手喝采したい気持ちだったに違いない。

この国旗掲揚を見て仰天したハイデルベルク大学の教職員が、抗議のためにレーナルトの所長室を訪れたが、彼は面会を拒否した。学長や大学理事もやってきたが、レーナルトは、彼らとの面会すら拒絶した。次第に騒ぎは大きくなり、研究所の前に抗議の左派の学生が集まってきた。その学生たちに向けて、国旗を守っていた右派の学生が、屋上から放水銃で水を浴びせた。

駆け付けた警官四人が所長室をこじ開けて、レーナルトを引き摺りだした。研究所の前に集まった群衆は、独裁的なレーナルト所長が「震えながら連行されていく」様子を見て「大笑いした」という。この事件は、レーナルトに大きな「心的外傷」を与えたらしい。

一方、シュタルクは、ノーベル賞の成果によってヴェルツブルク大学の正規教授に就任できたが、この大学の教授陣とシュタルクは、まったくそりが合わなかった。

ヴェルツブルク大学は、物理学を中心とする科学的精神を重視する自由な校風で、一八九四年にはレントゲンを学長に選出している。政治的にも人種差別のような傾向はなく、改革主義的な教職員が大多数だった。明確な反ユダヤ主義者であり国粋主義者でもあるシュタルクは、この大学で完全に浮いた存在となったわけである。

一九二二年、シュタルクが、彼の教え子であるルートヴィヒ・グラッアーの博士論文を受理すると、教授陣の非難は最高潮に達した。この論文のテーマは磁器の光学的特性だが、その内容は磁器の応用に偏り、とても博士号に相当する学術レベルとはみなされなかった。教授陣は、シュタルクが物理学ではなく「磁器学博士号」を授与したと批判した。

しかも、シュタルクは磁器製造会社に投資していたという訝しい背景があり、その会社とグラッアーの関係が疑われた。さらに、グラッアーは、シュタルクと同じようにナチスに傾倒する急進右派の国粋主義者だった。

一九二三年、シュタルクは、ヴェルツブルク大学を辞職した。ノーベル賞を受賞したほどの大学教授が、別の大学や研究機関に異動するのではなく、たんに大学を辞職するということは、常識的には考えられない。きっと彼には、辞職せざるを得ない事情があったに違いない。

大学を辞めて無職になったシュタルクは、同じ一九二三年に『ドイツ物理学の現代的危機』を上梓した。彼が「現代的危機」と呼ぶのは、アインシュタインの相対性理論を中心とする新しい理論物理学のことである。

この著書において、シュタルクは、あらゆる現象の絶対性を否定する「相対主義」を徹底的に批判し、それと発音の似ている「相対性理論」を同一視して批判している。

ここで重要なのは、シュタルクほどの科学者が、哲学上の「相対主義」と物理学上の「相対性理論」を混同するはずがないということである。

つまり、シュタルクは、詭弁(きべん)であると知りながら、その詭弁を使って「相対性理論」を批判したわけである。その意味でシュタルクは、「エーテル」を妄信して相対性理論を批判したレーナルトよりも遥かに悪質で、敵を批判するために悪魔に魂を売った科学者のように映る。

ベルリン大学の物理学者マックス・フォン・ラウエは、一九一四年にノーベル物理学賞を受賞し、当初からナチズムに異を唱えて行動に示した勇敢な科学者である。彼は、シュタルクの『ドイツ物理学の現代的危機』に対して、次のような書評を書いた。

「シュタルク氏は、本書によって、かつての彼の研究成果に向けられた尊敬を公然と貶(おとし)めてしまった。……私は、本書が書かれなければよかったのにと思わざるを得ない。すべての科学のために、とくにドイツの科学のために、さらに何よりも本人のために……」

■ヒトラー崇拝と立身出世

一九二四年、レーナルトとシュタルクは、共著で「ヒトラー精神と科学」という記事を新聞に発表した。

この記事は、「ガリレオ、ケプラー、ニュートン、ファラデーのような偉大な科学者の精神」を「ヒトラーとその同志たちの精神」が引き継いでいると賞賛し、その精神は「アーリア人の血にしか宿らない」と断定し、「我々はヒトラーに従おうではないか」と結んでいる。

当時のナチスは、一九二三年に起こしたクーデター「ミュンヘン一揆」に失敗し、ヒトラーは刑務所に収監されていた。ところが、翌年に裁判が始まると、ヒトラーは「一揆の全責任は自分一人にある」と宣言して、国民の熱狂的な支持を得た。留置場には連日、花束をもった女性が押し寄せ、裁判官さえもが「ドイツ精神回復のための誠実さ」が原因だと、ヒトラーに同情していた。

釈放されたヒトラーは、レーナルトに非常に丁寧な手紙を何通も送った。一九二六年十月二十三日付の手紙では「大切な教授殿」に、次に会う機会を楽しみにしていると「ドイツ式にご挨拶いたします」と述べている。

一九二七年五月二十六日、ナチス突撃隊のゲオルク・ヒルシュマンが左派集会に突入して殺された事件を知ったレーナルトは、追悼の意を込めて一〇〇マルクをナチスに寄付した。これにも「総統ヒトラー」は、自ら「ご寄付に感謝いたします」と直筆で礼状を書いている。

さて、ノーベル物理学賞は、毎年十月に公表され、授賞式はアルフレッド・ノーベルの命日である十二月十日にストックホルムで行なわれるのが慣例である。

ところが、アインシュタインのノーベル物理学賞は、一九二一年度の選考委員会で決着がつかず、一九二二年度の委員会までもち越された。背後でレーナルトとシュタルクが猛反対したからである。最終的に、多くの選考委員が推薦した「相対性理論」ではなく、「光量子論」の業績に対してという妥協によって、授与が決まった。

レーナルトが選考委員会に提出した一九二三年一月二十三日付の抗議の手紙を見ると、彼が心の底からアインシュタインの業績自体に疑義を抱いていたことがわかる。

「実験による検証のない思考、正誤が明確でない思考、まったくの仮説にすぎない思考を、自然科学への功績として評価することはできない……アインシュタイン氏の論文には、過去の論文の要約に幾つかの仮説が加えられているだけで、それ以上の内容は何もない」

アインシュタインが次々と発表した論文は、当時としては斬新なテンソル解析のような高等数学で記載されていたため、六十二歳のレーナルトが論文を十分理解できなかった可能性もあった。

一方、シュタルクは、自分の立身出世のために積極的にナチスに接近した。一九三三年一月、ヒトラーが首相に指名されると、シュタルクが以前から擦り寄っていたナチスのヴィルヘルム・フリックが内務大臣に就任した。

フリックは、周囲の科学者全員の反対を押し切って、シュタルクを「国立物理工学研究所」の所長に任命した。翌年春、フリックは、当時の「ドイツ研究協会」の会長を「総統が望んだから」というだけの理由で罷免（ひめん）し、シュタルクを新会長に任命した。この二つの新たな地位によって、シュタルクは、ドイツの研究機関の人事と研究費配分を思いのままに決定する権限を得た。

シュタルクは、即座にドイツ全域の大学と研究機関のユダヤ人を全員解雇して「アーリア化」を推進し、さらに、理論物理学に対する予算を大幅にカットした。

一九三七年、シュタルクは、かつて立候補して落選したカイザー・ヴィルヘルム研究所の所長に就任した。彼は、ついにドイツ科学界の頂点を極めたのである。

その一方で、シュタルクを批判し続けたプランクは、不幸の底に突き落とされた。家族で最後に一人だけ残っていた次男が、一九四四年七月、ヒトラー暗殺計画に加担した疑いで逮捕され、翌年二月に処刑されたのである。結果的に、プランクの四人の子どもは、全員が非業の死を遂げた。

一九四五年の終戦後、「ドイツの軍国主義とナチズムを撲滅し、ドイツが世界平和を二度と攪乱（かくらん）できないよう保障する」ための「非ナチ化法廷」が開廷し、七十四歳のシュタルクには

「禁固四年」の実刑判決が下された。
刑期を終えて五年後、八十三歳のシュタルクは逝去した。

04

第四章

ニールス・ボーア

理想を追い求め挫折した天才

Niels Henrik David Bohr

1922年　ノーベル物理学賞

■兄弟で競い合った少年時代

ニールス・ボーアは、一八八五年十月七日、デンマークのコペンハーゲンに生まれた。

デンマークは、南側がドイツと国境を接するユトランド半島と、四四三の島から成り立つ北欧の南端にある国である。首都コペンハーゲンのあるシェラン島の東側は、エーレスンド橋でスウェーデンと繋がっている。

ボーアの父親クリスティアンは、デンマーク有数の教育者の家系に生まれた。コペンハーゲン大学医学部を卒業後、同大学大学院で生理学を専攻して医学博士号を取得した。医学界では、血液内の二酸化炭素量の変化によりヘモグロビンの酸素解離曲線が移動する「ボーア効果」の発見者として知られる。彼は、二十六歳の時点で、コペンハーゲン大学の講師になっている。

進歩主義者だったクリスティアンは、男女平等主義運動に熱心に参加し、その一環として、女子学生のための大学入学資格準備クラスを受けもった。そのクラスに入ってきたのが、「誰にも優しく、誰からも好かれる」エレンである。彼女は、ユダヤ人の裕福な銀行家で国会議員でもあるデビッド・アドラーの長女だった。

恋に落ちた二十六歳のクリスティアンと二十一歳のエレンは、一八八一年十二月十四日に結婚した。夫妻のあいだには、その後、二年おきに長女ジェニイ、長男ボーア、次男ハラルトと、三人の子どもが生まれた。

クリスティアンは、ボーアの生まれた翌年に准教授、その四年後に教授と、順調に昇格を続けた。彼は、学生時代にドイツのライプツィヒ大学に留学した経験もあったが、思想的にはイギリスの経験主義に惹かれていた。ダーウィンの進化論を信奉し、聖書を基盤とする頑迷固陋な大学の教育方針を批判した。斬新な医学教育を行なう彼のもとには、多くの有能な弟子が集まった。

彼はまた、スポーツマンでもあり、夏はボート、冬はスキーを子どもたちに教えた。とくにクリスティアンが熱狂したのが、イギリスから伝わってきたばかりのサッカーである。彼が中心となって推進した結果、コペンハーゲン大学に初の「サッカー部」が創設された。

ボーア一家は、大学の教授宿舎で暮らした。週末になると、クリスティアンの同僚の医学者や物理学者、哲学者や文学者が訪れては議論を交わし、子どもたちはその様子を見聞きして、大きな影響を受けた。

子どもたちは、教授宿舎から徒歩で十分ほどの初等・中等学校に通った。なかでも機転が利いて、何をやっても抜群に優秀なのが、最年少の弟ハラルトだった。

ハラルトは、どの科目でもすばらしい才能を示し、通常よりも一年早く十七歳で大学入学資格を取得した。コペンハーゲン大学に進学して数学を専攻し、二十二歳で「ディリクレ級数論」についての学位論文を仕上げた。その後、「ゼータ関数論」の研究で次々と業績を上げ、一九二五年には「概周期函数論」を創始した。一九三〇年には、コペンハーゲン大学教授となっている。

父親の影響を受けて、ボーアとハラルトは、アマチュア・サッカー・リーグでプレーを続けた。一九〇八年のロンドン・オリンピックでは、ハラルトが、デンマーク代表チームのレギュラー・メンバーに選ばれた。彼はハーフバックとして大活躍し、銀メダルを受賞している。一方、兄のボーアは控えのゴールキーパーで、一度もオリンピック公式試合に出ることはなかった。

ボーアは、文武両道で秀でた弟とどれだけ比較されたり、からかわれたりしても、いつもニコニコと平然としていたという。二人の兄弟は「分割不可能」と呼ばれるほど仲が良く、その関係は生涯続いた。

二人が初等・中等学校の生徒だったころ、自転車のチェーンがうまく回らなくなったことがあった。ボーアは、その原因を一つひとつ探していくうちに、チェーンをすべてバラバラに分解してしまった。

ハラルトは、全部品を機械工のところに運んで修理してもらおうと言った。ところが、その様子を見ていた両親は、「最後まで好きなようにさせなさい」と言って、ボーアを見守った。その後、長い時間をかけて、ボーアは、チェーンをすべて一人で組み立て直した。

また、ハラルトは、うまく「起承転結」を構成して、コンパクトにまとまった作文を書くのが得意だった。一方、ボーアは、与えられた問題を考えていくうちに次々と思索が広がり、字数制限を満たした作文をまとめられない。彼は、生涯、作文が苦手だった。

それでも、父親クリスティアンと母親エレンは、ボーアの要領の悪さを決して責めることなく、逆にボーアの思索の広がりを褒(ほ)めて、どんな問題に対しても、彼が納得するまで一緒に話し合ったという。

初等・中等学校の教師たちは、日頃から、将来大物になるのはハラルトに違いないと話していた。ところが、言われた当人のハラルトは、「大物になるのは、僕ではなくて兄さんのほうだよ」と答えていたという。

■天才的な才能の開花

一九〇三年、十八歳で大学入学資格を取得したボーアは、コペンハーゲン大学に入学し、物理学を専攻した。彼は、物理学者クリスチャン・クリスチャンセンのもとで実験物理学を学び、哲学者ハラル・ホフディングの主宰するディベート・クラブに参加した。

クリスチャンセン教授もホフディング教授も、以前からの父親の同僚であり、週末にボーアの家を訪れる常連だった。ボーアは、温かく家庭的な教育環境のなかで、思う存分に思索することができたわけである。

さて、一九〇五年十月、デンマーク王立科学アカデミーが、流体力学に関する実験物理学の公開問題を発表した。研究の締切は、一年後である。

大学三年生になったばかりのボーアは、この問題に魅了された。彼は、加圧によって液体ジェットを噴出させるさまざまなガラス管を作成し、精密な測定装置を組み立てて、込み入った実験を繰り返した。

ボーアは、提出締切日の一九〇六年十月三十日、科学アカデミーに一一四ページに及ぶ報告書を提出した。審査員は、「解を新たな論点にまで押し広げた独創性」を学部の学生が示した点に驚愕(きょうがく)し、金メダルを授与した。

一九〇七年、ボーアはコペンハーゲン大学大学院に進学した。なお、これは今でもそうだが、デンマークの高等教育機関における学位取得は、非常に難易度が高い。

ボーアが物理学の修士号を取得するためには、指導教授の与えたテーマについて六週間で修士論文を完成させ、三日間の化学と物理の実験試験、三日間の数学と物理学の筆記試験のすべてに合格しなければならなかった。彼は、一九〇九年十二月、苦労の末に修士号を取得した。

ボーアは、修士論文で導いた「金属中の電子運動理論」を拡張して一般化する研究に取り組み、一九一一年一月末に博士論文を完成させた。その直後の二月三日、五十五歳の父親クリスティアンが急死した。彼は、前日の夜十時まで元気に研究室で実験していたにもかかわらず、早朝に突然、心臓麻痺で亡くなったのである。

ボーアは、愛する父親に博士論文を捧げた。この論文は四月に印刷され、五月の口頭試問を経て、ボーアは物理学の博士号を取得した。ちなみに弟のハラルトは、その前年の一九一〇年にドイツのゲッチンゲン大学に留学して博士号を取得し、すでにコペンハーゲン大学数学科の准教授になっている。

出世競争でも弟に追い抜かれたわけだが、実はボーアの博士論文には、弟の業績のレベルを遥かに超えて、当時の物理学を根底から覆すアイディアが含まれていた。

この論文は、金属中の電子運動を古典物理学で記述すると「磁性」が生じなくなるという矛盾を指摘している。つまり、電子レベルのミクロの世界を記述するには古典物理学では限界があり、新たな物理学が必要不可欠であることを示していたわけである。

ところが、ボーアの博士論文はデンマーク語で書かれているため、当時の物理学界は、その重要性に気付かなかった。ただし、ボーアは、この論文によって、カールスバーグ財団の留学奨学金を獲得することができた。

「カールスバーグ」といえば、デンマーク王室の王冠がロゴになっているデンマークを代表するビールである。カールスバーグ財団は、その莫大な収益を基盤として、今でも学術・文化・スポーツ分野に貢献している。

一九一一年九月、ボーアはイギリスのケンブリッジ大学キャベンディッシュ研究所に赴(おもむ)いた。研究所長は、一九〇六年に「気体の電気伝導に関する研究」によりノーベル物理学賞を受賞したジョゼフ・トムソンである。

ボーアは、自分の博士論文の成果を、おぼつかない英語でトムソンに説明しようとしたが、気が短いトムソンは「まず君の論文を英訳して出版しなさい」とだけ答えた。

イギリスの物理学会誌の編集委員会は、ボーアの博士論文が長すぎるため、まず半分に縮めてから英訳するように指示した。しかし、作文と英語の苦手なボーアに、そのような器用なことは簡単にはできなかった。

十二月八日、マンチェスター大学の物理学者アーネスト・ラザフォードがキャベンディッシュ研究所に呼ばれて招待講演を行なった。彼は、一九〇八年に「元素の崩壊および放射性物質の性質に関する研究」によりノーベル化学賞を受賞している。

ラザフォードは、この年にヘリウムの原子核を発見して「ラザフォード原子モデル」を発表したばかりだった。彼の講演を聴いて感動し、彼の個性に「強烈な印象」を受けたボーアは、その夜の晩餐会でラザフォードの研究室に移りたいと頼み込んだ。のちにボーアは、快諾してもらったエピソードを嬉しそうに自伝で述べている。

アーネスト・ラザフォード（1908年）

一九一二年八月一日、コペンハーゲンに戻った二十六歳のボーアは、二十二歳のマルガレーテと結婚した。彼女は、大学のディベート・クラブで一緒だった数学者ニールス・ネールンの妹である。その後、マルガレーテは、ボーアとのあいだに六人の子どもをもうけ、ボーアの知的相談相手および秘書として、彼の生涯を支えた。

二人は、二年前の夏に婚約し、新婚旅行はノルウェーのフィヨルドを観に行く予定だったが、急遽、行先をイギリスのマンチェスターに変更した。

当時のマンチェスター大学物理学科には、ラザフォードのもとに世界中から若い研究者が集まり、活気に満ち溢(あふ)れていた。ニュージーランド生まれで豪放磊落(ごうほうらいらく)な性格のラザフォードは、外国人に偏見なく接し、どんな研究に対しても知的好奇心を抱いて、楽しそうに議論した。

ボーアは、ラザフォードと共同研究を始めた。そこで徹底した討論を重ねていくうちに、「ラザフォード原子モデル」に「量子論」を応用した「ボーア原子モデル」を確立した。この新しいモデルでは、水素原子のスペクトルが「バルマー公式」と呼ばれる規則性を示す理由を見事に説明することができる。

この成果をボーアは一九一三年に「原子と分子の構成について」という論文で発表した。その後、「ボーア原子モデル」の有効性は、さまざまな実験で具体的に検証され、彼の理論は物理学界の脚光を浴びた。

■ボーア研究所とコペンハーゲン解釈

一九一三年四月、ボーアは帰国してコペンハーゲン大学准教授となった。その翌年、第一次世界大戦が勃発したが、デンマークは、スウェーデンとノルウェーと共に「三国中立宣言」を行なったため、直接的に他国と戦火を交えるようなことはなかった。

ただし、この戦争の勃発は、ボーアに大きな精神的影響を与えたようだ。彼は、北欧の小国デンマークが世界で生き残るためには「科学立国」をめざすべきであり、その基盤が必要だと考えるようになったのである。

一九一六年四月、コペンハーゲン大学教授に昇格したボーアは、「理論物理学研究所」の設立に向けて動き始めた。おそらく彼の脳裏に浮かんでいたのは、マンチェスター大学物理学科を拡張した自由な研究所だろう。

翌年の四月、ボーアは詳細にわたる「研究所設立趣意書」を教授会に上程した。設立委員会と募金委員会が設置され、十二月には、デンマークを代表する企業二〇社以上の協賛により、コペンハーゲン郊外の約一五三〇平米の土地と約二〇万クローネの募金が集まった。

ボーアの伝記ではあまり触れられていないが、ここで注意する必要があるのは、彼の祖父アドラーが「デンマーク経済界の大物」だったということである。おそらく研究所設立のプランがここまで順調に進んだ背景には、ユダヤ人共同体からの大きな支援があったに違いない。

一九二一年三月三日、四階建ての理論物理学研究所が完成し、開所式が行なわれた。コペンハーゲン大学学長が開所を宣言し、初代所長ボーアが講演を行なった。彼はこの研究所の目的が「科学研究」と同時に「科学教育」であると強調している。「科学の進歩への道程(みちのり)は、必ずしも平坦ではありません。常に若い研究者の新たな見解を導入しなければ、科学の発展は望めません」。

その翌年の一九二二年、三十七歳のボーアは、「原子構造の研究」により、ノーベル物理学賞を受賞した。

コペンハーゲンの理論物理学研究所は「ボーア研究所」と呼ばれるようになり、最初の十年間だけでも一七カ国から六三人の研究者を受け入れ、成果として二七三編の論文が発表された。第二次世界大戦が始まると、ボーア研究所はナチスから逃れてきた多くのユダヤ人研究者を救った。

一九二七年、ボーアは「量子の要請と原子理論の最近の発展」という記念碑的講演を行なった。このなかで、彼は、古典物理学では説明のできない量子論における新しい概念を「相補性」と名付けた。相補性とは、相反する二つの概念が互いに補い合うことによって一つの新たな概念を形成するという考え方である。

たとえば、電子は「波」であると同時に「粒子」であり、古典物理学のように一方の概念に還元できるものではない。ボーアは、相補性を表すシンボルとして、「陰」と「陽」という対立の相互作用によって世界を解釈する中国の「陰陽思想」を取り入れている。彼の弟子たちは、この「コペンハーゲン解釈」を受け入れ、ボーアは「量子論の父」と呼ばれるようになった。

■科学者が核兵器を管理する理想論

一九三九年四月二十九日、アメリカ物理学会が開催された。プリンストン高等研究所に招待されていたボーアは、純粋なウランに「連鎖反応」を起こさせれば、「地球のかなりの部分」を一瞬で破壊する「原子爆弾」を生成できるかもしれないと述べた。つまり、ボーアは「原爆」の可能性に公に触れた最初の科学者なのである。

その後、滞在研究を終えて帰国しようとするボーアをアメリカ側は何度も引き留めたが、「デンマーク王立科学院」院長に選出されたボーアは、祖国への愛国心から帰国する道を選んだ。

一九四〇年四月九日、ナチス・ドイツがデンマークに侵攻した。ボーアは、核分裂関連の書類をすべて焼却してコペンハーゲンに留まったが、母親がユダヤ人であるため、強制収容所に送られる危機が迫ってきた。

一九四三年九月、イギリス諜報機関の支援でスウェーデンに脱出し、爆撃機でロンドンに向かった。彼の頭は大きすぎてヘルメットのサイズが合わず、うまく酸素吸入ができないため、到着した際には気絶していたという。

ボーアは、世界の「科学者の良識」を強く信じていた。彼は「科学的事実は世界の科学者で共有すべきだ」と主張して、学会でも論文でも、核分裂に関して判明している限りの情報を公開した。

さらにボーアは、人類の未来のために、原子力を平和利用に限って開発すべきだと考えた。そのためには、イギリスとアメリカとソ連が「原子力国際管理協定」を締結し、三国の「科学者」が中心になって原子力を管理するのが最善の手段だと主張した。

ボーアは、すでにたんなる科学者ではなく、デンマーク第一級の公人だった。研究所の晩餐会には、デンマーク国王夫妻や各国大使らも訪れている。ボーア夫妻は「デンマーク第二王室」と呼ばれることさえあった。

一九四四年五月十六日、ボーアは、イギリスのウィンストン・チャーチル首相との会談にこぎつけた。しかし、彼の原子力管理に対する理想論は、戦後のソ連の台頭を懸念するチャーチルを不快にさせただけだった。チャーチルは、ボーアの不明瞭な英語を皮肉りながら、「この人は、何を喋(しゃべ)っているのかね」と側近に言った。

七月、ボーアはアメリカのロスアラモス研究所を訪れて原爆の開発状況を視察し、八月二十六日、ホワイトハウスを訪れて、フランクリン・ルーズベルト大統領と会談した。ボーアの「マンハッタン計画」への協力を望んでいた大統領は、チャーチルよりも遥かに丁寧に接したが、ボーアの理想論はまったく受け入れなかった。

一九五〇年六月九日、ボーアは、ノルウェー出身のトリグブ・リー国連事務総長に原子力平和利用に関する公開書簡を渡した。彼は、国務長官ディーン・アチソンと面会して、合衆国政府にも再び働きかけようとした。

ボーアと面会して暫く話を聞いていたアチソンは、時計を見て、次のように言った。「ボーア教授、申し訳ないのですが、次の約束があるので失礼しなければなりません。教授のお考えには大変興味をもっております。ただし、あなたのお話は、一言も理解できませんでした」。

国務長官からすれば、ボーアの理想論は寝言のように聞こえたかもしれない。彼は、六月二十五日に勃発する朝鮮戦争の直前情報分析に追われていたからである。

一九六二年十一月十八日、七十七歳のボーアは逝去した。なお、彼の四男オーゲ・ボーアは、父親と同じ専門を選び、一九七五年にノーベル物理学賞を受賞している。

05

第五章

オットー・ハーン

幸運に恵まれた酒飲みの天才

Otto Hahn

1944年　ノーベル化学賞

■怠け者の酒飲み

オットー・ハーンは、一八七九年三月八日、ドイツのフランクフルトに生まれた。

彼の父親ハインリッヒは、一八四五年生まれの勤勉なガラス職人で、同年齢の未亡人シャルロッテ・ギーゼと一八七五年に結婚した。彼女には、五歳の連れ子カールがいた。夫婦のあいだには、ハイナーとユリウスとハーンの三人の息子が次々と生まれ、家族六人は、ガラス工房の上階にある自宅で、仲良く慎ましく暮らした。

カールは、ギムナジウム（中等教育機関）に進学し、のちにギムナジウムのラテン語教師になっている。

ところが、父親ハインリッヒは、自分の息子たちには「実業」を習得させるべきだと主張して、ギムナジウムのように教養の古典語が必修ではなく、科学や実務教育を中心とする「実科高等学校」に三人を進学させた。

結果的に、ハイナーは父親の仕事を引き継いでガラス職人となり、ユリウスは美術商になった。ところが、末っ子のハーンだけは、甘やかされたようだ。

のちにハーンは、自分の実科高等学校の成績について、「私の高校の成績表には、三つだけ最高点があった。それは、数学・化学・物理学だと思われるかもしれないが、実はそうではなくて、体育・音楽・宗教だった」と冗談めかして述べている。高校時代の彼は、怠け者だったという。

一八九七年、十八歳のハーンは、大学入学資格を取得した。父親は、彼を建築事務所に就職させるつもりだったが、製図が嫌いで苦手なハーンは、それを逃れるために大学進学を希望したらしい。その頃、ガラス工房の事業が成功し、職人を雇う余裕が生じていた父親は、息子たちのなかで、彼だけに大学への進学を許可した。
ハーンは、マールブルク大学に入学した。そこで彼が覚えたのは、友人と酒を飲んでふざけることだった。「末っ子はどうしているかい」と聞かれた父親が「あいつはマールブルクでビールを飲んでいるよ」と答えたというから、父親も大目に見ていたようだ。土曜日の夜に飲み過ぎたハーンが居酒屋のテーブルの下で眠り込み、日曜日の朝にホウキで追い出されたという記録もある。

さて、当時のドイツ語圏の大学には、在学中に他大学に出て修業する慣習があった。ハーンはミュンヘン大学を選び、そこでアドルフ・バイヤーの講義を聴講して、感銘を受けた。バイヤーは、鮮やかな青色の色料「インディゴ」を合成したことで知られる有機化学者で、一九〇五年にノーベル化学賞を受賞する。

マールブルク大学に戻ったハーンは、テオドール・ツィンケ教授のもとで有機化学を専攻し、精密な実験手法を学んだ。彼は、さまざまな有機化合物から誘導体を精製し、「その美しい結晶と香り」に魅了された。もしかすると、ガラス細工を丹念に造り上げる父親の職人気質が、息子のなかで開花したのかもしれない。ハーンは、毎日夜中まで夢中で実験に取り組むようになった。

一九〇一年十月五日、二十二歳のハーンは「イソオイゲノール臭素誘導体について」という博士論文により博士号を取得した。その後、一年間の兵役を経て、二年間ツィンケ教授の助手を務めたハーンは、一九〇四年四月、イギリスのロンドン大学に留学した。

幸運の積み重ね

当時のロンドン大学で最も著名な化学者はウィリアム・ラムゼーである。ハーンは、ラムゼーと大学時代から親友のツインケが推薦してくれたおかげで、競争率の高いラムゼーの助手になることができた。ちょうどその一九〇四年の暮れに、ラムゼーは「不活性ガス元素の発見」によりノーベル化学賞を受賞する。

ラムゼーは、当時はセイロン島だけでしか採掘されなかった貴重な「トリアナイト」から、約一八㎎の放射性混合物を抽出した。彼は、その物質からラジウムを分離するという重要な作業をハーンに任せた。

ハーンは、「分留結晶化法」と呼ばれる方法で約九㎎のラジウムを分離したが、驚くべきことに、分離後の残留物にも微弱な放射能のあることがわかった。彼は、そこからうまくトリウムの放射性同位体を抽出して、それを「ラジオトリウム」と名付けた。

のちにハーンは、その発見が「まったくの偶然」だったと率直に述べている。二十六歳になったばかりのハーンは、一九〇五年三月十六日に英国王立協会でラジオトリウムの発見を報告し、彼の名前は化学界に広まった。

ハーンの助手の任期は一年なので、見事に有終の美を飾ったわけである。彼は、四月にベルリンに戻って、すでに内定していた化学肥料会社に就職する予定だった。

ところが、その話を聞いたラムゼーは猛反対して、ハーンには放射性元素を発見した輝かしい実績があるのだから、研究を続けるべきだと強く勧めた。さらに彼は、当時の放射能研究で第一人者のアーネスト・ラザフォードのもとで学ぶべきだと推薦状を書いてくれた。

ハーンは父親を説得し、一九〇五年九月、カナダのモントリオールにあるマギル大学に赴（おもむ）いた。ラザフォードは、その二年後にマンチェスター大学に移籍するので、ハーンは移籍の直前にラザフォードと共同研究ができたことになる。そして、その一年間が「人生で最もすばらしい年だった」と、のちにハーンは自伝で述べている。

ラザフォードのもとで研究を始めた矢先、ハーンは、それまで研究室の誰も気付かなかった微弱な放射能を残留物から察知して、未知の放射性元素「ラジオアクチニウム」を発見した。彼の論文「アクチニウムの新たな生成物について」は、『ネイチャー』の一九〇六年五月号に掲載された。この物質は、のちにトリウムの放射性同位体と判明するが、ハーンの名前は世界に広まった。

さらにハーンは、任期の切れる直前に、トリウムの放射性同位体「トリウムC」を発見した。短期間に三度も新元素を発見した事実に驚愕したラザフォードは、「ハーンには、新元素を見つける特別な嗅覚（きゅうかく）があるに違いない」と述べている。ハーンは、信じ難いほど幸運だった。

帰国したハーンは、当時のドイツを代表するベルリン大学の化学者エミール・フィッシャーから研究室に招かれた。フィッシャーは「糖およびプリン体の合成」によって一九〇二年にノーベル化学賞を受賞している。

ハーンはフィッシャーのもとで大学教授資格を取得し、一九〇七年にベルリン大学の大学講師に就任した。そしてこの年に彼は、彼にノーベル賞をもたらす「幸運の女神」リーゼ・マイトナーと出会ったのである。

■不運の天才リーゼ・マイトナー

マイトナーは、一八七八年十一月七日、ウィーンのユダヤ人弁護士の家庭に生まれた。男子三人と女子五人という大家族の三女である。幼少期から自然科学に興味をもっていたが、当時のウィーンのギムナジウム（中等教育機関）は、女性の入学を認めなかった。

彼女は、高等小学校を卒業後、フランス語を学んで家庭教師になったが、物理学への夢を捨てきれなかった。一八九七年に女性の大学入学が認められるようになると、マイトナーは、ギムナジウム八年分の全教科を二年間の驚異的な猛勉強で追いつき、大学入学資格を取得した。

一九〇一年、彼女は晴れてウィーン大学に入学し、熱力学の「ボルツマンの法則」で知られるルートヴィッヒ・ボルツマンのもとで物理学を学び、一九〇六年、ウィーン大学で女性としては四人目の博士号を取得した。

その後、マイトナーは、学会で一度だけ会ったことのあるマックス・プランク教授を頼ってベルリン大学に赴いた。彼女の論文「アルファ線の散乱について」から抜群の才能を察知していたプランクは、彼女をベルリン大学史上初めて、「女性」の客員研究員に任命した。

マイトナーは、新たな研究分野として「放射能」を願い出た。そして彼女は、一九〇七年十月からハーンと共同研究することになった。二人とも二十八歳である。

当時のベルリンはウィーン以上に閉鎖的で、女性は大学に入学さえできなかった。マイトナーは、周囲の誤解を避けるため、正面から大学に入らない約束で、裏口から地下に設置された実験室に入って研究した。大学の建物には女子トイレが存在しないため、彼女は付近のレストランのトイレを借りなければならなかった。

リーゼ・マイトナー
（1906年）

それでも向学心を抑えきれないマイトナーは、ベルリン大学の階段教室に授業前に入って、ベンチの下に身体を隠して、講義を聴講することもあったという。

さて、一九一〇年十月、創立百周年を迎えたベルリン大学の記念事業のために、一五〇以上の企業や貴族から一〇〇〇万マルクを超える寄附金が集まった。これを基金として設立されたのが、ドイツ帝国の科学振興を担う「カイザー・ヴィルヘルム協会」である。

設立当初、協会は二部門の研究所によって運営された。物理学研究所の初代所長にフリッツ・ハーバー［第一章参照］、化学研究所の初代所長にエルンスト・ベックマンが任命された。

一九一二年十月二十三日の創設式典には、ドイツ皇帝カイザー・ヴィルヘルム二世が訪れた。皇帝は、研究室を巡回して、研究者に気さくに実験内容を尋ねた。その案内役を務めたのが、人当たりのよいハーンである。彼は、一九一〇年に教授に昇格し、この式典で案内役を務めるためもあって、化学研究所の部長に抜擢された。

さらにハーンは、べつの意味でも幸運の持ち主だった。彼は、一九一一年五月にドイツ化学会に出張した際、シュチェチン湾を渡る汽船のデッキで二十五歳の女子学生と知り合いになった。彼女は、海風で飛ばされないように帽子を押さえていて、その美しい姿に彼は魅了された。

ベルリンに戻っても彼女のことを忘れられないハーンは、彼女の連絡先を聞かなかったことを深く後悔した。諦めきれない彼は、彼女から聞いた限りの情報を頼りに、無理を承知で「ベルリン王立芸術学校 エーディト・ユングハンス様」宛に、ハガキを送ってみた。

すると、彼女から返事が来たのである！ エーディトは市議会議長の娘で、ハーンと似合いの相手だった。二人は、一九一三年三月二十二日に結婚した。その後、二人のあいだには、一九二二年に長男ハンノが生まれている。

一九一四年に第一次世界大戦が勃発すると、カイザー・ヴィルヘルム協会は、軍部に全面的な協力を申し出た。急進的愛国主義者のハーバー所長は、「戦争を早期に終了させるには、毒ガスが最適な兵器だ」と主張し、司令部は兵器開発の全権を彼に委託した。ハーバーは、研究所の二部門を強引に統合して、毒ガス開発を進めた。

陸軍少尉として招集されたハーンは、ハーバー直属の部下となり、毒ガス兵器開発を推進した。当初は、ボンベから地を這わせるように塩素ガスを散布する方式だったが、これでは風向きが変わると味方陣営にも被害を及ぼしてしまう。そこで開発されたのが、毒ガスを充満させた砲弾を敵に撃ち込む方式だった。

ところが、戦場で砲弾が破裂し、「哀れな男たちがバタバタと倒れ、悶え苦しみながら、次々と死んでいく」様子を見たハーンは、「私は深く恥じ、心の底から動揺した」とのちに述懐している。司令部に戻ったハーンは、毒ガスは一九〇七年に締結された国際法の「ハーグ条約」に違反するのではないかと、ハーバーに詰め寄った。

ハーバーは、「少尉、君は頭を殴られたいのかね？　私は毒ガスを合法的で、人道的だとさえ考えている。君は、化学部門についてのみ責任を負えばよい」と切り捨てた。この事件はハーンに大きな「心的外傷」を与えた。

■「核分裂」の発見

第一次世界大戦後、ハーンとマイトナーは、共同研究を再開した。ハーンが化学実験、マイトナーが物理理論という役割分担で順調に進み、一九一八年には、原子番号91の元素「プロトアクチニウム」を発見している。

彼らの共著論文は三〇を超えたが、お互いに相手を完全な仕事仲間とみなし、二人きりで食事や散歩をしたことさえ、一度もなかったという。

マイトナーは、大学時代には男子学生が競って隣に座ろうとしたほど魅力的な女性だったが、生涯独身だった。晩年、その理由を聞かれた彼女は、「それはねえ、あなた。私には、そんな暇がなかったのよ」と答えている。

当時、ベルリン大学教授だったアルベルト・アインシュタインは、マイトナーの優秀な業績を高く評価して「我々のキュリー夫人」と呼んでいた。彼女の名前は、何度もノーベル賞選考委員会に挙がったが、そのたびに「ドイツ物理学」を推進するフィリップ・レーナルト〔第二章参照〕やヨハネス・シュタルク〔第三章参照〕に拒否された。マイトナーは、彼らが忌み嫌う「ユダヤ人」で、しかも「女性」だからである。

一九三八年三月、ドイツがオーストリアを併合した。秘密警察ゲシュタポ長官のハインリヒ・ヒムラーは、六月に突然、科学者の国外渡航を全面禁止にした。オーストリア国籍のマイトナーは、ドイツのパスポートへの更新を申請したが拒否され、ベルリンに閉じ込められた。
マイトナーの才能を知るニールス・ボーア［第四章参照］は、スウェーデンのノーベル研究所で彼女がポストに就けるように支援した。六十歳を目前にした小柄なマイトナーは、一週間の休暇という口実でスーツケース一個の軽装のまま、七月十三日、ドイツ脱出の列車に乗った。見送りに来たハーンは、いざというときに金に換えられるようにと、母親の結婚指輪を彼女に渡した。

オランダ国境手前の駅で、ナチス・ドイツの国境守備隊兵が五人乗り込んできて、臨検（りんけん）を始めた。マイトナーが持っているのは、三月に期限の切れたオーストリアのパスポートである。彼女は「恐怖のあまり心臓が止まりそうだった」が、パスポートを見た兵隊は、なぜか黙って返してくれた。この若い兵隊は、震える彼女の姿を自分の母親の姿に重ねて、見逃してくれたのかもしれない。

奇跡的にストックホルムに到着できたマイトナーは、ようやくノーベル研究所に落ち着くことができた。そこで彼女は、「天然ウランに中性子を照射したところ、生成物にバリウムがあったので、その理由を物理的に解析してほしい」というハーンからの手紙を受け取った。

原子番号92のウランから原子番号56のバリウムが生成される「途方もないこと」は、信じ難かった。彼女は、クリスマス休暇で訪ねてきた甥（おい）のオットー・フリッシュと、この問題を考え続けた。そして、原子核を水滴のイメージで記述するボーアの「液滴モデル」を用いれば、この現象を物理的に説明できることに気付いた。

水滴は、表面張力で形状を維持しているが、そこに外部から力を加えると分離する。原子核も電荷が抵抗力になっているが、そこに中性子が衝突すると、水滴と同じように、原子核が二つに分離するのではないか。

そのイメージは、細胞が増殖する際の「細胞分裂（cell fission）」に似ている。彼らは、これを「核分裂（nuclear fission）」と名付けた。

この現象を詳しく計算してみると、ウランの原子核が分裂する際に、陽子質量の五分の一が消滅することがわかった。その質量は、アインシュタインの相対性理論から「$E=mc^2$」で導かれる二億電子ボルトの爆発的なエネルギーに変換される。彼女は、この大発見のメモをボーアに届け、そのメモを解析したボーアが「原子爆弾」の可能性についてアメリカ物理学会で発表したわけである。

■「反核兵器運動」の推進

一九三八年十二月十七日、ハーンは助手のフリッツ・シュトラスマンとともに、ウランの核分裂を立証する実験結果を得た。この「原子核分裂の発見」により、ハーンは一九四四年のノーベル化学賞を受賞した。

一九四五年の広島と長崎への原爆投下にハーンは大きなショックを受け、周囲から「自殺」を心配されるほどになった。温和で生真面目（きまじめ）で、道徳的にも潔癖だったハーンの発見が、人類史上最悪の兵器を生み出したからである。その後の彼は、「反核兵器運動」を推進した。

一九四六年四月一日、ハーンは、カイザー・ヴィルヘルム協会会長に選出された。協会は、一九四八年二月二十六日に現在も続く「マックス・プランク研究所」を設立し、七十歳を目前とするハーンが初代所長となった。

一九五七年三月十五日、当時の西ドイツに駐留するＮＡＴＯ（北大西洋条約機構）大隊司令官のイギリス空軍中将が、機密事項をオランダのマスコミに漏（も）らすというスキャンダルが生じた。それは「西ドイツ空軍が、ある時期、戦術核兵器とその輸送機を保持していた」という機密事項である。

四月十二日、ハーンは、西ドイツの核武装に反対する声明を発表した。さらに彼は、西ドイツを代表する一八人の物理学者の署名を集めて、西ドイツの主要新聞に「ゲッチンゲン宣言」を発表した。

その内容は、①「戦術核兵器」は、小型で多数使用可能であるがゆえに、結果的に「戦略的核兵器」と同程度かそれ以上の危険性があり、②「戦略的核兵器」が人類にどのような影響をもたらすのか、その長期的な影響は明らかではなく、③署名した科学者は、いかなる核兵器の製造・実験・配備にも加担しない、という趣旨である。

その後もハーンは、全世界における核実験の停止、核兵器保有国を増やさないための核兵器情報の非公開化、全世界における軍備縮小を訴え続けた。

一九六八年七月二十八日、八十九歳のハーンは車から降りる際に頸椎（けいつい）を骨折したことが原因で逝去した。八月十四日、妻エーディトが後を追うように死亡。十月二十七日、長年の親友マイトナーもイギリスで亡くなった。

06

第六章

ヴェルナー・ハイゼンベルク

ドイツとナチスの狭間で揺れ動いた天才

Werner Karl Heisenberg

1932年　ノーベル物理学賞

■難なく優秀な成績を収め、常に注目される少年

ヴェルナー・ハイゼンベルクは、一九〇一年十二月五日、ドイツのバイエルン州ヴュルツブルクに生まれた。

ヴュルツブルクは、ミュンヘンの北西約二四〇㎞の地点に位置し、ドイツの観光名所「ロマンティック街道」の起点に当たるマイン川沿いの風光明媚な都市である。

一八六九年生まれの父親アウグストは、ミュンヘン大学で古典の教員資格を取得し、難関進学校として知られるマクシミリアン・ギムナジウム（中等教育機関）の教員助手として採用された。そこで彼は、校長ニコラウス・ヴェックラインの長女アニーに恋したが、校長は、「半人前」のアウグストの求婚を頭から撥ねつけた。

これに奮起したアウグストは、バイエルン州の研究助成金を獲得してギリシャとイタリアに留学し、帰国後はヴェックライン校長の主宰する教育学セミナーに出席して、マクシミリアン・ギムナジウムの正規教員となった。

アウグストを見直したヴェックラインは、愛娘アニーとの結婚を認めた。二人は、一八九九年五月に結婚し、一九〇〇年三月には、長男エルヴィンが生まれている。

一九一〇年六月、ハイゼンベルク一家は、ミュンヘン郊外の高級住宅地シュヴァービングの三階建ての瀟洒な家に引っ越した。アウグストが、ミュンヘン大学の「ビザンチン文献学」の教授に任命されたためである。

彼は、ギムナジウムでの勤務をこなしながら、五六編もの論文を発表した。その成果により、ギムナジウム教員から大学教授という稀な昇格を果たしたのである。

長男エルヴィンと次男ハイゼンベルクは、幼少期から父親の厳しい教育を受け、二人ともマクシミリアン・ギムナジウムに進学した。そして、ともに優秀な成績を収めたが、何をしても群を抜いていたのは、弟だった。

当時のハイゼンベルクの成績表には「文法と数学の思考力に優れ、ほとんど間違うことがない。自発的に勉強し、物事の本質を見極めようとする旺盛な好奇心に溢れている。難なく優秀な成績を収め、そのために苦労することもない。常に注目されることを好む」とある。

一九一三年三月、バイエルンの摂政ルートヴィヒ王子がマクシミリアン・ギムナジウムの新校舎の開所式に訪れた。文才のある母親アニーは、この慶事を祝う詩を書き、それを十一歳のハイゼンベルクが暗唱した。王子は、感謝の印として紋章付のカフスボタンを彼に授与した。ヴェックライン校長は、自分の娘と孫の大活躍に鼻が高かったに違いない。ただし、光り輝く弟の陰で、兄のエルヴィンの精神は大きく屈折していた可能性がある。

その後、エルヴィンは兵役に赴き、ベルリンで「神智学」を狂信する新興宗教団体に入信する。彼は、有名になっていく弟を何度も教団に誘ったため、ハイゼンベルクは後年、兄との関係を断たざるを得なくなる。

一九一四年七月、第一次世界大戦が勃発すると、ハイゼンベルクは、「国防少年団」に入団した。約四〇〇〇人の学生が一〇分隊に分けられ、ドイツ軍将校から軍事訓練を受け、農場の救援奉仕活動で労働に従事した。

国防団長は、ハイゼンベルクの「隙(すき)のない見事な作業」を賞賛し、彼を分隊長に抜擢した。

少年たちは、早朝から日没後まで訓練と労働に明け暮れ、唯一の娯楽は、夜になって宿舎でチェスをすることだった。そしてハイゼンベルクは、そのチェスでも誰にも負けなかった。

彼は、ピアノのテクニックにも優れ、のちに「ピアニストになるか物理学者になるか迷った」時期もあるほどである。さらに、何よりも優れていたのが、数学だった。

十六歳のハイゼンベルクが、二十四歳の大学生パウラ・フリースに微分積分学を三カ月間、家庭教師をしたという記録がある。フリースは、アウグストの同僚の娘で、化学を専攻していたが、数学が苦手だった。彼女は、ハイゼンベルクのおかげで、無事に試験に合格できたという。

■不確定性原理の発見

一九二〇年九月、ミュンヘン大学に入学したハイゼンベルクは、数学科のフェルディナント・フォン・リンデマン教授の面接を受けた。リンデマンは円周率が超越数であることを証明したことで知られる整数論の専門家で、「純粋数学」を信奉する数学至上主義者だった。

リンデマンが、どんな数学の本を読んだか尋ねると、ハイゼンベルクが「ヘルマン・ワイルの『空間・時間・物質』を読み終えたばかりです」と答えた。するとリンデマンは「それでは君は数学をやっても無駄だ」と、面接を打ち切ってしまった。彼は、ワイルが物理学に応用するような「応用数学」を嫌悪していたからである。

そこでハイゼンベルクは、物理学科のアルノルト・ゾンマーフェルト教授に会いに行った。ゾンマーフェルトは、微細構造定数などの研究で知られるが、当時はアルベルト・アインシュタインの相対性理論を研究していた。そして、その数学的構造を分析したワイルの本をハイゼンベルクが読んでいることに逆に驚き、彼を歓迎した。

数週間後、ゾンマーフェルトはハイゼンベルクに「異常ゼーマン効果」に関するデータを解析する課題を与えた。これは磁場のなかで原子のスペクトル線が複雑に分裂する現象で、古典的物理学では説明できなかった。

つまり、ゾンマーフェルトは、当時の最先端の難問で彼の力量を試したわけだが、ハイゼンベルクは、データ解析を超えて、その現象を説明する理論的モデルまで構成してしまった。これに驚いたゾンマーフェルトが、一九二二年一月、アインシュタインに送った手紙がある。「私の教え子（ハイゼンベルクという三学期生！）が、原子のスペクトルに関する諸法則と異常ゼーマン効果を両立させるモデルを完成させました！」。

「三学期生」というのは、大学の半期授業の三度目の受講生ということで、入学して一年半しか経

アルノルト・ゾンマーフェルト（1930年）

っていないことを意味する。普段は冷静なゾンマーフェルトが「！」を用いて「驚愕」を表しているのがおもしろい。

一九二二年六月、デンマークのニールス・ボーア［第四章参照］がゲッチンゲン大学の集中講義に訪れた。この時点のボーアは三十七歳だが、すでにアインシュタインと双璧を成す物理学界の大御所とみなされていた。

ボーアは二週間の滞在中に七度の講演を行なったが、後方の席から臆せずに質問を繰り返したのが二十一歳のハイゼンベルクだった。ボーアは、彼を散歩に誘い、ハインベルクの丘を散策し、カフェに腰を下ろして会話を交わした。二人は、お互いに相手が天才であることを知った。

一九二三年七月二十三日、ハイゼンベルクの博士号口頭試問が行なわれた。当時のミュンヘン大学物理学科では、理論物理学のゾンマーフェルトと、実験物理学のヴィルヘルム・ヴィーンの試問に合格する必要があった。

ヴィーンは、「黒体輻射（ふくしゃ）の研究」により一九一一年にノーベル物理学賞を受賞した優秀な実験物理学者である。彼は、実験物理学の授業にまったく出てこないハイゼンベルクのことを日頃から苦々しく思っていた。

ヴィーンが干渉計の分解能を尋ねたが、ハイゼンベルクは答えられない。顕微鏡と望遠鏡の分解能も知らない。初級者でも知っている鉛電池の作用さえ、ハイゼンベルクは答えられなかった。ヴィーン教授は唖然とした。

試問後、「箸にも棒にもかからない無知な学生」だと激怒するヴィーンに対して、ゾンマーフェルトは「彼は二人といない天才」だから大目にみてやってほしいと懇願した。根負けしたヴィーンは、最終的に最低の「可」の成績で博士号を授与することに合意した。

この年の九月から、ハイゼンベルクは、ゲッチンゲン大学の物理学者マックス・ボルンの助手となった。ボルンは、後年になって量子論の確率解釈が認められ、一九五四年にノーベル物理学賞を受賞する偉才である。

一九二四年九月から半年間、ハイゼンベルクは、コペンハーゲン大学のボーアのもとに留学し、量子論の本質を見極める討論を行なった。二人の哲学的な議論は、講義中ばかりでなく、毎夕食後、夜中まで続いた。

一九二五年七月、ハイゼンベルクは、留学の成果をまとめた「量子論的な運動学および力学の直観的内容について」を発表した。この論文に登場する奇妙な数式を「行列」で単純化できることに気付いたのは、ボルンだった。彼と助手のパスクアル・ヨルダンの協力により、ついにハイゼンベルクは量子論の体系化に成功した。

十一月、ハイゼンベルクは、「原子物理学を隅から隅まであらゆる角度から説明できる統一的数学的枠組み」としての「行列力学」を完成したと発表した。

この業績により、ハイゼンベルクはゲッチンゲン大学の講師に昇格した。そして、彼が一九二六年九月から行なったセミナーには、著名な教授陣が押し寄せた。

六十四歳になった数学界の大御所ダフィット・ヒルベルトは、彼の新しい数学をまったく理解できなかった。ところが、彼の二十二歳の助手ジョン・フォン・ノイマンが、ハイゼンベルクの「行列」をヒルベルト空間の「ベクトル」に置き換えて簡潔な公理系で説明してみせたところ、ヒルベルトはようやく理解できて、大いに喜んだ。

一九二七年五月二十二日、ハイゼンベルクの「不確定性原理」を示す論文が『ツァイトシュリフト・フュア・フィジーク』に発表され、世界に衝撃を与えた。

量子論は、ミクロの世界では、いわゆる「客観的実在」の概念が成立しないことを示している。水素の原子核の周りには一個の電子が存在するが、その電子の「位置と運動量」は同時に確定できない。ハイゼンベルクは、自然に「不確定性」が潜むことを明らかにしたのである。

■栄光の頂点から孤独へ

一九二八年二月、二十六歳になったばかりのハイゼンベルクは、ライプツィヒ大学物理学科の教授として迎えられた。新聞は「ドイツで最も若い正教授」と書き立てた。

不確定性原理の発見によって彼の名前は世界に響き渡り、アインシュタインとボーアに続く著名人となった。彼のもとには、世界中の大学から講演依頼が殺到した。

一九二九年三月、彼はアメリカに渡り、マサチューセッツ工科大学、シカゴ大学、ミシガン大学などで連続講演を行なった。八月には、太平洋航路で日本に向かった。長い航路の娯楽は卓球で、最初は苦手だったハイゼンベルクが、日本に着く頃には船内で誰にも負けなくなった。

九月、ハイゼンベルクは東京大学、理化学研究所、京都大学で講演を行なった。ある日、彼は、一緒に講演したケンブリッジ大学の物理学者ポール・ディラックと京都の寺を散歩していた。すると、ハイゼンベルクは、何を思ったのか、突然寺の屋根に登り始めた。やがて瓦葺きの頂点に達したハイゼンベルクは、強い風が吹くなかで、片足立ちをしてみせた。もし落ちたら、命を危険に晒す行動である。ディラックは、仰天したと書き残している。

一九三二年、ハイゼンベルクは「量子力学の研究」により、ノーベル物理学賞を受賞した。その受賞記念式典が、彼の人生における栄光の頂点だったかもしれない。

その翌月の一九三三年一月、ナチスのヒトラー政権が発足する。ナチスに擦り寄り「ユダヤ物理学」を否定するフィリップ・レーナルト［第二章参照］とヨハネス・シュタルク［第三章参照］は、歓喜した。

一九三四年、ドイツ全域の大学と研究機関のユダヤ人を全員解雇したシュタルクは、それだけで飽き足らず、「ユダヤ物理学」を支持するドイツ人を攻撃し、排除しようとした。大学の講義や会話でアインシュタインやボーアの名前を出すだけで「ユダヤ物理学」だと密告される。ハイゼンベルクは「この白痴的な状況が早く終わればよいのですが……」と母親への手紙に書いている。

一九三五年十二月、ハイデルベルク大学のフィリップ・レーナルト研究所の開所式に招かれたシュタルクは、講演で三人の科学者を名指しで批判した。マックス・プランク、マックス・フォン・ラウエ、そしてハイゼンベルクである。とくに、あらゆる意味で自分よりも優れているハイゼンベルクを嫉妬し猛烈に憎悪するシュタルクは、ハイゼンベルクを「白いユダヤ人」と呼び、「彼は、強制収容所でユダヤ物理学を講義すればよい」と叫んだ。

一九三六年、ナチスを批判し続けたジャーナリストのカール・フォン・オシエツキーがノーベル平和賞を受賞した。これに激怒したヒトラーは、その後のドイツ人のノーベル賞受賞を禁止した。オシエツキーは、ダッハウの強制収容所に送り込まれ、拷問と栄養失調により死亡した。

この事件の後、シュタルクはハイゼンベルクのことを「物理学のオシエツキー」と呼ぶようになった。彼の誹謗中傷（ひぼうちゅうしょう）は執拗に続き、ミュンヘン大学のゾンマーフェルトが後任にハイゼンベルクを指名すると、裏で暗躍して、自分の部下の物理学者ヴィルヘルム・ミューラーを押し込んだ。ミューラーは、その後、ナチス突撃隊に入隊する人物である。ゾンマーフェルトは「考えられ得る限りで、最低の後任人事になってしまった」と嘆いた。

当時のハイゼンベルクには、海外の大学から多数の招聘があった。とくにミシガン大学は、彼の研究と家族の生活を全面的に支援すると、暗に亡命を提案していた。しかし、ハイゼンベルクは、ドイツに残る道を選んだ。

一九三七年四月二十九日、三十五歳のハイゼンベルクは、二十二歳のエリーザベト・シューマッハーと結婚した。彼女はボン大学の経済学者の娘で、三カ月前に音楽会で知り合ったばかりだった。自由な会話さえできない孤独なハイゼンベルクにとって、彼女が唯一の救いだった。

七月、ハイゼンベルクの母親アニーが、ナチス親衛隊長官のハインリヒ・ヒムラーの母親に会いに行った。ヒムラーの父親はギムナジウムの副校長で、アニーの父親とはバイエルンのハイキング同好会の仲間だった。その伝手で、同じように息子をもつ母親として、ハイゼンベルクの生命を守ってほしいと頼みに行ったのである。

ヒムラーは、一年間の徹底した内偵調査を行ない、ハイゼンベルクに「貴殿に対する攻撃が今後生じないような措置を取ったことをお知らせする」という手紙を送った。実際にヒムラーは「ハイゼンベルクを逮捕してはならない」という内部通達を親衛隊に出している。

この母親の行動を息子の命を守るために仕方がなかったという意見もあれば、「悪魔に魂を売った」と批判する見解もある。というのは、その後のハイゼンベルクが、ナチスに積極的に協力するようになったからである。

■ウラン・クラブの末路

一九三九年十月、ドイツ陸軍省は、カイザー・ヴィルヘルム研究所を吸収し、「核分裂」実験を成功させた所長オットー・ハーン〔第五章参照〕にウラニウムの製造を命じた。ハーンとハイゼンベルクを中心とする原爆開発のチームは「ウラン・クラブ」と呼ばれた。

一九四〇年十二月、ハイゼンベルクは、「原子炉」をライプツィヒ大学の実験室に完成させた。アメリカで最初の原子炉がシカゴ大学に製造されるより、二年も早い。

一九四一年九月、ハイゼンベルクは、ナチスの命令により、ヨーロッパの占領地域で連続講演を行なった。コペンハーゲンでは、恩師ボーアに会いに行き、「戦時下の科学者が原子核分裂の研究をしてもよいのでしょうか」と尋ねている。彼らは、ナチス親衛隊に監視されているため、原子爆弾の話はできなかったはずである。ボーアは具体的には何も答えず、そこで二人の友情は終わったといわれている。ボーアの妻マルガレーテは、ハイゼンベルクのことを「ナチスに魂を売った敵」と呼んで非難していた。

なお、この会談でハイゼンベルクがボーアに原子炉の図を渡したという逸話が独り歩きしているが、それは虚構であろう。ハイゼンベルクと一緒に会ったボーアの息子は、「父は、そんな紙を絶対に受け取っていない」と証言している。また、それほど重要な機密情報をユダヤ人に渡していたら、ハイゼンベルクは国家反逆罪に問われ、死刑もあり得たはずである。

一九四二年六月四日、ベルリンに呼び出されたハイゼンベルクは、ナチス・ドイツの軍上層部の高官を前にして、「通常の一〇〇万倍の威力をもつ爆弾」を「二年以内」に開発できると断言した。「大都市を破壊する爆弾のサイズ」を尋ねられたハイゼンベルクは、「パイナップル一個の大きさで十分です」と答えている。

感激した軍需大臣アルベルト・シュペーアは、二〇〇万マルクまでの資金を提供すると約束し、陸軍省は、数百人単位の科学技術者を新型爆弾製造任務に回すことを保証した。もしこの時点でドイツが国家の全精力を注いでドイツ版の「マンハッタン計画」を推進していたら、アメリカよりも先に原子爆弾を完成できたかもしれない。

ところが、最終的にハイゼンベルクが軍部に請求した研究費は、三五万マルクにすぎなかった。その理由は今も謎とされているが、要するに、彼は、国家事業の全責任を負うのが怖くなったのではないか。

ハイゼンベルクが、祖国ドイツの勝利を願っていたことは間違いない。しかし、彼は「ユダヤ物理学」などと科学を否定するナチスの「白痴的」な発想に強い嫌悪感を抱いていた。ハイゼンベルクの上司に当たるハーンは、「もしナチスが先に原爆を完成させたら、世界が滅びる。私は、その前に自殺するつもりだ」と小声で囁き、仕事をサボタージュしていた。彼のような科学者が多かったことも原因かもしれない。

六月二十三日、ライプツィヒ大学の「原子炉」のウランがなぜか制御不能になり、炉心が融解して大爆発を起こした。一九四三年二月には、ノルウェーのレジスタンスが、ノルスク・ハイドロ社の重水工場に潜入して重水タンクを爆破した。原子炉の制御に不可欠な重水が供給されなくなった時点で、ドイツの原爆開発は終わった。

しかし、ドイツの原爆開発を恐れるアメリカの諜報機関(ちょうほう)OSSは、ウラン・クラブの科学者を暗殺目標に掲げていた。一九四四年十二月十八日、チューリッヒで講演していたハイゼンベルクは、「モー・バーグ」という暗号名のスパイから拳銃で狙われていた。もし彼が講演で「原子爆弾」という言葉を発したら、即座に撃つ手筈(てはず)になっていたが、その言葉はハイゼンベルクの口から出なかった。

第二次世界大戦後、ハイゼンベルクは、連合軍に短期間拘束され、帰国後はマックス・プランク研究所の所長として過ごした。一九七六年二月一日、ハイゼンベルクは、ミュンヘンの自宅で、妻と七人の子どもたちに見守られながら、癌のため七十四歳で逝去した。

07

第七章

マックス・フォン・ラウエ

ナチスに正々堂々と抵抗した天才

Max Theodor Felix von Laue

1914年　ノーベル物理学賞

■「思ったことを口に出す率直な男」

マックス・ラウエは、一八七九年十月九日、ドイツのラインラント＝プファルツ州コブレンツに生まれた。

コブレンツは、モーゼル川とライン川の合流地点に位置する小都市である。そこから六五km南のマインツへ至る独特な景観の「ライン渓谷中流上部」は、ユネスコから「世界文化遺産」に指定されている。

彼の父親ユリウスは、ドイツ帝国の軍政を担う高級官僚として、数年おきに転勤した。ラウエは、少年時代をコブレンツからブランデンブルク、アルトナ、ポーゼン、ベルリン、シュトラスブルクへと転々として過ごした。

一八九八年に大学入学資格を取得したラウエは、一年間の兵役を経て、シュトラスブルク大学に入学した。数学と化学、とくに物理学で優秀な成績を収め、ゲッチンゲン大学に移り、ヴォルデマール・フォークト教授から大きな影響を受けた。フォークトは、スペクトル曲線の「フォークト関数」で知られる物理学者で、結晶学や熱力学の分野で多くの業績を残している。

ラウエは、さらにミュンヘン大学で一学期学んだ後、ベルリン大学の物理学者マックス・プランク［第三章参照］のもとで光学を研究し、一九〇三年に「平行平面板における干渉現象」により博士号を取得した。

その後二年間、ラウエはゲッチンゲン大学でフォークトの助手を務め、一九〇五年にベルリン大学のプランクに呼び戻された。優秀で「思ったことを口に出す率直な男」ラウエは、彼に気に入られていたからである。

プランクは、この年に無名の特許局員アルベルト・アインシュタインが発表した「特殊相対性理論」の論文「運動している物体の電気力学について」に衝撃を受け、これを九月に開始したセミナーのテーマに取り上げた。プランクがドイツ物理学会で相対性理論を絶賛したおかげで、アインシュタインの名前は世界に知れ渡った。

プランクと一緒に相対性理論を研究したラウエは、「空間と時間の概念の根本的な変革が、異常なほど私の心を揺さぶった。この理論に反論はあるのか、私は一人で抱え込んで考え続けた」と、のちに自伝で述べている。

一九〇六年、ベルリン大学が夏期休暇に入ると、ラウエは、趣味の登山とスキーを楽しむと同時に、アインシュタインと会うため、スイスのベルンに向かった。

約束の時間にラウエがベルン特許局の受付に行くと、「この廊下を真っ直ぐ進んでください。アインシュタインが待っていますから」と言われた。その廊下には、ヨレヨレのワイシャツを着て、腕まくりをした男がボンヤリ立っていたが、まさかその男が相対性理論の提唱者とは思わないラウエは、そのまま通り過ぎてしまう。

突き当たりまで行って誰もいないことに気付いたラウエは、振り返って、ようやくその男がアインシュタインかと驚いた。二人は同じ一八七九年に誕生し、三月生まれのアインシュタインが先に二十七歳になっていた。

二人は散歩に出た。アインシュタインは、ベルンの中心にある連邦議会議事堂の有名なテラスに案内した。そこからは、アルプスの美しい山岳光景が見える。

「明日からアルプスの四〇〇〇m級の山に登るのが楽しみです」とラウエが言うと、登山にまったく関心のないアインシュタインは、「どうしてそんな高い所に行きたがるのか、僕にはとても理解できないね」と言った。

最初は無愛想だったアインシュタインが、のちにはラウエに大いに感謝することになる。一九〇七年七月、ラウエが特殊相対性理論を初めて実験的に証明したからである。

動く水のなかで光速度を測る「フィゾーの実験」において、当時の「エーテル仮説」に基づけば、光速度は水の流れに沿って「引きずられる」際に増加するはずだったが、何度実験を繰り返しても、結果はそうならなかった。ラウエは、この不可解な現象を「エーテル」の存在を否定する特殊相対性理論で見事に立証したのである。

この業績により、ラウエは一九〇九年にミュンヘン大学の講師となり、光学・熱力学・相対性理論を講義するようになった。その翌年には、マグダレーナ・デーゲンと結婚した。夫妻は、二人の息子をもうけている。

さて、物理学に大革命をもたらしたアインシュタインのもとには、多くの出版社から、相対性理論を解説する本を執筆してほしいという依頼が殺到した。しかし、アインシュタインは「そのような時間はありません。私は研究に専念したいのです」と、すべて断った。そのため、彼の理論を立証したラウエに執筆依頼が回ってきた。

ラウエは、新婚の夏期休暇を返上して、集中して解説書を書き上げた。彼の『相対性理論』

は、一九一一年にブラウンシュバイク出版社から発行され、ベストセラーになった。彼は、序文で次のように述べている。

「私は相対性理論をまとめた最初の本の著者になってしまいました。この本はボート小屋に籠って書き上げました。その小屋はシュタルンベルガー湖畔にあり、目の前にはアルプスの山々の眺望が開けています。これほどすばらしい景色は、過去に見たことがありません」

■「ラウエ斑点」とノーベル賞

当時、ミュンヘン大学の理論物理学の主任教授アルノルト・ゾンマーフェルト〔第六章参照〕の指導する学生ペーター・エヴァルトが、「電子格子の分散と二重屈折」という博士論文を執筆していた。ゾンマーフェルトは、エヴァルトに、光学を専門とするラウエに論文の改良点をアドバイスしてもらうようにと命じた。

一九一二年一月、エヴァルトと面会したラウエは、ミュンヘン大学構内のイギリス庭園を散歩しながら彼と話しているうちに、突然、「短い波長の電磁波が結晶を通過するとどうなるのか」という疑問が浮かんだ。

四月二十一日、ラウエは、硫酸銅の結晶にX線を照射すると、回折現象（波動が障害物の後ろに回り込んで伝播する、波に特有の現象）によってフィルムに「ラウエ斑点」が写ることを発見し、その干渉の数学理論を発表した。それまでX線の正体は謎とされていたが、ラウエは、それが「電磁波」であることを明確に証明したのである。

ヴィルヘルム・レントゲン（1895年）

当時、ミュンヘン大学で実験物理学の主任教授を務めていたX線の発見者ヴィルヘルム・レントゲン［第二章参照］は、厳格で、常に身なりを整えていることで知られる。だが、このニュースを聞いたときには、帽子も被らずに、走って研究室に飛び込んできたという。

彼の助手は、「レントゲンは非常に感動していました。『そうか、そうか、結晶か』と独り言を言っていました」と証言している。レントゲンは、科学と医学の発展を最優先にして、莫大な価値を生むX線の医療技術を特許申請しなかった。ラウエのX線に関わる新発見に対しても、先んじられた「悔恨」や「嫉妬」などはなく、純粋に「感動」したという点に、彼の人格が滲み出ている。

ラウエの実験は、すぐに世界各国の大学の追試で確認され、多くの物理学者から祝福の声が届いた。なかでもラウエが一番嬉しかったのは、アインシュタインから「拝啓 すばらしい成功を心から祝福します。君の実験は、物理学が経験してきたなかでも最も意義深いものの一つです」という短文のハガキが届いたことだった。

一九一二年九月、三十三歳のラウエは、チューリッヒ大学教授として迎えられた。ちょうど同時期に、アインシュタインもチューリッヒ工科大学の教授に就任している。ラウエは、毎週アインシュタインの相対性理論のセミナーに参加し、その後は、学生たちと一緒にレストラン「クローネンハレ」の夕食を楽しんだ。この後、アインシュタインとラウエは、生涯の親友となった。

一九一四年、ラウエは「結晶によるX線回折の研究」によりノーベル物理学賞を受賞した。この年、彼の父親が貴族に叙(じょ)せられ、彼は「フォン・ラウエ」を名乗るようになる。頭脳流出を恐れるドイツ帝国は、ラウエをスイスから呼び戻し、フランクフルト大学教授に招聘(しょうへい)した。

第一次世界大戦が勃発すると、ラウエは、ドイツ帝国の軍部に協力し、軍事用無線通信に用いる新型の真空管を開発している。戦争終結後の一九一九年、四十歳になったラウエは、ベルリン大学教授に就任した。少年時代から三年以上同じ場所に定住したことのない生活が、ようやく落ち着いたわけである。ラウエは、一九四三年にナチスに辞職させられるまで、この職に留まった。

一方、アインシュタインは、ラウエと同じように頭脳流出を恐れるドイツ帝国によりスイスから呼び戻されて、一九一四年にベルリン大学教授に就任した。彼は、一九一六年に特殊相対性理論を拡張した「一般相対性理論」を発表して、さらに世界中から注目を浴びた。

一九一七年、アインシュタインは、三十七歳の若さでカイザー・ヴィルヘルム協会の物理学研究所所長に就任した。これは、アインシュタインには完全に自由に研究させるべきだというプランクの推薦によるものだった。

ラウエは、物理学研究所の副所長を兼任して、アインシュタインの苦手な運営を手伝った。当時の化学研究所所長はオットー・ハーン〔第五章参照〕、部長はリーゼ・マイトナー〔第五章参照〕だった。

研究所では、いつでもアインシュタインとラウエの大きな笑い声が響いていたという。同年生まれで登山好きのラウエとハーンは親友となり、休日にはマイトナーも一緒にハイキングに出掛けた。ただし、スポーツの嫌いなアインシュタインは、何度誘っても参加しなかった。

「物理学に人種も宗教もない」

一九二〇年代から三〇年代にかけて、アインシュタインの新しい物理学は、世界に受容されていった。

一例として一九二四年を考えてみると、この年だけで「相対性理論」に関する論文が三七七五編も発表されている。そのうち、ドイツ語が一四三五編、英語が一一五〇編、フランス語が六九〇編、その他の言語が五〇〇編と、影響が世界に広まっていく様子がよくわかる。

この物理学界の傾向に危機感を抱き、アインシュタインに猛反発したのが、フィリップ・レーナルト［第二章参照］とヨハネス・シュタルク［第三章参照］だった。この二人は、ノーベル賞受賞者でありながら相対性理論を「机上の空論」と否定し、ナチスと共謀して「ユダヤ物理学」に対する誹謗中傷(ひぼうちゅうしょう)を繰り返した。

一九三三年のナチス政権発足以降、徹底したユダヤ人排斥が始まった。第一次世界大戦でドイツに献身的に尽くしたベルリン大学教授のフリッツ・ハーバー［第一章参照］も、両親がユダヤ人であることから、一九三三年四月三十日付で辞表を提出している。そこには「私は、生涯をかけてプライドをもって祖国ドイツに尽くしてきました。今、そのプライドが私に辞表を書かせていることを、どうかご理解ください」と記されていた。この「プライド」という言葉に、ハーバーの無念さが刻み込まれている。

一九三三年五月十六日午前十時四五分、七十五歳のプランクは、カイザー・ヴィルヘルム協会会長として、新首相に就任したアドルフ・ヒトラーを表敬訪問した。

プランクが、辞職したばかりのハーバーの功績に触れると、ヒトラーは「私は特定のユダヤ人に反感をもっているわけではない。しかしユダヤ人は皆、共産主義者だ。そして共産主義者は私の敵だ。私は彼らと戦わなければならない」と言った。プランクが「一口にユダヤ人と言っても、いろいろなタイプの人間がいますが……」と口を挟むと、ヒトラーは「それは違う。ユダヤ人はユダヤ人だ。彼らは皆、鎖で繋がっている。ユダヤ人が一人いれば、すぐに全員が集まってくる」と叫んだ。

プランクが、ドイツのために有能な科学者が必要だと言うと、上の空で聞いていたヒトラーが突然、自分の膝を掌で打ち始めた。「最近、私のことを神経症の患者だという者がいるが、それはまったくの中傷だ。私の神経は、鋼鉄のように強い」と叫んで、ますます興奮した様子で膝を叩き続けた。プランクは、この教養のない狂気の独裁者の前から、黙って退席するしかなかった。

この年の九月二十日、ヴュルツブルク大学で開催されたドイツ物理学会の会長選挙では、シュタルクが立候補した。それに対してラウエが立ち上がり、教会から異端審問で脅されたガリレイが「それでも地球は回る」と呟いた話をした。この話は、当時シュタルクらに脅されてドイツを去ったアインシュタインを暗示している。ラウエの演説を聴いた科学者たちは、冷たい表情でシュタルクを見た。その結果、シュタルクは、立候補を取り下げざるを得なくなった。

十二月十四日、由緒あるプロイセン科学アカデミーでは、シュタルクが新会員に推薦された。推薦者は三名いたが、そのうちの一人は、驚くべきことにプランクだった。彼ほどの人物でさえ、ナチスの圧力に逆らえなかったのである。

ところが、ラウエが「物理学に人種も宗教もない」と理路整然と述べて、偏見に満ちた「ドイツ物理学」を推進するシュタルクの入会に反対した。そこで激しい討論になって審議は持ち越されたが、翌年一月十一日の総会で、シュタルクの入会は拒否された。

一九三五年一月二十九日にカイザー・ヴィルヘルム協会が主催した「ハーバー一周忌記念講演会」では、入口に「ユダヤ人ハーバー記念講演会への科学関係者の出席を禁止する」というナチスの禁制が掲示された。

報復を恐れた多くの科学者は、代理として妻や子どもを出席させた。科学者で堂々と出席したのは、プランク、ラウエ、ハーン、マイトナーの四人だけだった。

その後、ハーンは研究所を辞職し、マイトナーは亡命する。高齢のプランクは別格として、これほどシュタルクやナチスに正々堂々と抵抗したラウエが一九四三年まで職に留まることができたのは、ノーベル賞受賞者であると同時に、貴族だった影響もあるかもしれない。

■ファームホール

一九四五年七月三日、ドイツの科学者一〇名が、イギリスのケンブリッジ郊外にあるゴッドマンチェスター村に到着した。彼らは、高い壁に囲まれ、広大な緑地に立つ「ファームホール」と呼ばれる古城に収監された。

この一〇名のなかには、ラウエ、ハーン、ヴェルナー・ハイゼンベルク［第六章参照］がいた。連合国側は、原爆開発に関わったハーンとハイゼンベルクらから情報を引き出そうとしていた。同時に、とくにソ連に対する彼らの思想的傾向を探る必要もあった。一方、連合国側は、ナチスに抵抗したラウエを高く評価し、将来のドイツ科学復興の指導者とみなしていた。
イギリス秘密情報部MＩ６は、ホールのすべての部屋に盗聴器を仕掛けて、彼らの会話を盗聴した。この作戦は、暗号名「イプシロン作戦」と呼ばれる。戦後四十五年間の機密保持期間を経て、一九九二年に盗聴録音の主要部分が公開された。科学史上、第一級の記録資料である。

一〇名の科学者は、朝食後に新聞を読み、自室で研究し、夕食後はラジオを聴いた。居間でハイゼンベルクのピアノ演奏を楽しみ、夜中までカードに興じるようなこともあった。雑用や給仕は、ドイツ兵捕虜が務めた。

ほぼホテル暮らしのような優雅な生活とはいえ、連合国から拘留されている状況に変わりはない。ラウエは、全員の精神状態を安定させるために、週一回順番に研究発表する「物理学コロキウム」を開催することにした。

彼らは、ロンドンの連合軍司令部に呼び出されることもあった。ある日、イギリス人士官が「明日ロンドンで聴取がありますから、準備しておいてください」とラウエに言った。ラウエは、即座に「それは無理だ。明日のコロキウムでは私が発表する順番だからね」と答えた。士官が「そのコロキウムは日程を変更できるのではないですか」と言うと、ラウエは「その聴取は日程を変更できるのではないかね」と言ったという。

ファームホールに到着して一週間が過ぎたころ、原子核物理学者クルト・ディーブナーが、皆のいる居間で「もしかすると、ここには盗聴器が仕掛けられているんじゃないか？」と言った。ディーブナーは、疑り深く「最も不快な人格」とみなされていた元ナチス党員である。すると、ハイゼンベルクが「盗聴器だって？　それはないよ。彼らがゲシュタポのような真似をするとは思えない。イギリス人は、古風な紳士だからね」と笑い飛ばした。安心した一〇名は、その後、自由に発言した。

八月六日の夜、彼らはラジオでトルーマン大統領とチャーチル首相の共同声明を聴いた。BBCは、アメリカが二二億ドルの経費と一二万人の科学技術者の手で「原子爆弾」を完成させたこと、当日、広島に投下された原爆が、一〇万人以上を一瞬で消滅させたことを伝えた。

物理学者カール・フォン・ヴァイツゼッカーは、「アメリカ人は恐るべきことをやった。狂気の沙汰（さた）だ」と言った。彼は、のちに西ドイツ大統領となる弟のリヒャルト・フォン・ヴァイツゼッカーとともに「ドイツもナチズムの犠牲」という論法で自己正当化を図るようになる。

ハイゼンベルクは「そうでもないだろう。これが戦争を終わらせる最短手段だとも言える」と言った。ハーンは「私はそうは思わないが、逆に、我々が成功しなかったことに感謝している」と言った。原爆の根本原理である「核分裂」を発見したハーンは、顔面蒼白（がんめんそうはく）で、明らかに精神的に動揺していた。その夜ラウエは、ハーンが自殺しないように、彼が就寝するまで見守っている。

ハイゼンベルクの口癖に「ナチスの悪い面」という言い方があった。この言い方は、逆にナチスに「良い面」もあったことを意味する。

彼の日和見(ひよりみ)的な態度に猛反発していたのが、マイトナーだった。彼女は「ハイゼンベルクのような人間にこそ、強制収容所の悲惨な犠牲者の姿を見せるべきです」とハーンへの手紙で述べている。ハーンは、「誰もが不正義が行なわれていることを知りながら、それを直視しようとせず、自分自身を欺(あざむ)いていた。我々は、その責任を負わなければならない」と返信した。

ドイツへの帰国を許されたラウエは、一九五一年四月からマックス・プランク研究所の所長を務めた。スポーツ好きな彼の晩年の趣味は、自動車で高速道路を飛ばすことだった。一九六〇年四月八日、ラウエの自動車は、バイクと正面衝突して横転した。このバイクの運転手は、二日前に免許を取得したばかりで、即死だった。ラウエもこの事故の負傷が悪化して、四月二十四日、八十歳で逝去した。

08

第八章

アルベルト・アインシュタイン

愛と独創性に満ちた破天荒の天才

Albert Einstein

1921年　ノーベル物理学賞

■癇癪もちで反抗的な少年

アルベルト・アインシュタインは、一八七九年三月十四日、ドイツのバーデン＝ヴュルテンベルク州ウルムに生まれた。

ウルムは、ドナウ川沿いに位置する小都市で、教会建築としては世界一高いといわれる尖塔を有する「ウルム大聖堂」で知られる。

彼が誕生した翌年、実業家の父親ヘルマンは、ミュンヘンに電力供給会社を設立した。ちょうど街の通りに電灯が設置された時期で、会社は大繁盛した。一八八一年には妹のマリアが生まれた。アインシュタインは、彼女を「マヤ」という愛称で呼び、生涯仲良くした。

ただし幼少期のアインシュタインは癇癪もちで、気に入らないことがあると周囲にある本やノートを妹の頭に投げつけた。のちに彼女は「天才の妹であるためには、頭蓋骨が硬くなければなりません」と冗談を述べている。

さて、アインシュタインについては無数のエピソードがあるが、誇張あるいは曲解された逸話や、完全な虚構もあるので注意が必要である。たとえば、彼が「五歳まで言葉を話せなかった」という有名な話は間違いで、すでに三歳時に妹に話しかけていたという記録がある。ただし、彼に「反響言語症状」があったことは事実である。

幼児期のアインシュタインは、言葉を自分に言い聞かせてから発声した。つまり、いったん《おはよう》と唇で呟いてから「おはよう」と発声したわけである。そのため会話に時間がかかったが、のちに彼は「この症状のおかげで、問題をじっくり考える癖がついた」と述べている。

五歳のアインシュタインが風邪で休んでいた日、父親が「方位磁石」を買ってきてくれた。

なぜ針が常に北を指すのか、彼は目に見えない地球の地磁気の影響を事典で調べていくうちに「興奮して身体が震えた」という。

このときアインシュタインは「物事の背景には隠された奥深い真理がある」ことを実感した。それ以来、彼にとって何よりも重要なのは「物理的な真理」になった。

逆に、それ以外の表層的な事象は些事（さじ）に過ぎない。だから、外見の髪型や服装にも気を使わない。とくに彼が嫌ったのは、高圧的に既成概念を押し付けてくる人間だった。あらゆる権力に対する彼の反抗は、生涯続いた。

この時期のアインシュタインは、家庭教師からギムナジウム（中等教育機関）の入学試験対策を受けていた。ある日、アインシュタインは家庭教師の威圧的な態度に腹を立てて、椅子を彼の頭に放り投げた。この家庭教師は、もちろん二度とアインシュタイン家に来なかった。

九歳のアインシュタインは、ルイトポルト・ギムナジウムに入学した。ここでも彼は、クラスで一番後ろの席に座り、権威的な教師の命令を「嘲笑（あざわら）った」ため、何人かの教師から退学させるべきだという意見が出された。

そこから「アインシュタインは落第生だった」という逸話が生まれたが、これも間違いである。彼は、落第するどころか、数学と物理学では常に全校トップの成績を保ち、十五歳になる頃には微分積分学も独学でマスターしていた。他の科目でも落第点は一度も取っていない。

彼の父親ヘルマンは、厳格で温和な性格だった。一方、夫より十一歳年下の母親パウリーネは「冷笑を浮かべて、よく皮肉を言う」クールな性格のピアニストである。夫妻とも裕福なユダヤ人家庭の出身だが、宗教的行事には無関心な自由主義者だった。母親はアインシュタインにヴァイオリンのレッスンを受けさせ、やがて息子と一緒にモーツァルトの二重奏を演奏するようになった。

ヘルマンの会社は、最盛期には二〇〇人の従業員を雇うほど順調だったが、巨大資本の電力供給会社がミュンヘンに進出して以降、事業を縮小せざるを得なくなった。一八九四年春、ついに彼の会社は倒産してしまった。

借金の抵当だったアインシュタイン家の邸宅は奪われ、ヘルマンは家族を連れてイタリアのミラノで再起を図った。ただし十五歳のアインシュタインだけは、ギムナジウムを卒業するまで親戚の家で暮らすことになった。

ところが彼は、家族のいない孤独な生活のなかで、軍国主義的な厳格教育で知られるルイトポルト・ギムナジウムに通うことに耐え切れなくなった。彼は神経衰弱の診断書を提出して、一八九四年秋に退学している。ちなみに、この学校は、現在では「アルベルト・アインシュタイン・ギムナジウム」という名称になっている。

実は、この診断書は、アインシュタインが幼児期から世話になっている家庭医に頼んで書いてもらったものだった。当時のドイツでは、ギムナジウム卒業後に兵役が課せられたが、上官の命令に絶対服従の軍隊で一年間を過ごすことなど、彼には想像を絶する「悪夢」である。

そこで、彼はギムナジウム卒業資格もドイツ国籍も捨てる覚悟で、ミラノの両親の元に向かったのである。

チューリッヒ工科大学とミレヴァ

息子の顔を見て驚いた両親に向かって、アインシュタインは、ヨーロッパで最高水準と評価の高いスイスのチューリッヒ工科大学に進学するつもりだと宣言した。

彼は、一年間、家に籠って受験勉強を続け、十六歳で最初の論文「磁場におけるエーテルの状態について」を仕上げている。一八九五年十月に実施されたチューリッヒ工科大学の入学試験では、数学と物理学で最高レベルの点数を取ったが、フランス語・文学・政治学・動物学・植物学などの一般教養科目で点数が足りなかった。

アインシュタインは、チューリッヒ郊外アーラウの予備校に通うことになった。彼が下宿したのは、歴史学の教師ヨスト・ヴィンテラーと妻ローザの家で、そこには七人の子どもたちがいた。一家はアインシュタインを温かく迎え入れ、彼らの交流は生涯続いた。のちにアーラウの教員養成学校に進学したアインシュタインの妹マリアは、四人の息子のなかのパウルと結婚することになる。

三人の娘のなかで最も美しいと評判だった十八歳のマリーが、十六歳のアインシュタインの初恋の相手となった。一八九六年四月、アインシュタインが実家に帰省した際、マリーに書いた最初のラブレターが残っている。

「可愛らしい天使、僕は永遠の幸福を感じています」と甘い言葉が並び、彼女の手紙を母親に見せたところ「君のことを見たこともないのに、すでに母は君のことが大好きになっています」とも書かれている。

スイスの学校では、ヨハン・ペスタロッチの教育改革以降、学生の自主性が重視されていた。のちにアインシュタインは、「スイス式の教育がドイツ式の権威主義的な教育よりもいかに優れているか、私に実感させてくれた」と自伝に述べて、アーラウでの生活を「スイスの忘れられないオアシスの思い出」と懐かしんでいる。

一八九六年十月、アインシュタインは晴れてチューリッヒ工科大学に入学した。彼は、最初の二年間に理論物理学の主任教授ハインリッヒ・ヴェーバーの一〇の物理学の講義を受講し、そのすべてで好成績を収めた。

ところが彼は、自分が興味をもたない実験物理学や一般教養科目の授業には、ほとんど出席しなかった。彼に対する教授陣の評価は「生意気な怠け者」だった。

入学直後からアインシュタインの偉才を認め、彼の代わりに数学の講義に出て綿密なノートを取ったのは、同級生のマルセル・グロスマンである。彼は、このノート作成を続けたおかげで数学者となり、のちに母校チューリッヒ工科大学数学科の教授に就任することになる。

教員養成学校を卒業して初等学校の教師となっているマリーは、アインシュタインの大学合格祝いにティー・ポットを贈った。ところが彼は、このポットの「趣味が悪く気に入らない」という返事を書いている。

マリーは「ポットは喜んでもらえなかったけど、それに美味しいお茶を入れて飲んでもらえたら嬉しいわ」と返信した。さらに彼女は、学校にアルベルトという少年がいて、「彼を見るたびにあなたを思い出します」と手紙に書いてきたが、もはや彼は返事を書かなかった。

アインシュタインは、いったん興味を失うと、その相手が人間であろうと物事であろうと、非常に冷淡になり、この傾向は、生涯続いた。彼に深く傷つけられたマリーは、一年間ほど神経衰弱に陥ってしまった。

当時のアインシュタインが新たに惹かれたのは、同級生のミレヴァ・マリッチである。彼女はセルビアの裕福な家庭に生まれ、女子高等学校を最優秀成績で卒業して、チューリッヒ大学医学部に進学した。その後、物理学に専攻を変えて、女性の入学は稀にしか認められないチューリッヒ工科大学に編入してきたのである。

ミレヴァ・マリッチ
（1896年）

ミレヴァは、一八七五年十二月十九日生まれなので、アインシュタインよりも四歳近く年上である。先天性股関節症のため、足を引き摺って歩いた。彼女の親友ヘレン・サビックは、彼女のことを「頭がよくて高慢。小柄できゃしゃ。黒い髪で顔は不細工」と描写している。

アインシュタインがミレヴァと付き合い始めたのを見て、同級生たちは驚愕した。ある学生が「僕だったら、もっと健康そうな女性を選ぶと思うよ」と言うと、アインシュタインが「でもミレヴァの声はすばらしいんだよ」と答えた記録が残っている。

一八九九年四月、実家に帰省したアインシュタインがミレヴァに書いた手紙には「博士になる女性を恋人にもてるなんて、僕は何と光栄な男なのか」とある。また「僕が初めてヘルムホルツの論文を読んだとき、君が隣にいてくれたらよかったのに」とか「君と一緒に勉強すると楽しくて気持ちが落ち着く」という文面もある。彼は、物理学を共に語り合える女性に恋したのである。

一九〇〇年七月、卒業試験を終えたアインシュタインは、思い切って、母親パウリーネにミレヴァと結婚したいと告げた。すると、普段は冷静な母親が「ベッドに身を投げ出し、枕に顔をうずめて子どものように泣きじゃくった」という。パウリーネは、マリーのように素直で家庭的な女性こそが息子の嫁に相応しいと思っていた。彼女は「セルビアの浅黒い顔の陰気なインテリ女」との結婚に猛反対した。父親と妹も、母親と同意見だった。

■ベルン特許局と私生児

アインシュタインは、物理学の卒業試験では同級生のなかで最高点の成績だったにもかかわらず、大学に残れなかった。彼は、三年目に卒業論文の指導が始まった頃から、指導教官ヴェーバーと不仲になったためである。

当時のアインシュタインは、ケンブリッジ大学のジェームズ・マクスウェルの確立した電磁気学に強い関心を抱いていたが、保守的なヴェーバーは、イギリスを中心に発展した新しい物理学に触れようとしなかった。

軽蔑を隠せないアインシュタインは、ヴェーバーのことを「教授」や「先生」ではなく「ヴェーバーさん」と呼んだ。怒ったヴェーバーは、彼に対する博士号の指導を辞め、卒業試験で最高点の学生を助手にするという慣例を破って、アインシュタインを無視した。

その後の約二年間、アインシュタインは、大学を卒業したにもかかわらず行き先のない「就職浪人」の状態に陥った。この間、彼は、さまざまな大学の教授たちに自分を売り込む手紙を書いている。

この頃のアインシュタインが最も憧れていたのは、ヨーロッパの知識人を代表するライプツィヒ大学の化学者ヴィルヘルム・オストヴァルトだった。一九〇一年四月、アインシュタインが彼に送った手紙がある。

「数理物理学者にご関心はありませんでしょうか。私には金銭的余裕がなく、大学で採用していただかなければ研究を続けることができません」と述べている。彼は卒業論文を別送し評価を求めたが、返信はなかった。

落ち込んだアインシュタインを見かねた父親ヘルマンが、オストヴァルトに送った手紙も残っている。この手紙は「尊敬する教授先生に、息子の件でご助力を仰ぐ厚かましい父親をどうかお許しください」という文章で始まる。アインシュタインが「並外れて一生懸命に物理学に取り組んできた」にもかかわらず職を得ていない現状を嘆き、「息子の論文をお読みくださり、できれば励ましのお言葉を賜(たまわ)れませんでしょうか」と頼んでいる。

さらに「もし息子が先生の助手の地位に就くことができれば至上の喜び」であると懇願し、最後に「息子は、私の厚かましく無礼な行動については何も知りません」と結んでいる。だが、これにも返信はなかった。

ヨーロッパで大評判のオストヴァルトのもとには、世界中の研究者からこの種の手紙が届いていたから、相手にする余裕がなかったのかもしれない。フリッツ・ハーバー〔第一章参照〕を採用しなかったように、彼には天才を見抜く眼力がなかったのかもしれない。ただし、この九年後、オストヴァルトはアインシュタインの最初のノーベル賞推薦者になっている。もしかすると、彼はユダヤ人の雇用を避けていたのかもしれない。

さて、一九八六年、科学史の関係者を驚愕させる事件が起きた。一九四八年に亡くなったミレヴァの金庫は子孫に受け継がれていたが、その奥底からアインシュタインの秘密の手紙五通が発見されたのである。

その手紙によると、一九〇二年一月、ミレヴァはセルビアの実家に戻ってアインシュタインの子どもを出産している。アインシュタインは、彼女の名前を「リーゼル」と名付けたが、無職で未婚の彼に子どもを育てる余裕はない。彼は、自分の娘に一度も会わなかった。

リーゼルは即座に里子に出され、その後の消息は不明である。アインシュタインとミレヴァは、リーゼルの秘密を誰にも明かさず、墓場までもっていったのである。

一九〇二年六月、アインシュタインは、ベルン特許局に採用された。彼の親友グロスマンが、自分の父親の親友である局長フリードリッヒ・ハラーに頼んでくれたおかげである。公募は、アインシュタインを候補にするため「物理学の専門家だが博士号は不要」となっていた。

十月、アインシュタインの父親ヘルマンの心臓病が悪化し、家族全員がミラノの病床に集まった。妻と息子の結婚を巡る喧嘩を見かねていたヘルマンは、亡くなる寸前に、息子とミレヴァの結婚を認めた。

一九〇三年一月六日、アインシュタインとミレヴァは、ベルン市登記所に婚姻届を提出した。レストランでのささやかな結婚式に集まったのは友人たちだけで、アインシュタインの母親も妹も参加しなかった。

■相対性理論と奇跡の年

一九〇二年六月十六日、二十三歳のアインシュタインはスイス議会から「スイス連邦知的財産局三級技術官」に任命された。調べてみて驚いたことに、その年俸三六〇〇スイスフランは、当時の大学教授の給与よりも高い。

彼は、毎朝八時に特許局に出勤して、十七時まで申請書を審査した。のちに彼は「私は特許局での仕事を大いに楽しんだ。それは思った以上に興味深かった」と述べている。多種多彩な特許申請には、常識を覆す奇想天外な内容もある。これらがアインシュタインに知的刺激を与えて「奇跡の年」をもたらした可能性も考えられる。

やがて彼は、午前中に申請書の仕事をすべて片付けて、午後は物理学の研究に専念するようになった。のちに彼は「誰かが部屋に来ると、僕は論文やノートを机の引き出しに仕舞い込んで、仕事をしているフリをした」と述べている。これには局長のハラーも気付いていたが、大らかに見逃してくれた。もともと彼は、アインシュタインが天才の変人だと知ったうえで雇っていたからである。

一九〇四年五月十四日、長男のハンスが生まれた。ハンスは、のちに両親と同じくチューリッヒ工科大学に進学し、土木工学を専攻する。その後、アメリカに移住してカリフォルニア大学バークリー校教授となっている。

さて、社会的にも金銭的にも安定し、妻と長男にも恵まれたアインシュタインは、ついに長年抱き続けてきた疑問に徹底的に立ち向かうことを決意した。

それは、十六歳の頃、アーラウで昼寝をしていた際に思い付いた謎で、もし光の速度で光線を追いかけたら、その光線はどのように見えるのかという問題である。

たとえば二台の自動車がまったく同じ速度で並走していたら、相手の自動車は止まって見える。それでは、光の速度で光線に並んだら、一方の光線が静止して見えるのかというと、そんなことは不可能に思えた。

そこからアインシュタインは、真空中の光の速度こそが、この宇宙における絶対的な速度の限界であり、それはいかなる観測者から見ても同じだと考えた。この「光速度不変の原理」から出発すると、過去のニュートン物理学を根本的に見直さなければならないことになる。

というのは、もし光の「速度」が不変であれば、逆に「時間」と「距離」の概念が不変ではないことになるからである。そもそもニュートン物理学は、宇宙全体に普遍的に流れる「絶対時間」と、宇宙全体の不動の枠組みとしての「絶対空間」を基準に構成されている。

ところがアインシュタインは、絶対時間と絶対空間の概念を放棄し、時間と空間も、それぞれの観測者によって異なる相対的な概念であることを示したわけである。

二十六歳のアインシュタインが一九〇五年に導いた「特殊相対性理論」によれば、光速度に近付くほど、運動している時計は静止している時計よりも進み方が遅くなり、運動している物体は進行方向に対して長さが縮む。

アインシュタインは、「光量子論」と「ブラウン運動」に関する革新的な論文も相次いで発表したため、一九〇五年は「奇跡の年」と呼ばれるようになった。

さらに、この年にアインシュタインは「分子の大きさの新しい決定方法」という博士論文を仕上げて、チューリッヒ大学のアルフレッド・クライナー教授に提出している。この論文は、保守的なクライナーに気に入られるように古典的な流体力学の手法で書かれ、その十日後に完成するブラウン運動の論文で用いられる革新的な統計力学は用いられていない。この論文によって、アインシュタインは博士号を取得した。

（次章へ続く）

09

第九章

アルベルト・アインシュタイン(続)

世界のヒーローとなり、複数の女性と不倫し、ノーベル賞賞金を慰謝料にした天才

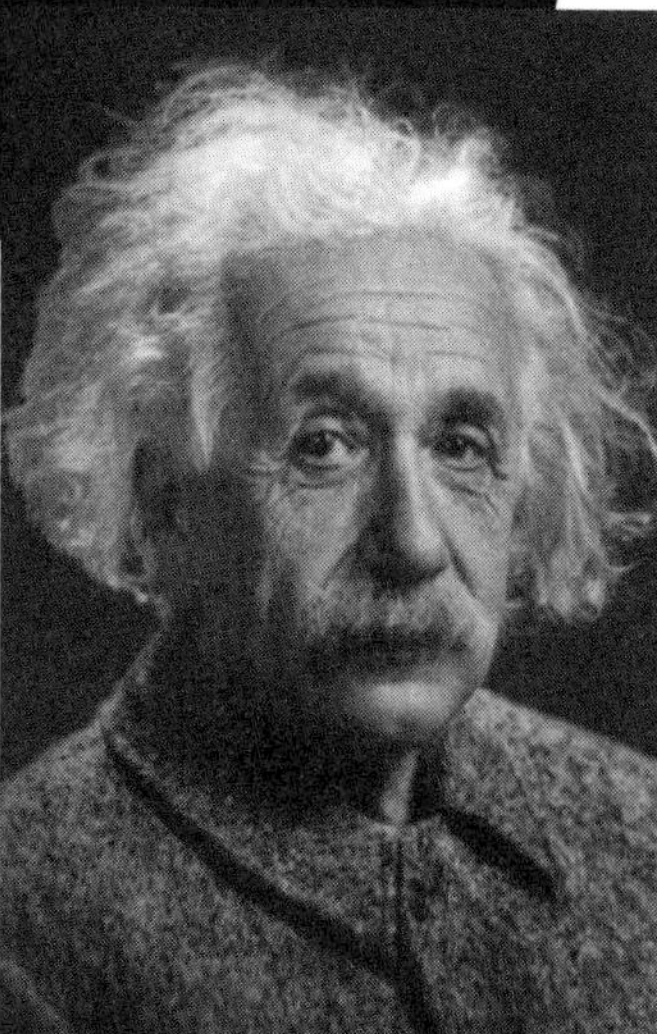

Albert Einstein

1921年　ノーベル物理学賞

「彼は真珠を手に入れた」

一九〇六年四月、アインシュタインは、博士号の資格取得により、ベルン特許局の「二級技術専門官」に昇進した。年収は一挙に四五〇〇スイスフランに跳ね上がった。

彼が前年の「奇跡の年」に発表した「特殊相対性理論」は、ベルリン大学の物理学者マックス・プランク〔第三章参照〕がドイツ物理学会で絶賛したおかげで、ヨーロッパ中で大評判になっていた。この年の夏期休暇には、プランクの助手マックス・ラウエ〔第七章参照〕が特許局のアインシュタインを訪ねている。

アインシュタインの大評判を知ったチューリッヒ大学は、慌てて彼を獲得しようとしたが、大学の給与が特許局よりも低かったため、アインシュタインはいったん断っている。そこで、チューリッヒ大学の理事会は特別に彼の給与を特許局と同等に改定して、一九〇九年四月、三十歳のアインシュタインは十月からチューリッヒ大学物理学科の准教授として就任することが正式に決まった。

物理学に大革命を起こした天才がチューリッヒ大学に招聘されたことは、新聞に大きく報じられた。これを読んだバーゼル州に住む主婦アンナ・マイヤー＝シュミットが、アインシュタインに祝福の葉書を送った。

アンナは、十年前の十七歳の頃、アルプスのリゾートホテルで夏期休暇中のアインシュタインと彼の母親と一緒に過ごしたことがあった。アインシュタインは、その「忘れられない数週間の思い出」に触れて、「ぜひチューリッヒに遊びにおいでください」と礼状を書いた。

これを「好意」と受け取ったアンナは、「会いに行きたい」と情熱的な返事を書いた。ところが、その手紙をアインシュタインの妻ミレヴァが開封して読んでしまった。激怒したミレヴァは、アンナの夫に手紙を書いて、「穏やかならぬ手紙」を書いた彼の妻の行動を非難した。その後の二週間、この件を巡って両家で大騒動が生じた。結果的に、アインシュタインは、アンナの夫に「奥様には何の落ち度もありません」と釈明し、「私にも何ら邪心がなかったとはいえ、軽率でした。今後、奥様を煩わせることはありません」と謝罪せざるを得なくなった。この謝罪は、彼にとって大きな屈辱だった。

のちにアインシュタインは、ミレヴァの「嫉妬心は異常で病的」だと述べ、それは「並外れて醜い女に典型的な欠陥」だとまで嫌悪感を表している。

ミレヴァの「嫉妬心」は、夫の成功そのものにも向けられた。彼女が親友ヘレン・サビックに書いた手紙は、「夫は有名になりすぎて、妻と過ごす時間なんてない」とか「彼は真珠を手に入れた。私に与えられたのは、その真珠を入れる箱だけ」と嘆く文章に溢れている。

ミレヴァの悲愴な態度から、実は彼女が相対性理論の発見にかなり貢献していたのではないかと、逆に彼女をもち上げる見解もある。彼女がアインシュタインの論文を校正し、計算式を検算したことは記録に残っている。だが、どこまで理論の構築に関与したのかは謎である。

少なくとも、物理学上のアイディアが浮かんだとき、すぐにそれを理解できる妻が側にいたことが、アインシュタインの大発見を支援したことはたしかだろう。

長男ハンスが六歳になったばかりの一九一〇年七月二十八日、次男エデュアルドが生まれた。この頃にはアインシュタインとミレヴァの関係も小康状態になり、夫妻は二人の息子を

「小熊君たち」と呼んで可愛がった。

■ソルヴェイ会議とベルリン大学

一九一一年十一月、ベルギーのブリュッセルで「第一回ソルヴェイ会議」が開催された。ベルギーの化学者エルネスト・ソルヴェイは、ガラスの原料となる炭酸ナトリウムを製造する「ソルヴェイ法」を発見し、その特許から得た莫大な収益を大学設立や学術支援活動に投じた。その一環として、世界から科学者を招待して、最先端のテーマを議論する「ソルヴェイ会議」を創始したのである。この会議は、今も三年に一度開催されている。

第一回ソルヴェイ会議のテーマは「放射能と量子の理論」であり、その分野を代表する二四名の科学者が選ばれた。その最年少が、三十二歳のアインシュタインだった。

議長を務めたのは、オランダのライデン大学教授ヘンドリック・ローレンツである。彼は、「ゼーマン効果」の発見により一九〇二年にノーベル物理学賞を受賞している。特殊相対性理論に大きな影響を与えた「ローレンツ変換」の提唱者としても知られる。

この会議には、一九〇三年に「放射能の研究」により女性として初めてノーベル物理学賞を受賞したマリー・キュリーや、一九〇八年に「元素の崩壊および放射性物質の性質に関する研究」によりノーベル化学賞を受賞したアーネスト・ラザフォード［第四章参照］も参加している。とくに、初対面のアインシュタインと直接議論できて大喜びだったのは、プランクである。

この時点のアインシュタインは、一八九六年にドイツ国籍を放棄し、一九〇一年にスイス国籍を取得している。ドイツを愛するプランクは、それが残念でならなかった。彼は、アインシュタインをドイツに呼び戻すため、ベルリン大学に招聘できるように各界に働きかけた。

その結果、一九一三年四月、アインシュタインはベルリン大学物理学科の教授に就任できた。新居が決まるまでアインシュタイン夫妻は化学科の教授フリッツ・ハーバー［第一章参照］の邸宅に滞在した。ハーバーの妻クララも化学者で、アインシュタイン夫妻と境遇が似ている。アインシュタインとハーバーは親友になった。

当時のベルリンは、建築デザインでは「モダニズム」、芸術活動では因習を打破する「ダダイズム」の中心地で、夜はキャバレーが大人気だった。アインシュタインは、華やかなベルリンの生活に溶け込んでいった。

一方、幼い息子二人の世話で忙しいミレヴァは、外出を嫌い、家に引き籠るようになった。のちに長男ハンスは「母は暗い表情で家事をこなしていました。ベルリンには一人も彼女の友達がいません。母は、一目見た瞬間からこの街が大嫌いだと言っていました」と述べている。

実はアインシュタインは、一九一二年四月から従姉（いとこ）のエルザ・レーヴェンタールと不倫関係にあった。エルザは、織物商と十二年間の結婚生活ののちに離婚し、ベルリンの両親の家に戻って四年目を迎えていた。

エルザはアインシュタインよりも三歳年上で、「あらゆる意味でミレヴァと正反対だった」といわれている。彼女は、ミレヴァほど理知的ではなく、極度の近眼で、小太りだが、ミレヴァよりも優しく、温かく、明るかった。エルザは、世界的に活躍する従弟アインシュタインを尊敬し、手の込んだ家庭料理を作って彼に尽くした。

アインシュタインは、エルザに惹かれるほど、ミレヴァに冷淡になっていった。彼が一九一四年にミレヴァに要求した覚書が残っている。「ミレヴァは、以下を厳守すること。私の下着と服を準備する。私が自室で食事できるように用意する。社会的体裁を保つ場合以外、私と個人的関係をもたない。私の愛情を期待しない。私が要求したら、口答えせずに部屋から出て行くこと……」。

一九一四年七月、ミレヴァは二人の息子と一緒にチューリッヒに向かった。当初は、夏期休暇だけ過ごす予定だったが、結果的に、二度と戻ってこなかった。

この年の六月二十八日、オーストリア＝ハンガリー帝国の皇太子が暗殺された。この事件を契機として第一次世界大戦が勃発したわけだが、その暗殺者はセルビア人である。つまり、セルビア人のミレヴァは、ドイツ帝国からすれば敵国人となったわけである。

ベルリンのアインシュタインは、エルザの実家の側にある独身者専用アパートに移り、仕事に専念した。彼は、特殊相対性理論で「時間」と「空間」の概念を変革したが、それを「質量」や「エネルギー」の概念にも拡張して、物理学全般を変革しようとしていた。そこで脅威だったのが、ゲッチンゲン大学の天才数学者ダフィット・ヒルベルトが、同じ問題に取り組んでいることだった。

一九一六年、アインシュタインは、ついに「一般相対性理論」を完成した。この年の彼の生産力は凄まじく、一年間に一〇編もの斬新な論文を発表している。ヒルベルトも、ほぼ同時期に一般相対性理論の方程式を導いたが、最初に相対性の概念を確立したアインシュタインに敬意を表して、その論文を公表しなかった。

ノーベル賞と離婚

アインシュタインの有名な方程式「$E=mc^2$」は、物質の質量に光速度の二乗を掛けた結果がエネルギーと同等であることを示している。その後、人類は、ごく微量の物質の核分裂反応から膨大な原子力エネルギーを取り出すようになるが、質量が膨大なエネルギーを秘めているという帰結も、一般相対性理論に基づいている。

一九一七年、アインシュタインは、三十七歳の若さでカイザー・ヴィルヘルム協会の物理学研究所所長に就任した。アインシュタインのような天才は、大学の授業や学生の世話に時間を費やすべきではなく、完全に自由に研究させるべきだというプランクの強い推薦によるものだった。さらにプランクは、副所長にラウエを任命して実質的な運営を任せた。これによって、アインシュタインは、ほぼ完全に研究だけに専念できるようになった。

この特別待遇に激怒したのが、フィリップ・レーナルト〔第二章参照〕とヨハネス・シュタルク〔第三章参照〕である。その後、彼らはナチスと協力して、ユダヤ人アインシュタインを執拗(しつよう)に攻撃する。

第一次世界大戦中、ドイツ軍の毒ガス開発の全責任を負いながら、アインシュタインとミレヴァのあいだで離婚調停を行なったのが、ハーバーである。彼は、自分の妻が自殺した後悔からか、アインシュタイン夫妻が離婚しないように努力を尽くしたが、すべては徒労に終わった。

エルザ・アインシュタイン（1929年）

アインシュタイン夫妻の次男エデュアルドは、幼少期から音楽に天才的な能力を発揮する一方、自閉症と神経症的な傾向があり、医療措置が必要だった。実際に彼は、母親が逝去した三十七歳の時点から五十五歳で亡くなるまで、精神科病院で過ごすことになる。

ミレヴァは二人の息子の養育費と医療費に加えて、アインシュタインの不倫や家庭内暴力を訴えて、莫大な慰謝料を請求した。最終的にアインシユタインは、ノーベル賞を受賞した場合の賞金一〇〇〇万スウェーデンクローナ（約一億三〇〇〇万円）をすべて譲渡すると宣誓し、ミレヴァは、これを承諾した。二人の離婚は、一九一九年二月十四日、正式に成立した。そして、六月二日、アインシュタインは、エルザと結婚した。

この年の十一月七日、ロンドンの『タイムズ』紙に「科学革命――ニュートン理論覆される――アインシュタイン理論の勝利」という記事が大々的に発表された。その三日後には『ニューヨーク・タイムズ』紙にも同じ記事が掲載され、やがて記事は世界中に配信された。

一般相対性理論の重力場方程式によれば、太陽の重力によって空間に歪みが生じることから、太陽の近傍で観測される恒星の位置がずれて見えるはずである。そして、イギリスの日食観測隊の観測結果を分析した結果、一般相対性理論の予測通りだったことが確認された。

第一次世界大戦で敵対国だったドイツ出身の科学者の理論が、イギリス観測隊によって実証されたことは、学問に国境はないという美しい実例ともみなされた。

アインシュタインは、物理学を超えて、世界のヒーローになった。彼は、数えきれないほどの大学や研究機関から招待され、一九二一年から十年間にわたって、世界各国を歴訪し続けた。当時生まれた男児は彼にちなんで「アルベルト」と名付けられ、ロンドンで講演した際には彼を見た貴族の令嬢たちが失神した。ジュネーブでは、若い女性に取り囲まれて髪の毛を切り取られた。アインシュタインは、世紀の大スターになったのである。

一九二三年十一月、アインシュタインは日本を訪れて、四十三日間滞在した。大正天皇に謁見し、東京大学や京都大学などで講演した。ちょうど、レーナルトやシュタルクの妨害で延期されていた一九二一年度のノーベル物理学賞受賞が発表されたばかりで、日本での歓迎は熱狂的だった。彼の日記には「日本人は、謙虚で質素で礼儀正しく、じつに魅力的だ。誰もがこの国を愛し、敬うに違いない」とある。一方、「日本人の科学に対する探究心は、文学や芸術への愛着よりも弱いようだ。これは、生まれながらの気質なのか？」とも書き残されている。

一九三〇年、五十一歳になったアインシュタインは、ベルリン郊外のカプートに瀟洒な別荘を建てた。ベルリンの本宅には、毎日、世界中から手紙の山が届き、それを整理するだけでも一苦労だった。彼は、それらの雑用をエルザに任せて、別荘で悠々自適の生活を送った。

一九三一年の夏、カプートでは、アインシュタインとマルガレーテ・レバッハ夫人の関係が「公然の秘密」だった。二人が散歩し、カフェに入り、川でボート遊びに興じる場面が何度も目撃されている。この関係が突然終末を迎えたのは、別荘の清掃に来たエルザが、洗濯物のなかからマルガレーテの水着を発見したからである。

これ以外にも、アインシュタインの浮気は続いた。近年、詳しく調査された結果によると、アインシュタインはエルザと結婚後、少なくとも六人の女性と関係をもったことが明らかになっている。一九二七年からメイドを務めたヘルダ・ヴァルドウは「先生は美しい女性がお好きで、女性たちは先生に憧れました」と証言している。

エルザには、前夫とのあいだに二人の娘イルゼとマルゴットがいる。アインシュタインは、エルザと結婚する前、自分より十八歳年下のイルゼに求婚しようとさえした。

一九二八年四月、三十三歳のヘレン・デュカスがアインシュタインの秘書となった。彼女の母親を知るエルザが、ヘレンの勤務先の出版社が倒産したのを知って紹介したのである。ヘレンは、一九三六年にエルザが難病で逝去した後、アインシュタインの面倒を最後まで見ている。

長男ハンスは、アインシュタインとヘレンの不倫関係を疑っているが、真相は謎である。ヘレンは、知的で控え目な性格で、アインシュタインのことを生涯「教授」と呼んで、衆目から彼を守った。アインシュタインは、彼女のことを地獄の番犬「ケルベロス」と呼んでいる。

■大統領への手紙と世界政府

一九三一年、レーナルトが「ユダヤ物理学」を意図的に批判する書籍『アインシュタインに反対する一〇〇人の著者』を上梓した。ナチスのプロパガンダに踊らされるドイツでは、多くの知識人でさえ正気を失っていた。命の危険を感じるようになったアインシュタインは、一九三二年十二月、ドイツを去った。せっかく建てた別荘を後にするアインシュタインは、エルザに「振り向いてごらん。もう二度と見ることはできないよ」と言った。

西側諸国では、アインシュタインを「大学の顔」にしようと、多くの大学が彼に声を掛けた。とくに、オックスフォード大学、パリ大学、カリフォルニア工科大学では着任の条件まで話が進んでいたが、彼が魅了されたのは、研究者の「楽園」プリンストン高等研究所だった。

一九三三年十月、アインシュタインは妻エルザと秘書ヘレンとともに、ニューヨーク港に到着した。パリ大学の物理学者ポール・ランジュヴァンは、それは「ヴァチカン宮殿をローマからアメリカに移すくらいの大事件だった」と述べている。「物理学の法王」であるアインシュタインが腰を据える以上、今後はアメリカが自然科学の中心地になるだろうと、学界では大騒ぎになった。

当時のニューヨーク市長ジョン・オブライエンは、華々しい市内パレードと歓迎会を予定していたが、派手なことの苦手なアインシュタインは、市内を迂回してモーターボートでニュージャージー海岸に渡り、プリンストンに到着した。世界中から集まった新聞記者がアインシュタインを追い回したため、彼はしばらくの間、裏口から研究所に入らなければならなかった。

一九三九年四月、「科学的事実は世界の科学者が共有すべき」だという理念に基づき、ニールス・ボーア〔第四章参照〕が原子爆弾の可能性を公表した。そこで「アメリカがドイツよりも先に原爆を開発しなければ、世界は滅亡する」とルーズベルト大統領に原爆開発を催促したのが、有名な「アインシュタインの手紙」である。

この草稿を仕上げたのは、レオ・シラードを中心とする科学者グループで、この手紙に署名したアインシュタインは、のちに広島と長崎の非人道的な惨状（さんじょう）を見て、生涯後悔したといわれている。その後、アインシュタインは、全世界から原水爆を廃絶すべきだという「ラッセル＝アインシュタイン宣言」を主張するようになった。

晩年のアインシュタインは、身なりに構うことなく、ダボダボのセーター姿でプリンストンの街をブラブラと散歩した。それに見とれた何人もの自動車の運転手が、木に衝突したという。また、近所の八歳の女の子に数学の宿題を教えて「私はキャンディで買収されたよ」と言ったエピソードもある。その一方で、彼はイギリスのエリザベス女王やベルギーの国王をはじめ、世界の要人と文通して「世界政府」の推進を呼びかけていた。

一九五二年一月十九日、イスラエルを建国した初代大統領ハイム・ヴァイツマンが急死した。イスラエル政府は、世界で最も著名なユダヤ人のアインシュタインに第二代大統領就任を要請したが、彼はこれを固辞した。

一九五五年四月十八日、アインシュタインは七十六歳で急逝（きゅうせい）した。彼は、その五日前に自宅で突然倒れて入院したが、医師の手術の勧めをすべて断った。死の直前、彼は「私は自分が望む時に逝（い）きたい。命を人工的に長引かせるのは退屈だ。私の仕事はやり遂げた。今が逝く時だ。私はエレガントに逝く」と言った。

10

第十章

エルヴィン・シュレーディンガー

実在を追い求めた一夫多妻主義の天才

Erwin Rudolf Josef Alexander Schrödinger

1933年　ノーベル物理学賞

■女系家族に囲まれた少年時代

エルヴィン・シュレーディンガーは、一八八七年八月十二日、オーストリア=ハンガリー帝国の首都ウィーンで生まれた。

彼は、音楽と絵画に演劇といった芸術が爛熟した「世紀末ウィーン」の渦中で誕生したわけである。

彼の母方の祖父アレクサンダー・バウエルは、ウィーン工科大学教授の化学者であると同時に、砂糖会社の経営者として財を成した。彼はウィーン一区に大理石で外装された五階建アパートを所有し、シュレーディンガー一家は、最上階で暮らした。正面の窓からは、シュテファン大聖堂のゴシック式尖塔が目の前に見えたというから、まさにウィーンの中心で育ったことになる。

バウエルには三人の娘がいたが、次女のゲオルギーネに恋したのが、かつてバウエルの指導を受けたルドルフ・シュレーディンガーだった。彼は、ウィーン工科大学を卒業後、相続したリノリウム床材製造会社を経営して成功を収めていた。一八八六年八月十六日、二十九歳のルドルフと十九歳のゲオルギーネは結婚した。

バウエルの長女ローダは、帝国政府の参事官と結婚したが、子どもはなかった。三女エミリーは、のちにウィーン工科大学でバウエルの後任教授となる前途有望な化学者と結婚し、一人娘のヘルガを産んでいる。

当時のウィーンでは、裕福な家庭の子どもはギムナジウム（中等教育機関）に入学するまで家庭で過ごすのが普通だった。一人っ子のシュレーディンガーは、週に二日ほど家庭教師から基礎教育を受ける以外の時間は、母親と伯母と叔母と従妹の女性四人に囲まれて過ごした。

シュレーディンガーの父親ルドルフは、「ユーモアと活気に満ちた有能な人物」だったという。彼は、家庭の事情で家業を引き継いだが、本当は学問を続けたかった「学究肌」の性格だった。晩年には形態遺伝学を研究し、ウィーン動植物学会の副会長になっている。

母親ゲオルギーネは「小柄でチャーミングな女性」だったという。彼女はヴァイオリンが趣味だったが、なぜかシュレーディンガーは幼少期から音楽に関心を示さなかった。一九二一年に母親が乳癌で亡くなると、その原因はヴァイオリンで胸を押さえつけて生じた傷のためだと主張し、音楽そのものに嫌悪感を示すようになった。

伯母ローダは、自分に子どもがいないこともあってか、シュレーディンガーを溺愛した。幼児期のシュレーディンガーは、神経質かつ短気で、よく癇癪を起こした。食事の際に行儀が悪く、父親に部屋から追い出されたこともあった。その父親を宥めたのが、ローダだった。

シュレーディンガーの才能に最も早くから気付いていたのが、彼と十四歳しか年齢差のない叔母エミリーだった。彼は彼女のことを「エミー」と呼んで慕った。彼女が早くから英語を効率的に教えたため、シュレーディンガーはドイツ語と英語のバイリンガルになった。

のちにエミリーは、四歳になったばかりのシュレーディンガーが、すでに天文学の本を読んでいたと証言している。シュレーディンガーが「エミーは地球になって」と言い、彼は月になってエミーの周囲を回りながら、太陽に見立てた電灯を二人で周回したという。

一八九八年九月、十一歳になったばかりのシュレーディンガーは、アカデミッシュ・ギムナジウムに入学した。ここで彼はラテン語とギリシャ語の「文法の厳密な論理性」に魅了され、哲学と文学を学び、さらに数学と物理学で抜群の才能を示した。入学から一九〇六年に卒業するまでの八年間、彼は常に全校トップの成績を維持し続けた。当時の同級生は、次のように述べている。

「シュレーディンガーが質問に答えられない場面は、一度も見たことがない。彼は勉強家でも努力家でもなかったが、講義中に何もかも理解できた。とくに数学と物理学は授業中にその内容を即座に把握してしまうので、僕らのように苦しみながら宿題をやる必要もなかった」

ギムナジウムでシュレーディンガーの親友になったのが、裕福なイタリア系移民の息子トニオ・レラである。レラの成績は常に二番だったが、彼はシュレーディンガーが天才であることを知っていたので、悔しがらなかった。レラは、のちにウィーン工科大学数学科の教授となるが、第二次世界大戦中、ロシア戦線で戦死する。

夏期休暇になると、シュレーディンガーはレラ家の所有するアルプスの美峰(びほう)シュネーベルクのロッジに招かれた。このロッジには一二〇人が宿泊できたというから、山小屋というよりはリゾートホテルのイメージである。

そこでシュレーディンガーの初恋の相手となったのが、トニオの妹のロッテだった。彼女は「黒髪に茶色い瞳の豊満な肢体」のイタリア系美人で、「僕は彼女にぞっこん惚れた」とシュレーディンガーは記している。

ちなみにシュレーディンガーの遺した『カゲロウ（Ephemeridae）』と名付けられた日記には、彼が生涯に愛したすべての女性の名前と経緯が、その結末を示す記号とともに克明に記されている。ロッテとは、手を繋いで一緒にウィンナ・ワルツを踊った喜びが記されている。

■ウィーン大学と第一次世界大戦

一九〇六年九月、十九歳のシュレーディンガーは、ウィーン大学に入学した。

当時のウィーン大学で最も著名な物理学者が、「熱現象の不可逆性」を「エントロピー増大」により統計力学的に解明したルートヴィッヒ・ボルツマンである。

のちに「科学における私の初恋はボルツマンの理論だった」と述べているように、シュレーディンガーはボルツマンのもとで学ぶためにウィーン大学を選んだのである。

ところが、鬱病に悩まされていたボルツマンは、新学期の始まる直前の九月六日に自殺してしまう。そのためシュレーディンガーは、後任教授となったフリードリヒ・ハーゼノールの指導を受けることになった。

ハーゼノールはボルツマンの弟子で、彼の志向した統計力学的手法の忠実な継承者だった。結果的にシュレーディンガーは、ハーゼノールを通して、ボルツマンの斬新な発想から大きな影響を受けたと述べている。

シュレーディンガーが詳細に記した記録によれば、ウィーン大学在学中、彼は次の専門科目を履修(りしゅう)している。

一年次「実験物理学・微分積分学・立体幾何学・確率論」、二年次「物理実験・力学・連続体力学・微分幾何学・関数論・解析幾何学・高等確率論・気象学・天体物理学・抽象代数学」、三年次「電気力学・音響学・関数論・群論・有機無機化学」、四年次「熱力学・光学・変分学・空間幾何学・数理統計学・代数曲線論」……。

狭義の専門だけではなく、彼がいかに物理学に関わる幅広い分野を選択し受講したのかがよくわかる。

一九一〇年五月、シュレーディンガーは「絶縁体表面の電気伝導」に関する博士論文により博士号を取得した。彼は、そのままウィーン大学の助手となり、一九一二年十月に大学教授資格論文「誘電体の運動学に関する理論」をウィーン科学アカデミーに提出した。この成果により、一九一四年一月、彼はウィーン大学の講師に任命された。

ウィーン大学時代、二十五歳のシュレーディンガーは、十七歳のフェリチェ・クラウスと恋に落ちた。彼女は、彼が少年時代によく面倒を見ていた幼馴染だが、再会した際には、見違えるほどエレガントな女性に変身していた。二人は、周囲に秘密で結婚の約束をした。

ところが、男爵夫人であるフェリチェの母親は、シュレーディンガーが収入のない学生であることを理由に、二人が頻繁(ひんぱん)に会うことを禁じた。フェリチェが懇願(こんがん)したため、二人は一カ月に一度だけ会うことが許された。

これで二人の恋心はさらに燃え上がった。シュレーディンガーは、彼女と結婚するため、「大学を退学してリノリウム床材製造会社を引き継ぎたい」と父親ルドルフに申し出た。しかし、自分自身が家業のために学問を捨てたことを深く後悔していたルドルフは、息子が同じ間違いを犯すことを許さなかった。

というわけで、二人の秘密の約束は果たされなかった。その後、フェリチェは陸軍中尉と結婚し、一人娘を産んだ。のちに彼女は、シュレーディンガーの七十歳の誕生日を祝って、「私たちの幼い時代は　一番鶏の鳴き声のように過ぎ去った　私たちの青春時代の輝きと幸福は一瞬にして過ぎ去った」という趣旨の詩を送った。

一九一四年七月に第一次世界大戦が勃発すると、シュレーディンガーは砲兵少尉として招集された。彼は、一九一八年の終戦まで兵役に就き、イタリア戦線では砲兵指揮官代行の任務を果たして、中尉に昇格した。

ウィーン大学に戻ったシュレーディンガーは、戦争で中断された講義をようやく再開できた。一九二〇年三月には、「色彩論」に関する三部作の論文が権威ある学会誌『アナーレン・デア・フィジーク』に掲載された。この論文は物理学界で高く評価され、ウィーン科学アカデミーの「ハイティンガー賞」を受賞している。

一九二〇年三月二十四日、三十二歳のシュレーディンガーは、二十三歳のアンネマリー・バーテルとカトリック教会で結婚した。四月六日には福音派教会でも式を挙げている。二度も神前で誓ったことにより、二人に離婚の選択肢がなくなったとも考えられる。

シュレーディンガーがチロルの衣装を着たアンネマリーと知り合ったのは、学生時代に休暇でザルツブルクを訪れた際だった。その後、彼女はウィーンに出てきてフェニックス保険会社の会長秘書になっていた。

アンネマリーは、高等教育を受けたことがなく、物理学をまったく理解できなかった。芸術に知的関心を抱くこともなかった。二人の新居を訪れた友人は、彼女のインテリアの田舎趣味に「ゾッとした」と述べている。

それでもシュレーディンガーがアンネマリーを愛したのは、彼女が夫を「崇拝」していたからだった。彼女は、あらゆる家事をこなし、彼の好みの食事とワインを用意し、彼が病気になれば夜を徹して看病した。結婚後に夫がどれだけ他の女性と恋愛しようと、彼女は「自分は天才の妻なのだから」と、最後まで耐えたのである。

夫妻のあいだには、生涯子どもがなかった。アンネマリーが子どもを産めない体質だったのか、あるいは彼女に「精神不安定の病歴」のある血縁者がいたため、子どもを産みたがらなかったと推

アンネマリー・バーテル
（1920年）

測する伝記もある。アンネマリー自身も「双極性障害」に苦しめられ、その後の生涯に何度も精神科に通院し入院することになる。

■シュレーディンガー方程式と波動力学

一九二一年十月、シュレーディンガーはスイスのチューリッヒ大学物理学科の教授に就任した。この六年間の任期のあいだに、彼は多くの大発見を成し遂げた。

一九二五年十一月、ミュンヘン大学のヴェルナー・ハイゼンベルク〔第六章参照〕が「行列力学」を発表し、「原子物理学を隅から隅まであらゆる角度から説明できる統一的数学的枠組み」を完成したと主張した。

この主張に対する物理学界の当初の反応は、どちらかというと冷ややかだった。もともと量子論に批判的なベルリン大学のアルベルト・アインシュタイン〔第八・九章参照〕は、ハイゼンベルクの論文を読んで「こんな理論を本気で信じているのか」と書き残している。

「そばかすの神童」と呼ばれる二十四歳のハイゼンベルクの若さを皮肉って「子どもの物理学」と揶揄するような物理学者もいた。とくに彼の「行列力学」を「直観的イメージを欠く奇怪な模型に過ぎない」と徹底的に批判したのが、三十九歳のシュレーディンガーだった。

シュレーディンガーは、一九二六年一月から六月にかけて立て続けに六編の論文を発表し、原子物理学は彼の発見した「シュレーディンガー方程式」で十分説明できると「波動力学」を主張した。彼の方程式は、物理学者が使い慣れている偏微分方程式なので、その意味では難解な「行列力学」よりも物理学界での受けがよかった。

この状況にハイゼンベルクは憤慨（ふんがい）し、「シュレーディンガーの理論は、考えれば考えるほど胸が悪くなる。彼の『直観的』という言葉は、ほとんどナンセンスで、デタラメに過ぎないじゃないか！」と述べている。

いずれにしても、「量子力学」が誕生した時点で、その基礎を表現する数学が二種類に分かれたわけである。この論争は、世界中の数学者と物理学者を巻き込んで一年以上続いたが、これに決着をつけたのが、ベルリン大学の二十四歳の講師ジョン・フォン・ノイマンだった。

一九二七年五月、彼は「量子力学の数学的基礎」を発表し、「ノイマン環（かん）」と呼ばれる方程式群を用いて量子力学的状態をヒルベルト空間上に表現することに成功した。これによってノイマンは、「行列力学」と「波動力学」が同等であることを数学的に証明したのである。

一九二七年十月、シュレーディンガーはベルリン大学物理学科の教授に就任した。この人事は、ドイツ物理学界の大御所マックス・プランク［第三章参照］が自分の後任として推薦したもので、いかにシュレーディンガーが高く評価されていたかがわかる。

ベルリン大学物理学科で、シュレーディンガーはアインシュタインから大きな影響を受けた。当時台頭してきたナチズムを嫌悪する共通点からも、二人は親友になった。一九三二年にアインシュタインが亡命し、その翌年にナチス政権が成立してユダヤ人排斥を決定すると、シュレーディンガーは抗議してベルリン大学を辞職した。

ベルリン時代にシュレーディンガーの愛人だったのは、十七歳の女子学生イティー・ユンガーである。彼女が妊娠したため、シュレーディンガーは出産するように懇願する一方で、自分は離婚するつもりはないと宣言した。結果的にイティーは子どもを中絶した。彼女と激怒した彼女の両親に対して、彼は莫大な慰謝料を支払っている。

一九三三年七月、オーストリアに帰国したシュレーディンガーは、チロル州の州都インスブルックに向かった。その目的は、数年前の夏期休暇中に知り合った人妻ヒルデグンデ・マーチに言い寄ることにあった。

ヒルデグンデは、インスブルック大学の大学講師アルトゥール・マーチの妻である。結婚して四年目になるが夫妻に子どもはなかった。物理学者のマーチは、シュレーディンガーのことを心の底から「崇拝」していた。そして彼は、彼の妻ヒルデグンデがシュレーディンガーと一緒に一カ月のチロル観光旅行に出掛けることを容認したのである。驚くべきことに、マーチは尊敬する天才と「妻を共有することを名誉に思った」というのである。

一九三三年九月、イギリスのオックスフォード大学フェローに就任したシュレーディンガーは、堂々と「第一夫人」のアンネマリーと「第二夫人」のヒルデグンデを伴って引越し、大学街中の評判になっていた。シュレーディンガーは、この年の十二月、「新しい形式の原子理論の発見」により、ノーベル物理学賞を受賞した。

一九三四年五月三十日、ヒルデグンデはシュレーディンガーの女児を出産した。父親は娘に「ルース・ゲオルギー・エリカ」と名付けた。「ゲオルギー」はシュレーディンガーの母親ゲオルギーネから、「エリカ」は彼の以前の愛人エリカ・ボルドにちなんだ名称である。

この年の秋、シュレーディンガーはプリンストン大学の客員教授として招聘された。親友アインシュタインは、その機会に彼をプリンストン高等研究所の教授として獲得するように動いたが、理事会は認めなかった。その理由は、シュレーディンガーが「妻と愛人と、愛人の産んだ子どもと一緒に暮らすと公言していた」ことにあった。

■シュレーディンガーの猫と晩年

さて、当時の量子力学で一般的に用いられていたノイマンの公理系において、「観測」から「収束」に至る経緯は、系の内部で数学的に厳密に定式化されている。

しかし、その「観測」とは何を意味するのか。その解釈に疑問を投げかけたのが、一九三五年にシュレーディンガーが発表した論文「量子力学の現状について」である。彼は、この論文で「シュレーディンガーの猫」と呼ばれる思考実験を提示した。

それは、次のようなイメージである。閉鎖(へいさ)された鉄の箱の中に、猫が入っているとする。箱の中には、毒ガス発生装置があって、放射性物質に繫がっている。この放射性物質の原子核崩壊が起こる確率は、一時間後に五〇%である。そして、その物質が原子核崩壊を起こせば、毒ガスが発生する仕組みになっている。

ここで重要なのは、原子核崩壊はミクロの世界の話だが、この思考実験では、それがマクロの世界に直結している点である。つまり、量子論的には箱の中にいる猫は「生きている状態」と「死んでいる状態」が同時に絡み合って「共存」している奇妙な状態だということになる。

一時間後、この箱をシュレーディンガーが開けて「観測」したとする。その瞬間、「原子核崩壊が起きて猫が死んでいる状態」か「原子核崩壊が起きずに猫が生きている状態」かのどちらかに確定するというのが、当時の量子論を代表するニールス・ボーア［第四章参照］による「コペンハーゲン解釈」だった。

しかし、なぜ一方の状態だけが観測されて、もう一方の状態は観測されないのか。これでは、まるで自然界が、サイコロを振って猫の生死を決めているかのように映る。だからアインシュタインは、「神はサイコロを振らない」と宣言して、ボーアの解釈を批判したわけである。

一九三九年十月、シュレーディンガーは、第一夫人と第二夫人と娘を伴って、アイルランドのダブリン高等研究所の理論物理学部長に就任した。その後、一九五七年に定年退官するまで、彼はショーペンハウアーの哲学書やインドの古代仏教書を読み漁り、物理学を超えた世界観を追い求めた。

その集大成として彼が発表したのが、一九四四年の『生命とは何か』である。晩年は生地ウィーンに戻り、一九六一年一月四日、心臓病のため七十三歳で逝去した。

なおシュレーディンガーは、アイルランドの女優シェイラ・グリーンとのあいだに一九四五年六月九日誕生の女児、赤十字職員の匿名女性とのあいだに一九四六年六月三日誕生の女児をもうけている。つまり、彼の婚外子は三人であり、そのすべてが女性だったわけである。

11

第十一章

ポール・ディラック

虐待を乗り越えた孤高の天才

Paul Adrien Maurice Dirac

1933年　ノーベル物理学賞

■「無口」になった原因

ポール・ディラックは、一九〇二年八月八日、イギリスのブリストルで生まれた。

ブリストルは、ロンドンの西一六七㎞に位置し、エイヴォン川の河口に開けた港湾都市である。かつては植民地と交易する船舶の貿易港として栄え、現在は風光明媚な観光地として知られる。

ディラックの父親チャールズの家系は、十八世紀にフランスのボルドーからスイスに移り住んだ移民である。

チャールズは一八六八年にジュネーブに生まれ、十代で三年間スイス陸軍の兵役に服した後、ジュネーブ大学に進学した。彼の父親はモンテー駅の駅長だったが、何度も酒に酔って出勤したため、解雇された。無職になった父親は、一日中酒を飲み、妻と息子に当たり散らした。それに耐え切れなくなったチャールズは、二十歳になると大学を中退し、誰にも行き先を告げずに家を出た。

スイスの公用語は、ドイツ語・フランス語・イタリア語・ロマンシュ語の四言語だが、チャールズはフランス語を母語として育った。その後、彼はフランス語を教えながら、チューリッヒからドイツのミュンヘン、フランスのパリとヨーロッパ各地を転々と渡り歩いた。そして、最後にブリストルに落ち着いたのである。

一八九六年九月、二十八歳のチャールズは、マーチャント・ヴェンチャラーズ工科大学附属中等・高等学校のフランス語教諭として正式に雇用された。

チャールズは、酒飲みで怠け者の父親に対する反動からか、「厳格さの権化」だった。当時の生徒によると、彼はクラスで抜き打ちテストをしては、不合格の生徒に「瞬き一つせずに罰を与えた」という。生徒たちは、彼に「死体（deader）」という陰気な綽名をつけた。

ある日、自転車で出勤したチャールズは、飛び出してきた子どもを避けて転倒し、腕を骨折した。ところが、「厳格さの権化」である彼は定刻通りに出勤し、授業を続けた。それに気付いた校長が、すぐに病院に行くように命じ、完治するまで出校しないように指示したという。

そんな彼が恋したのは、ブリストル中央図書館で司書を務める十九歳のフローレンス・ホールトンだった。彼女は、コーンウォールのメソジスト派キリスト教徒の家庭出身で、酒や賭け事を罪悪と見なし、劇場も「退廃的」なので避けるべきだと考えていた。二人とも「厳格さの権化」という点で、完全に意気投合したのである。

チャールズとフローレンスは一八九九年に結婚し、その翌年に長男フェリックスが生まれた。二年後に次男のディラック、その四年後には長女ベティが誕生する。

この夫妻の奇妙な特徴は、どちらも自分の母語を最高の言語と信じて疑わず、可能な限りそれ以外の言語を使おうとしなかった点にあった。つまり、チャールズはフランス語、フローレンスは英語しか使わない。幼年期のディラックは、父親と母親の言語使用を観察して、「男と女は、別の言語を話す人間」だと信じていた。

少年時代のディラックにとって、三度の食事は「拷問」の時間になった。食事時になると、父親と次男はリビングルーム、母親と長男と妹はダイニング・キッチンに分かれて座る。一方ではフランス語、他方では英語のみが使われる。その食事の前に両親が大喧嘩になって、幼い子供三人が立ち尽くす場面も何度かあったという。

食事のあいだ、チャールズはディラックにフランス語で質問を繰り返し、文法的なミスや不適切な言い回しを執拗(しつよう)に指摘した。ディラックは、フランス語で自分の考えていることを表現するのを諦めて、次第に「無口」になっていった。彼の極端な「無口」は生涯続いた。

五歳でビショップ・ロード小学校に入学したディラックは、当初は新たな環境に戸惑ったが、徐々に全科目で優秀な成績を収めるようになった。十二歳の卒業時にはブリストル市の奨学金試験に合格して、中等学校の学費がほぼ免除されることになった。「並外れた倹約家」だったチャールズとフローレンスは、大いに喜んだ。

一方、この奨学金試験を二年前に受験した兄フェリックスは、不合格だった。一九一四年九月にディラックが中等学校に入学し、全校でトップの成績を取るようになると、あまり成績の良くない兄フェリックスに対する父親チャールズの風当たりは、さらに強くなった。

ディラックが群を抜いて優秀だったのは数学で、中等学校在籍時から飛び級で高等学校の授業を受けていた。それでも彼にとっては簡単すぎたため、数学の教諭アーサー・ピッカリングは、ディラックには特別に大学レベルの課題を与えて、図書室で勉強させることにした。

ある日、ピッカリングは「いくら神童でも解くには夜中まで掛かる複雑な問題」を与えて、ほくそ笑んでいた。ところが、その日の放課後になると、ディラックが完璧な解答をもってきたため、彼は呆然(ぼうぜん)としたという。

一九一八年九月、飛び級で高等学校を卒業した十六歳のディラックは、ブリストル大学に入学した。彼は両親の指示により、就職に困らないように電気工学を専攻した。大学でも彼は飛び級で進級し、三年後の一九二一年六月、十八歳で電気工学の学士号を取得した。

■ケンブリッジ大学

ブリストル大学在学中の一九一九年十一月七日、ロンドンの『タイムズ』紙に「科学革命――ニュートン理論覆される――アインシュタイン理論の勝利」という記事が大々的に発表された。これを読んだディラックは、科学界で生じた大革命の話に夢中になった。

その翌年の一九二〇年、ケンブリッジ大学の天体物理学者アーサー・エディントンが「重力の相対性理論に関する報告」という論文を発表した。エディントンこそが、日食の観測結果を分析した結果、アルベルト・アインシュタイン〔第八・九章参照〕の予測が正しかったことを立証した人物である。

エディントンの論文を読み込んで相対性理論を理解できたディラックは、のちに「すばらしいことが起こった。相対性理論が、突然私の目の前に現れたのだ」と、彼の人生で初めて味わった歓喜と感動について語っている。

ディラックは、電気技師として就職しようとしたが、第一次世界大戦直後の不況のため、どの会社も新規採用を中止していた。彼の天才的な能力を惜しんだブリストル大学数学科の教授ロナルド・ハッセは、彼が学費免除で数学科に籍を置くことができるように取り計らった。そのおかげでディラックは、射影幾何学や四元数論など、のちの偉大な業績に結びつく数学分野を研究できた。

一九二三年九月、物理学を専攻することを決心したディラックは、ケンブリッジ大学のセント・ジョンズ・カレッジに入学した。彼の指導教授になったのは、数学科のラルフ・ファウラー教授である。

ファウラーは、自身が量子論の研究に没頭していたこともあり、支配的な教育方針の多い教授陣のなかで、学生に対しては完全な放任主義者だった。そこで「無人島でも一人で研究できる」と噂されたディラックは、自分の思い通りに授業を選択し、自由に研究することができた。

彼がとくにケンブリッジ大学で影響を受けたのは、原子核の存在を明らかにしたアーネスト・ラザフォード［第四章参照］である。ラザフォードは、キャベンディッシュ研究所の所長として世界各国から研究者を招聘し、研究所は活気に溢れていた。

当時のケンブリッジ大学は、男子学生しか入学できなかった。教授と学生たちは、毎日午後七時三十分になるとガウンをまとった正装でカレッジの大広間に集まり、六列の長いベンチに並んで座った。純白のテーブルクロスには、カレッジの紋章が描かれている。

夕食は、前菜にグラタン風タラやレンズ豆のスープ、メインにウサギ肉の蒸し煮や茹でたタン、デザートに西洋スグリのパイやチーズの盛り合わせなどが登場する立派なコース料理だった。もちろん、ワインもある。

ここで同級生たちのあいだで有名になったのが、ディラックの「無口」である。彼は、母親のメソジスト派キリスト教に従って酒を飲まず、コーヒーや紅茶でさえ口にしなかった。一言も喋らず、隣の学生に会釈することもなく、無表情のまま、水を飲みながら食事をする。数学科の同級生たちは、彼をからかって「一ディラック＝一時間に一単語」という新たな単位を生み出した。

ある夜、古典力学の問題に苦労して取り組んでいると喋っている学生に対して、ディラックが突然、「そんな些末で無意味な問題ではなくて、もっと本質的な問題に取り組むべきだ」と発言したことがある。この学生は、ディラックに強く傷つけられたと証言している。

一九二五年三月十日、ディラックは、兄のフェリックスが自殺したという通知を受け取った。フェリックスは、罵倒と叱責ばかりを繰り返す父親チャールズが支配する実家を離れて、バーミンガムの救急病院で救命士として働いていた。上司は勤勉な彼を高く評価し、同僚ともうまくいっていたというが、なぜか急に職を辞して、野原の真ん中で青酸カリを飲んで亡くなったのである。

スーツに蝶ネクタイの正装だったが、遺書や証明書類は何ももっていなかった。警察が彼のメガネから身元を割り出し、家族に知らせるまでに四日かかっている。

のちにディラックは、「自分よりも頭のいい弟がいたので、兄はかなり鬱屈していたにちがいありません」と平然と述べている。この発言にも表れているように、ディラックは、他人の感情を理解したり思いやったりすることが、極端に苦手だった。幼少期に両親から温かい愛情を注がれず、父親からフランス語で虐待されたために、一種の「感情喪失症」になったと見なす伝記もある。

■ソルヴェイ会議と「ディラック方程式」

一九二五年五月にニールス・ボーア〔第四章参照〕、七月にヴェルナー・ハイゼンベルク〔第六章参照〕がケンブリッジ大学で集中講義を行なった。すでにファウラーとラザフォードの影響で量子論の数学的記述に関する研究を進めていたディラックは、この二人の天才の講義から大きな刺激を受けた。

この時点で八編の論文を完成させていたディラックは、それらの成果をまとめた博士論文「量子力学」をファウラーに提出した。一九二六年五月、ディラックは、二十三歳の若さで博士号を取得した。学位授与委員長のエディントンは、彼の博士論文が「並外れて優秀ですばらしい」と讃える異例の手紙を学位記と共に贈呈した。

この年の秋、海外研究奨学金を得たディラックは、コペンハーゲンにあるボーアの理論物理学研究所に向かった。彼は、新たな原子モデルを導いたボーアを「深く尊敬」していたが、彼の「相補性」の哲学には関心がなかった。ディラックは、あくまで物理現象を数学的に厳密に記述する方法だけに興味をもっていたのである。

クリスマスにボーア一家と過ごしたディラックは、生まれて初めて、お互いに愛し合う家族が温かく集う光景を見た。これは、「厳格さの権化」の両親のもとで育ったディラックにとって、一種の衝撃だったにちがいない。

何よりも家庭人だったボーアからすれば、数式と方程式にしか興味のないディラックのほうが、理解不可能な人物だった。晩年のボーアは、「私の理論物理学研究所には多くの研究者が訪れたが、最も変わっている男(the strangest man)はディラックだ」と述べている。

一九二七年十月、ベルギーのブリュッセルで「第五回ソルヴェイ会議」が開催された。テーマは「電子と光子」であり、その分野を代表する二九名の科学者が選ばれた。その最年少が、二十五歳のディラックだった。彼は、初対面の四十八歳のアインシュタインと意気投合した。

この会議では、アインシュタインとボーアが量子論の解釈を巡って大論争を繰り広げたことで知られる。それに対して、ディラックは、次のように述べている。

「私は二人の議論を聞いていたが、議論には加わらなかった。なぜなら、要するに、私にはあまり興味がなかったからだ。……数理物理学の仕事で最も重要なことは、正しい方程式を得ることであり、その方程式の解釈は、私には副次的な意味しか持たないように思える」

そして彼は、実際に、量子論の波動方程式を特殊相対性理論に対しても満足させる「ディラック方程式」を導いた。この方程式を記載した論文「電子の量子論」は、一九二八年二月にイギリス王立協会で発表され、相対論的量子論の出発点となる画期的な業績と高く評価された。

この年の三月、ディラックはアメリカに渡り、プリンストン大学、シカゴ大学、ウィスコンシン大学マディソン校などで講義を行なった。八月にはカリフォルニア大学バークレー校の物理学者ロバート・オッペンハイマーのセミナーに出席し、そこでハイゼンベルクと再会した。

その後、二人は、日本の汽船「シンヨウ丸」の広々とした一等客室をシェアして、日本に向かった。二週間の船旅のあいだ、ハイゼンベルクは卓球の腕を上げ、ダンス・フロアでは、当時流行のボブカットにミニスカートの「フラッパー・スタイル」の女性たちと踊り続けた。

ある日、ディラックが訝しげにハイゼンベルクを見つめながら「君は、なぜダンスをするのか」と尋ねた。「ステキな女の子とダンスをするのが楽しいからだよ」とハイゼンベルクが答えると、ディラックは五分程黙った後、次のように言った。「ハイゼンベルク、なぜ君は相手の女の子がステキだと『事前』にわかるのかね？」

■王立協会とノーベル賞

一九三〇年三月、ディラックはイギリス科学界最高の栄誉である王立協会のフェローに選出された。彼の名前には、「FRS：Fellow of Royal Society」という称号が付けられる。弱冠二十七歳のディラックが、ニュートンやダーウィン、ラザフォードやアインシュタインと同じ地位に登りつめたのは、異例中の異例の出来事だった。

この年の九月、ディラックは初めての著書『量子力学』をオックスフォード大学出版局から上梓した。この二五七ページに及ぶ著書には、一枚の図も参考文献もなく、歴史的説明や経験的議論も冒頭以外にはなく、ただ淡々と数式と方程式で量子力学の全貌が描写されている。

この本は、発行直後から物理学界の賞賛を浴び、日本ではノーベル物理学賞を受賞した朝永振一郎らが和訳したように、世界各国の言語に翻訳されて、二十世紀中盤までの量子論の標準的な教科書となった。

アインシュタインは、この本を片時も離さず持ち歩き、量子論関連の問題を考える際には、「私のディラックはどこだ」と探しながら、必ず参照したという。

ディラックが『量子力学』の基盤にしたのは、彼よりも一歳年下でベルリン大学の大学講師を務めるジョン・フォン・ノイマンが一九二七年に定式化した公理体系だった。ただしノイマンは、そこにディラックが導入した「デルタ関数（delta function）」が気に入らなかった。

これは、変数が0ならば無限大、0以外ならば0になるような奇妙な関数で、数学的に厳密な立場からすれば「関数」とさえ呼べないような「恣意的」な導入に映った。口達者なノイマンは、これを「デルタ空想（delta fiction）」ではないかと皮肉を込めて批判した。

しかし、ディラックの理論が予測する帰結は、さまざまな実験で確認された。とくに「ディラック方程式」が導く「反粒子」については、一九三二年、カリフォルニア工科大学の物理学者カール・アンダーソンが、電子の反粒子である陽電子を発見することによって立証された。

一九三三年十二月、三十一歳のディラックは、「新しい形式の原子理論の発見」により、ノーベル物理学賞を受賞した。エルヴィン・シュレーディンガー［第十章参照］との共同受賞だった。

プリンストン高等研究所とマルギット

一九三四年の秋、プリンストン大学の物理学者ユージン・ウィグナーと妹のマルギットがレストランで食事をしていると、「いかにも弱々しく、途方に暮れているように見える、背の高い痩せ細った男性」が入ってきた。

「あの人、誰か知っている？」と妹が兄に尋ねた。「昨年のノーベル賞を受賞したばかりの有名人ポール・ディラックだよ」とウィグナーが答えると、「私たちと食事ご一緒しませんかって聞いてきて！」とマルギットが言った。三十三歳の彼女は、彼に一目惚れしたのである。

ディラックは、プリンストン高等研究所でアインシュタインとの共同研究に招聘されていた。一方のマルギットは、ハンガリーのブダペストから遊びに来ていた。

ブダペストに戻ったマルギットは、毎週のように繊細な筆跡で長い手紙を書いて、浮気性だった男と離婚して二人の幼児を育てている自分の日常生活を詳細に報告し、さまざまな質問をディラックに投げかけた。

ディラックは、それらの質問にはほとんど答えず、マルギットの英語のスペルミスをリストにして返した。マルギットは「あなたはもう一度ノーベル賞を授与されるべきだわ。それはノーベル残酷賞よ」と返信した。

ユージン・ウィグナー
（1963年）

ついに愛を告白したマルギットに対して、ディラックは「私が君を愛せないことは、君もよく知っているはずだ。そもそも、これまで私は、人を愛したことがないから、そのような微妙な感情を理解できない」と答えた。

この手紙を読んだマルギットは、ブダペストを飛び出して、ケンブリッジに戻っていたディラックに、直接会いに行った。そして、その二年後の一九三七年一月二日、二人は結婚した。その後、二人のあいだには新たに二人の子どもが誕生し、彼らは家族全員で、仲睦まじく暮らした。

その前年の一九三六年六月十五日、父親チャールズが肺炎で逝去した。驚くべきことに、吝嗇な彼は七五九〇ポンドもの貯金を遺していた。彼の年収の一五倍に相当する莫大な金額である。この遺産は、半分を母親、半分をディラックと秘書になっている妹で分け合った。ディラックは、「いま、やっと自由になった気がする。自分が自分の主人だと思えるよ」と、マルギットに語っている。

一九七〇年、ディラックはアメリカに移住し、フロリダ州立大学教授となった。晩年の彼は、温暖な気候と学生たちとの会話を楽しむようになり、「とても幸福そうだった」という。

一九八四年十月二十日、八十二歳のディラックは、心臓病のため逝去した。

12

第十二章

エンリコ・フェルミ

原子力を「開放」した奇抜な発想の天才

Enrico Fermi

1938年　ノーベル物理学賞

精神的危機を乗り越えた少年時代

エンリコ・フェルミは、一九〇一年九月二十九日、イタリア王国のローマで生まれた。

当時のイタリア王国は、ドイツ帝国・オーストリア帝国と三国同盟を結んで植民地拡大政策を推進し、アフリカのエチオピアにも侵攻していた。

フェルミの父親アルベルトは、工業高等学校を卒業後、イタリア鉄道局の職員となった。母親イダは、小学校の教師である。二人は一八九八年に結婚し、翌年に長女マリア、その翌年に長男ジュリオ、その翌年に次男フェルミが生まれた。つまり、三人の姉兄弟は「年子」で、幼児期には常に一緒に仲良く遊んでいたという。

一家はローマ市内のアパートに暮らしていた。トイレはあるが浴槽はなく、暖房設備も付いていない。のちにフェルミは、冬になると手が凍えるので、手を尻の下に敷いて体温で温め、教科書を読むときには、手を出すのが嫌で舌でページを捲(めく)ったという貧困の思い出を述べている。

真面目な両親は一生懸命に働き、母親は子どもたちの教育に気を配った。三人の子どもたちは「利発」だと評判で、アパートの住民たちから可愛がられた。

フェルミは、幼少期からとくに数学に抜群の才能を発揮し、十歳時には代数学や幾何学の問題を楽しみながら解いていた。さらに彼は、乏しい小遣いを貯めてアルベルト・アインシュタイン〔第八・九章参照〕の相対性理論の解説書を購入し、貪るように読んだ。

一九一五年の冬、兄ジュリオの喉に腫瘍ができた。良性腫瘍で簡単に取り除けると医師から説明された両親は、腫瘍切除の手術に同意した。ところが手術は失敗し、ジュリオは十五歳の若さで亡くなってしまった。

十四歳のフェルミにとって、生まれたときから常に一緒に行動し、何でも相談できる「一心同体」の兄が突然消え去ったことは、大変なショックだった。

それまで笑いの絶えなかったフェルミ一家は、悲哀の底に突き落とされた。ジュリオを溺愛していた母親は、残りの生涯において、二度と笑わなかったという。

母親と同様に打ちひしがれた父親を案じたフェルミは、高等学校の帰り道に鉄道局に寄って、一緒に帰宅するようになった。その鉄道局の事務所で、彼は父親の同僚アドルフォ・アミディと会話を交わすようになった。

アミディが大学で物理学を専攻した技術者だとわかると、フェルミは、相対性理論に関する専門的な質問を浴びせかけた。のちにアミディは、最初に会った瞬間からフェルミが天才であることに気付いたと述べている。

親切なアミディは、自分が大学時代に使っていた教科書をフェルミに渡して読んでみるように言った。その後の二年間、フェルミは、亡き兄と一緒に勉強しているつもりで、教科書を完全に理解することに没頭した。

その結果、フェルミは大学レベルの解析学・幾何学・微積分学・力学・光学を独学で修得し、アミディが解けない問題について解説するほどになった。フェルミが教科書を返しにきたので、アミディが「すべて君にあげるよ」と言ったところ、彼は「すべて記憶したから大丈夫です」と答えて、受け取らなかったという。

アミディは、フェルミにピサ大学に進学すべきだと勧めた。ピサ大学は、一三四三年に設立されたイタリア最古の難関大学で、ガリレオ・ガリレイが一五八一年に入学し一五八九年からは教壇に立ったことでも知られる。

当時のピサ大学は、イタリア全土の秀才が受験するにもかかわらず、合格できるのは一クラスの四〇人だけという狭き門だった。ところが、フェルミはこの難関試験をトップの成績で通過した。彼のドイツ語は完璧で、数学の答案はすでに大学レベルをはるかに超えていた。

さらに、物理学の「音の特性について述べよ」という問題に対するフェルミの答案は、立派な論文の域に達していた。驚愕した教授陣は、大学四年間の学費を全額免除するから、ぜひ入学するようにとフェルミに告げた。

フェルミを手元に置きたい両親は、彼が地元のローマ大学に進むことを望んでいたが、この結果を知って、承諾せざるを得なかった。アミディも「息子を羽ばたかせるべきだ」とフェルミと一緒に両親を説得してくれた。

■ピサ大学からローマ大学へ

一九一八年九月、高等学校を一年飛び級したフェルミは、十七歳でピサ大学に入学した。その直後から彼は尋常ではない科目数を同時に履修し、大学四年分の全科目の試験に二年間ですべて合格した。フェルミは、彼に次いで優秀な親友のフランコ・ラセッティとともに、三年次から特別に大学院の授業を受講できることになった。

一九二〇年当時は、多くの大学院生や助手が第一次世界大戦に駆り出され、研究室は閑散としていた。残った老教授たちはアインシュタインの新しい物理学を理解できず、途方に暮れていた。教授陣に頼まれたフェルミは、彼らに相対性理論の意味を講義するようになった。

当時の物理学界をリードするのは、アインシュタインをはじめマックス・プランク［第三章参照］やアルノルト・ゾンマーフェルト［第六章参照］といったドイツ語圏の研究者である。フェルミは、得意なドイツ語で、最先端の科学文献を読みこなしていた。

驚くべきことに、フェルミは残りの二年間の大学生活のあいだに、X線に関する博士論文を含む六編の専門論文を仕上げている。一九二二年七月、彼は二十歳の若さでピサ大学を卒業し、同時に物理学の博士号を取得した。

ローマに戻ったフェルミは、当時のイタリア物理学界を代表するローマ大学物理学研究所所長のオルソ・コルビーノに会いに行った。以前からフェルミの才能に注目していた彼は、海外留学奨学金を手配してくれた。

一九二二年九月、フェルミはドイツのゲッチンゲン大学に留学し、マックス・ボルン［第六章参照］の指導を受けた。ボルンは、量子論の確率解釈で一九五四年にノーベル物理学賞を受賞する統計的手法の専門家である。彼の方法論は、フェルミに大きな影響を与えた。

帰国したフェルミは、コルビーノの推薦によって、一九二三年九月から一年間、ローマ大学の講師として物理学の講座を担当することになった。

二十二歳のフェルミは、あまり年齢差のない学生たちの人気者で、日曜日には彼らと一緒にサッカーに興じた。そこで出会ったのが、ローマ大学に入学したばかりのローラ・カポネである。彼女は裕福なユダヤ人家系の出身で、父親はイタリア王国海軍の高級将校だった。

ローラは、フェルミのチームに入ることになったが、生まれてから一度もサッカーボールに触れたことがない。そこでフェルミは、彼女のポジションを手も使えるゴールキーパーにした。すると彼女は、敵のシュートを何度も食い止める大活躍で、チームを勝利に導いたのである。一方のフェルミは、履いていた靴が破れてドリブルの途中でひっくり返り、チームに散々な迷惑を掛けた。

のちにフェルミと結婚するローラは、「それは、私が初めてエンリコ・フェルミと過ごした午後でした。そして、それは彼よりも私が活躍できた生涯でたった一度の出来事でした」と伝記で述べている。彼女は、フェルミの影響もあって大学では物理学を専攻したが、文才のあることでも知られ、のちに大作『ベニート・ムッソリーニ』を発表する。

一九二四年九月から一年間、フェルミはオランダのライデン大学の研究員となった。彼を指導した当時四十五歳のポール・エーレンフェストは、フェルミの才能を高く評価し、多彩なアドバイスを与えた。

この年に、フェルミは電子・陽子・中性子などの粒子群の運動を計算するための統計モデルを構築した。それが「フェルミ統計」であり、これらの粒子は「フェルミオン（フェルミ粒子）」と呼ばれる。

なお、エーレンフェストは、ヴェルナー・ハイゼンベルク［第六章参照］やポール・ディラック［第十一回参照］をはじめとする多くの若手研究者を指導し、誰からも尊敬される好人物だった。ところが、晩年には鬱病に悩まされるようになり、一九三三年九月二十五日の日曜日、アムステルダムのヴォンデル公園で、ダウン症の末子をピストルで撃った後、自分の頭を撃って自殺した。彼は、数学者の妻と残りの三人の子どもたちが困らないように、あらゆる手配を生前に尽くしていた。

ポール・エーレンフェスト（1921年）

さて、イタリアでは、一九二二年十月に国家ファシスト党のベニート・ムッソリーニがクーデターで政権を奪取し、一九二五年十二月には首相および複数大臣に就任して、事実上の独裁政権を樹立している。

当時のイタリアの大学には、官僚主義が蔓延し、教授陣は年功序列で昇格していた。多くの大学で老教授が権力を掌握し、そのポストが空かない限り、若手研究者が教授職に就任することができない状況だった。

帰国したフェルミは、一九二五年九月からフィレンツェ大学の講師になったが、これも一年間の任期付きだった。この職は、フィレンツェ大学の研究員になっていた大学時代の親友ラセッティの紹介のおかげである。

コルビーノは、もしフェルミのような天才が海外に流出したら、イタリアの物理学は世界から取り残されてしまうと危惧していた。そこで彼は、ローマ大学の理事会に何度も懸命に働きかけて新たな教授職を設置し、そこにフェルミを招聘した。

一九二六年九月、フェルミは二十五歳の若さで新設された「理論物理学教授」に就任した。

その後、彼の研究室には、イタリア中から優秀な研究者が集結した。「反陽子」を発見してノーベル物理学賞を受賞するエミリオ・セグレや「ニュートリノ」の名付け親エドアルド・アマルディをはじめ、その後のイタリア物理学界をリードする物理学者の多くは、フェルミ研究室の出身である。彼らは研究室のある通りの名から「パニスペルナ通りの少年たち」と呼ばれた。

その後の十年間、フェルミの研究チームは、自然界に存在する元素に中性子を照射して、四〇種類以上の「人工放射性同位元素」を生成することに成功した。フェルミはイタリアの物理学を世界の第一線にまで押し上げて、コルビーノの悲願を達成したわけである。

一九二八年七月十九日、二十六歳のフェルミは、ローマ大学を卒業したばかりの二十二歳のローラと結婚した。二人は、黄色いコンバーチブルのプジョーで颯爽（さっそう）とローマをドライブした。二人のあいだには、一九三一年一月に長女ネッラ、一九三六年二月に長男ジュリオが生まれた。長男の名前は、亡き兄から取ったものである。

■ノーベル賞とマンハッタン計画

フェルミは、ムッソリーニのことを「ファシズムのピエロ」と茶化していた。ローラは「彼はウサギにすぎない。しかし、自分の眼で見ることのできない者にはライオンに映る」という有名な言葉を著書に引用している。

しかし、ムッソリーニの本質を見抜くことのできた知識人は多くはなかった。黒シャツ隊のクーデターに興奮し、一九三六年のエチオピア全土制圧に歓喜したイタリアの大衆は、ムッソリーニを熱狂的に支持した。

一九三七年に「日独伊防共協定」が締結されると、ムッソリーニはアドルフ・ヒトラーに倣って「イタリア人はアーリア人種である」と宣言し、ユダヤ人排斥運動を始めた。フェルミの妻ローラは、ユダヤ人であることから「外国人」とみなされ、イタリア国籍を剝奪（はくだつ）された。

一九三六年の夏期休暇中にコロンビア大学で集中講義を行なったフェルミは、自由に発言も研究もできるアメリカ合衆国に移住する決意を固めていた。彼は、この決意を妻にも告げず、一九三八年一月にはローマ郊外の部屋数の多いマンションに引っ越している。当局を欺(あざむ)いて、イタリアを離れないと見せかける作戦だったと思われる。

一九三八年十一月九日、ドイツ各地でユダヤ人が虐殺される「水晶の夜」が起こると、フェルミの危機意識はさらに高まった。ヒトラーを真似るムッソリーニの国で、同じような事件が生じるのは時間の問題と思われた。

その翌日、十一月十日の夕方、ストックホルムのノーベル賞委員会から電話があった。フェルミの「中性子による人工放射能の研究と原子核反応過程の発見」に対して、ノーベル物理学賞を授与する知らせである。

ノーベル賞の授賞式は、毎年、アルフレッド・ノーベルの命日にあたる十二月十日にストックホルム・コンサートホールで開催される。フェルミは、この授賞式への出席を名目に、妻子を連れてイタリアを出国した。ローラにも特別にパスポートが支給された。

その条件として、イタリア政府は、スウェーデン国王からノーベル賞を授与される際、フェルミに片腕を真直ぐに伸ばすファシスト式の敬礼をするよう命じていた。ムッソリーニは、この写真を大々的に発表して、国家ファシスト党の宣伝に使うつもりだったのである。

ところが、ムッソリーニとファシストを軽蔑しきっていたフェルミは、あっさりと約束を反故(ほご)にして、国王とは軽く握手を交わしただけだった。翌朝のイタリアの新聞各紙は、ノーベル賞受賞のニュースを写真のない短信だけで伝えた。

フェルミ一家は、公式行事が終わると、そのままアメリカ行きの汽船フランコニア号に乗り込み、一九三九年一月二日にニューヨークに到着した。フェルミは、その時点でコロンビア大学の教授に就任し、大学の側にあるキングス・クラウン・ホテルに滞在した。彼は、十六日にニールス・ボーア〔第四章参照〕が到着すると、車で迎えに行くほどニューヨークに溶け込んでいた。

その翌日、一九三九年一月十七日、ボーアとフェルミは、プリンストン高等研究所でウランの「核分裂」に関するリーゼ・マイトナー〔第五章参照〕のメモの内容を発表した。研究所は「蜂の巣をつついたような大騒ぎ」になった。

一月二十九日、コロンビア大学に戻ったフェルミは、検証実験を開始した。その結果、ウラン235に低速中性子を照射すると、原子核が分裂するばかりではなく、中性子も放出されることがわかった。これらが次々と新たに生じた原子核に衝突すれば、「核分裂反応」が指数関数的に増加する「連鎖反応」が生じる。この反応は光速に近い速度で生じるため、短時間に莫大なエネルギーが一挙に放出されて、大爆発が起こることになる。

フェルミは、コロンビア大学研究棟一三階の物理学研究室の窓際に立って、多くの学生や車の行き交う道路を見下ろしながら、ボールを持つように両手を丸めて、「この程度の小さな爆弾で、すべてが消え去ってしまうだろう」と言った。それは、いつもとはまったく違う暗い口調だったという。

四月二十九日には、ワシントンDCでアメリカ物理学会が開催された。総会では、急遽、「核分裂」をテーマにする公開討論会が開かれた。この情報を公開すべきではないという意見もあったが、ボーアとフェルミは、科学的事実は世界の科学者で共有すべきだと主張し、彼らの知る限りの情報をすべて公表したのである。

そこで、ボーアは、純粋なウラン２３５に「連鎖反応」を起こさせることができれば、「地球のかなりの部分」を一瞬で破壊する「原子爆弾」を生成できるかもしれないと述べた。

ただし、この時点で、多くの物理学者は、その実現の可能性には懐疑的だった。そもそも天然ウランの約九九・三％を占めるのはウラン２３８であり、その同位体ウラン２３５は約〇・七％しか存在しない。

ウラン鉱から純粋なウラン２３５を大量に抽出すること自体が非常に困難であり、仮にできたとしても、莫大なコストが掛かる。議論は紛糾し、終了時には「多くの学者が癇癪を起こして、頭に血が上っていた」と『ニューヨーク・タイムズ』紙は伝えている。

一九四二年十二月、フェルミは、シカゴ大学でグラファイトのブロックを何層も積み重ねた「パイル」と呼ばれるアメリカ初の「原子炉」を完成させた。彼は「マンハッタン計画」に積極的に参加し、第二次世界大戦中はロスアラモス研究所副所長を務めた。暗殺を恐れた陸軍情報局は、彼に二十四時間専属ボディガードを付けた。

■「フェルミ推定」と「フェルミのパラドックス」

フェルミは奇抜な発想を生み出すのが得意だった。とくに知られているのが「フェルミ推定」である。ある日彼は、シカゴ大学の学生に「シカゴには何人のピアノの調律師がいるか？」と尋ねた。この種の曖昧で漠然とした推定をどのように行なえばよいのだろうか？

まず、次のような基本データを仮定する。①シカゴの人口は三〇〇万人、②シカゴの一世帯は平均三人、③ピアノは一〇世帯当たり一台、④ピアノ一台の調律は年平均一回、⑤調律師は一日に三台のピアノを調律、⑥調律師は週休二日で年間約二百五十日勤務するものとする。

以上の基本データから、次のように推論する。①と②からシカゴの世帯数は一〇〇万、③からシカゴのピアノの総数は一〇万、④からピアノの調律は年一〇万回、⑤から調律師は年七五〇台を調律、⑥より調律師の人数は一〇万を七五〇で割った一三〇人程度と推定される。

また、フェルミが地球外知的生命体について「いったい彼らはどこにいるんだ？」と尋ねた疑問は「フェルミのパラドックス」と呼ばれる。広大な宇宙には膨大な数の地球外文明が存在するに違いないと推定されるにもかかわらず、これまで一度も人類と接触していないのは矛盾ではないか、というパラドックスである。

第二次世界大戦終結後の一九四六年、フェルミは、シカゴ大学原子力研究所所長に就任し、一九五三年にはアメリカ物理学会会長を務めた。その翌年、彼は急に体調が悪くなって入院した。長年にわたり放射性物質を扱ってきた影響からか、すでに癌が全身に転移していた。

慌てて彼を見舞いに行った弟子のセグレは、次のように述べている。「病室のフェルミは、ローラに付き添われて点滴を受けていた。いかにも彼らしかったのは、点滴の数を数えながらストップ・ウォッチで時間を計測し、点滴量を測定していたことだ。病気などとは無関係に、いつもの物理実験をしているように見えた」。

一九五四年十一月二十九日、五十三歳のフェルミは、癌のため逝去した。

ちなみに、フェルミが出会った瞬間から意気投合したのが、プリンストン高等研究所教授のジョン・フォン・ノイマンである。ノイマンもフェルミと同じように二十二歳で前代未聞の「学士・博士」となり、奇しくもフェルミと同じ五十三歳で逝去している。どちらも疾風のように駆け抜けた天才の人生だった。

13

第十三章

ヴォルフガング・パウリ

酒に溺れ、数学と神秘主義を愛した不吉の天才

Wolfgang Ernst Pauli

1945年　ノーベル物理学賞

■エリート一家に生まれた神童

ヴォルフガング・パウリは、一九〇〇年四月二十五日、オーストリア帝国のウィーンで生まれた。

パウリの祖父ヤーコブ・パーシェルスは、出版業界で大成功して幾つかの出版社を経営するようになったユダヤ人だが、ユダヤ教の熱心な信者ではなかった。先見の明があった彼は、ヨーロッパに反ユダヤ主義が蔓延する将来を見越して、一八九八年に一族の姓をユダヤ系の「パーシェルス」から「パウリ」に変更した。

ヤーコブの息子ヴォルフガング・パウリは、カレル大学医学部を優秀な成績で卒業し、二十三歳の若さでウィーン大学講師になった。その後、医学部教授に昇格し、タンパク質の研究で世界的に知られるようになる。

彼は、一八九九年にカトリックに改宗し、カトリック教徒の作家ベルタ・シュッツと結婚した。その一年後に生まれた長男に、自分と同じ名前を付けたのである。

さらに彼は、ウィーン大学の同僚で尊敬する哲学者エルンスト・マッハに長男の「ゴッドファーザー（名付け親）」になってくれるように頼んだ。そこで、パウリのミドルネームは「エルンスト」となった。

■正確性を求め機転の利く少年

パウリは、幼少期から言語能力が高く、何事に対しても正確性を求めた。彼が四歳のとき、母ベルタの妹エルナが散歩しながら「今、私たちはドナウ川の橋の上にいるのよ」と言ったところ、パウリは「叔母さん、それは違うよ。僕たちはウィーン運河の上にいる。ここからドナウ川に流れていくんだよ」と説明したという。

一九〇六年九月に妹のヘルタが生まれると、パウリは自分が新たに知ったことを何でも妹に教えるようになった。彼女は、生涯にわたって兄パウリのことを尊敬し、彼が亡くなるまで、常に手紙の末尾に「お兄様のことが大好きな妹ヘルタより」と記している。

一九一〇年九月、十歳のパウリは、ウィーンの名門校として知られるデブリング・ギムナジウムに入学した。彼は、どの教科でも最優秀であるばかりでなく、機転が利いたので、同級生の人気者だった。とくに彼が得意なのは、先生に綽名を付けることだった。パウリが上級生の頃、教師の中に、身長が低く、生徒が大騒ぎしていると突然集団の中から現れて大声で注意する先生がいた。パウリが彼に付けた綽名は「Uボート」だった。

パウリが十二歳のとき、ミュンヘン大学の著名な物理学者アルノルト・ゾンマーフェルト〔第六章参照〕が相対性理論について講演するためにウィーン大学を訪れた。すでに大学レベルの微分積分学や力学を自力で修得していたパウリは、父親の紹介によって、特別に大学生のあいだに交じって講演を聴くことができた。

講演終了後、ゾンマーフェルトは際立って年の若い少年に「君は私の話を理解できたかね」と尋ねた。パウリは「よく理解できましたが、黒板の右上の式だけはわかりませんでした」と答えた。その式を見上げたゾンマーフェルトは、「何ということだ。私としたことが、この式は間違っているじゃないか！」と叫んだという。

■ミュンヘン大学とヒトラー

一九一八年九月、十八歳のパウリはドイツのミュンヘン大学に入学した。すでにパウリの才能をよく知っているゾンマーフェルトの指導を受けるためである。パウリは、さっそく最初の二年間に相対性理論に関する三編の論文を完成させて、ゾンマーフェルトを唸らせた。

一九二〇年になると、ゾンマーフェルトは「もはや私が君に教えることはなくなった」と言って、パウリを一人前の研究者として扱うようになった。朝が苦手なパウリは、夜をビヤホールやキャバレーで過ごし、夜中に集中して論文を書き、大学に出てくるのは昼過ぎか夕方だったが、ゾンマーフェルトはパウリの自由にさせた。

この年にミュンヘン大学に入学してきたのが、パウリより一歳年下のヴェルナー・ハイゼンベルク〔第六章参照〕である。のちにハイゼンベルクは、パウリから「君はまったくのバカだ」と何度も罵られたにもかかわらず「パウリの批判は常に有益だった」と述べている。二人の天才は親友になり、その後の生涯にわたって文通を行なった。ハイゼンベルクが不確定性原理を発見できたのは、パウリのアドバイスのおかげだという見解もある。

このころ、ゾンマーフェルトは『数理科学百科事典』の編集委員を務め、「相対性理論」の項目を担当していた。驚くべきことに、彼はこの解説論文を共著で書こうではないかと大学二年生のパウリを誘っている。その後、ゾンマーフェルトは、「私よりも君のほうが適任だ」と言って仕事を丸投げしてしまったため、結果的にパウリが単独で解説論文を書き上げることになった。

さて、一般に冷静で寡黙な市民が多い北ドイツのベルリンと違って、南ドイツのミュンヘンの市民は、明るく情熱的な気質だといわれる。この年の二月に「ナチス（国民社会主義ドイツ労働者党）」を結成したアドルフ・ヒトラーも、ミュンヘンを拠点にしていた。

一九二〇年四月二十七日、三十歳になったばかりのヒトラーは、ミュンヘンのビヤホール「ホーフブロイハウス」で一二〇〇人の聴衆を前にして、経済破綻した共和制ドイツを立て直すためには「天才的な独裁者が必要だ！」と、芝居がかった身振りを交えて叫んだ。

ビヤホールの聴衆は、仕事帰りのサラリーマンや販売店員や学生であり、その四分の一は女性だったという。彼らは、政治集会というよりは、「おもしろい見世物」を楽しむ感覚でビヤホールに立ち寄っていた。

一九二〇年の一年間だけで、ヒトラーは五〇回近く公開集会で演説している。八月十三日のビヤホールの集会では、二〇〇〇人の一般大衆を前にして、「なぜ我々は反ユダヤ主義なのか」を演説した。彼の演説は、二時間のあいだに五八回も拍手と歓声で遮られたという記録がある。毎夜のようにビヤホールに立ち寄っていたパウリも、ヒトラーの演説を何度か聴いていたに違いない。

■ユダヤの出自

ところで、この年にゾンマーフェルトの助手として赴任したパウル・エヴァルトという遠慮のない人物がいる。彼は、パウリと初めて会った際に「君はユダヤ人かね」と尋ねた。パウリが「違います。僕の父も母もカトリックです」と答えたところ、エヴァルトは「本当かな？自分の顔を鏡でよく見てみろよ」と言った。

パウリは身長一六五cmと小柄で、縮れた黒髪に茶色い瞳、肌の色は少し浅黒く、これらは典型的なユダヤ人の特徴である。夏季休暇にウィーンに帰省したパウリは、自分の出自を両親に問い質し、そこで初めて自分の祖父がユダヤ人であることを知って、計り知れないほどの衝撃を受けた。のちにパウリは、この瞬間から「人生の万事が面倒なことになった」と述べている。

内心の傷を隠して、パウリは研究活動に没頭した。彼は、ニールス・ボーア〔第四章参照〕の原子モデルでは、水素分子イオンの定常状態が説明できないことを立証し、その内容を博士論文としてまとめた。一九二一年七月、パウリは大学を三年間の飛び級で卒業すると同時に、博士号を取得した。

この年に『数理科学百科事典』が発行された。多くの項目の中でとくに注目を浴びたのが、パウリが執筆した二三七ページに及ぶ「相対性理論」の解説論文である。

その相対性理論を見出した大御所アルベルト・アインシュタイン〔第八・九章参照〕は、「この考え抜かれた見事な解説論文を読むと、その著者が二十一歳だとはとても信じられない。根本的な理解から発想を広げる独創性、数学的に厳密な論理性、物理学全般に関するすばらしい洞察性、主題そのものに対する完全性、多彩な観点に対する批判性……、そのどれもが賞賛に値するとしか言いようがない」と絶賛した。

この解説論文は、この年に単行本「相対性理論」として発行された。第二次大戦後の一九五八年には英語版に翻訳されて、世界各国の標準的な教科書となった。

■「排他原理」と「パウリ効果」

一九二一年九月、パウリはゲッチンゲン大学でマックス・ボルンの助手となり、一九二二年九月からはコペンハーゲン大学でボーアの助手となった。この二年間に最先端の量子論を修得したパウリは、ハンブルク大学の物理学科に講師として迎えられた。

一九二四年、パウリは「二つ以上の電子が同一の量子状態を占めることはない」という「排他原理」を数学的に厳密に立証した。この原理によって、原子内の電子が最も内側の殻に落ち込まない理由や、元素の周期表が成立する経緯が明らかになった。この難解な原理を「パウリの排他原理」と名付けたのは、ケンブリッジ大学のポール・ディラック〔第十一章参照〕だった。

さて、手先の不器用なパウリは、ミュンヘン大学時代から実験が苦手で、何度も実験器具を壊していた。ゲッチンゲン大学では、パウリが近付いただけで実験装置が壊れるという不可解な現象が何度か生じた。

ある日、ゲッチンゲン大学の物理学研究所で原因不明の爆発事故が起きた。慌てて皆でパウリがどこにいるのか探したところ、彼は学会出張中だった。ところが後に、爆発が起こった時刻、パウリの乗った列車がゲッチンゲン駅に停車していたことが判明したのである！

ハンブルク大学では、天文台の完成記念式典が開かれた。パウリは、自分が行くと何かが壊れるかもしれないからと遠慮したが、物理学科の教員全員が招待されたため、やむを得ず同行した。すると、パウリが天文台に入った瞬間、望遠鏡のカバーが落下して粉々に砕けたのである。この事件以来、パウリが接近すると実験装置や機器が破壊される現象は「パウリ効果」と名付けられた。

ハンブルク大学物理学科のオットー・シュテルン教授は、のちに陽子の磁気モーメントの測定を行なって一九四三年にノーベル物理学賞を受賞する実験物理学者である。彼は、「パウリ効果」を本気で信じて怖れおののき、自分の実験室には絶対にパウリを入室させなかったという。

■酒と売春街

不吉な「パウリ効果」ばかりでなく、なぜかパウリには周囲を困惑あるいは不愉快にさせる一面があった。有名なのは彼の毒舌で、他者の発表や論文の間違いを徹底的に追及した。ある論文に対して「この論文は間違ってさえいない（その判断以前の低レベルだ）」と述べて、著者を深く傷つけたこともある。パウリの批判を「物理学の良心」と擁護したのは、ハイゼンベルクのような限られた抜群に優秀な研究者たちだけだった。

パウリは、次第に酒に溺れるようになった。当時の彼が書いた手紙には、次のように記されている。「僕には酒が必要だ。シャンパンとワインのボトルを空けた後、周囲の連中に酒を奢ると（酔っていなければ、他人に奢ることなど絶対にないが）、皆が僕を好きになってくれる。とくに周囲にいるのが女性だと嬉しいね」

さらに彼は、大学関係者の誰にも秘密にして、売春街に通うようになった。彼が深い関係をもった女性たちの中に、二歳年下の金髪女性がいた。パウリは、彼女がモルヒネの常用者であることを知って、即座に手を切った。ところがパウリは素性を隠していたにもかかわらず、彼女はなぜか彼の居場所を探し当てて、大学の研究室に訪ねてきた。金を無心するためである。

パウリは激怒して彼女を追い返したが、内心では恐怖を覚えていた。

一九二七年の秋、パウリの父親ヴォルフガングが家を出るという事件が起きた。彼も息子と同じかそれ以上に女癖が悪かったが、聡明な妻のベルタは、夫がウィーン大学教授の体面を保てるように我慢を重ねてきた。

ところがヴォルフガングは、今回は息子と同年齢の彫刻家マリア・ロットラーと恋に落ちて、完全にベルタを捨てて出て行ってしまったのである。悲嘆にくれたベルタは、十一月十五日に服毒自殺した。この事件も、パウリの精神を大きく傷付けた。

一年に満たない最初の結婚

一九二八年四月、二十八歳のパウリは、スイスのチューリッヒ工科大学理論物理学教授として招聘された。五月には、カトリック教会を脱退した。長年悩んだ末に、彼は自分がユダヤ人であることを受け入れたのである。

パウリの妹ヘルタは、ベルリンのマックス・ラインハルト演劇学校を卒業して、劇団に所属していた。パウリは、数年前に妹に紹介された二十二歳の女優ケーテ・デップナーと、出版社のパーティで偶然再会した。

二人は情熱的な交際を開始して、一九二九年十二月に結婚した。ただし、彼らの結婚は衝動的すぎて、長続きするはずがないというのが周囲の評判だった。

事実、若いケーテは、ハンブルク大学化学科の若い研究者パウル・ゴルトフィンガーに恋して、家を出て行ってしまった。パウリとケーテは、結婚から一年もたたない一九三〇年十一月に離婚している。

パウリは、「たとえば闘牛士のように太刀打ちできないような男ならばまだしも、どこにでもいるような二流の化学者に妻を盗られるとは……」と自嘲した。

■「ニュートリノ」と「シンクロニシティ」

この年の十二月、パウリは原子核の崩壊を数学的に緻密に解析して、未知の素粒子が存在するに違いないと結論付けた。彼の予測によれば、この素粒子は、質量は電子以下、スピンは二分の一、電荷はもたない。ローマ大学のエンリコ・フェルミ〔第十二章参照〕は、この未知の素粒子を「ニュートリノ」と命名した。

パウリにとって、この素粒子は「人生が危機的状況にあった際に生まれた、とんでもない化け物」である。それから二十六年後の一九五六年、まさにパウリの予測通りの性質をもつ「ニュートリノ」が検出された。

一九三一年夏、パウリはアメリカに招聘され、カリフォルニア工科大学、シカゴ大学、ミシガン大学で講演を行なった。当時のアメリカでは「禁酒法」が施行されていたが、カナダに近いミシガンには「もぐり酒場」があった。そこで深酒したパウリは、階段を踏み外して肩の骨を折ってしまう。

チューリッヒに戻ったパウリは、自分が重度の「アルコール依存症」と「精神的な危機」に陥っていることを自覚した。一九三二年一月、パウリは、著作を何冊か読んだことのある精神科医カール・ユングを訪ねた。そこでパウリは、ユダヤの出自、父親の母親に対する裏切り、母親の自殺、自分の離婚、深酒と売春婦、周囲に対する不満、研究上の不安など、すべての苦悩をユングに語った。

ユングはパウリが「完全に自分を見失い理性を失う寸前」と診断して、精神科医エルナ・ローゼンバウムを紹介した。パウリの症状には女医のほうが適切だと判断したためである。彼女の治療のおかげで、パウリのアルコール依存症は改善され、精神状態は安定に向かった。

カール・ユング
（1956年）

一九三二年十一月以降、五十七歳のユングと三十二歳のパウリは、毎週月曜日の午後に面談することになった。ユングは、パウリの見た一〇〇〇以上の「夢」を分析して、彼の「無意識」を「元型夢」で解き明かした。もともと「数学」と「神秘主義」が自然現象の解明に必要不可欠だと考えていたパウリは、ユングの「集合的無意識」の理論に感銘を受けた。

■再婚とプリンストン高等研究所

一九三四年四月四日、パウリは一歳年下のフランカ・ベルトラムと結婚した。彼女は政治家の専門秘書で、洗練された女性だった。パウリは、ようやく落ち着いて物理学に専念できるようになったが、その数年後に第二次世界大戦が勃発した。一九四〇年五月、スイスがナチス・ドイツに包囲されると、パウリとフランカは命懸けで脱出し、八月二十四日にニューヨークに到着した。

パウリを誰よりも温かく迎えたのが、アインシュタインである。彼は、パウリをプリンストン高等研究所教授に招聘されるように推薦し、共同研究を始めた。原爆開発が始まると、パウリはロスアラモス国立研究所に協力を申し出たが、ロバート・オッペンハイマー所長は丁重に断った。原爆に関わる精密機器が「パウリ効果」で破壊されることを恐れたためだといわれている。

一九四五年のノーベル物理学賞は「排他原理の発見」によりパウリに授与されることが決まった。アインシュタインは、高等研究所で祝賀会を開催し、「パウリこそが私の後継者だ」と最高級の祝辞を述べた。

一九四六年、チューリッヒに戻ったパウリは、ユングと本格的な共同研究を始めた。晩年のパウリは、「物理学と心理学を融合」させなければならないと考えるようになっていた。とくにパウリが興味を抱いたのは、ユングの「シンクロニシティ（共時性）」という概念である。ユングは、ある瞬間に世界で起こる出来事は、すべてが巨大な「集合的無意識」で繋がっていて、それが「共時性」を生じさせるとみなしていた。

実例を挙げよう。ある日、ユングが患者の精神分析で「黄金虫」の夢の話を聞いていた。その瞬間、窓ガラスに何かがぶつかる音がしたので、ユングが窓を開けると、まさにそこに「黄金虫」がいたのである。ユングにとって、この現象はたんなる「偶然の一致」ではなく、「共時性」を示す根拠だということになる。

パウリも、量子論的にすべてがネットワークで結びついている世界を想定し、しかもミクロの世界では粒子の因果関係を確率的にしか説明できないことから、「非因果的連関」に関する理論が必要だと考えていた。

二人は、共同研究の成果を『自然現象と心の構造——非因果的連関の原理』に共著でまとめ、一九五五年に発表した。この書籍は、世界中で大きな反響を呼んだ。

■パウリを生涯苦しめた数字「137」

さて、パウリがミュンヘン大学に入学したころから常に悩まされてきた「137」という数字がある。

彼の師ゾンマーフェルトは、ボーアの量子論にアインシュタインの相対性理論を応用して、原子スペクトル線の「微細構造定数」を見出した。これは、ミクロとマクロの世界像を繋ぐ最も重要な物理定数の一つである。

この定数は、電荷・光速度・プランク定数・円周率の四つの定数によって構成されるが、非常に奇妙な特徴がある。というのは、これらの四つの定数がもつ「次元数」が互いに打ち消し合うため、「微細構造定数」そのものは「無次元数」になるということである。

たとえば、この式に表れる光速度をメートル法で表すかヤード法で表すかで数値は異なるが「微細構造定数」そのものは不変である。仮に宇宙に知的生命体が存在して、地球人とまったく異なる単位系を用いて「微細構造定数」を発見したとしても、その値は地球上と同様に「137分の1」という物理定数になる。

さて、一九五八年十二月五日、いつものように講義していたパウリは、突然激しい腹痛に襲われた。彼はチューリッヒ赤十字病院に救急搬送され、開腹手術を受けた結果、すでに末期の膵臓癌に罹っていることが判明した。

目を覚ましたパウリは、自分の病室が「１３７号室」であることを知った。「１３７号室。私がこの病室を生きて出ることはない」と彼は妻に言った。その予測通り、五十八歳のパウリは、十二月十五日に逝去した。

14

第十四章

エガス・モニス

パリ講和会議全権大使を務め、ロボトミー手術を確立した恐怖の天才

António Caetano de Abreu Freire Egas Moniz

1949年　ノーベル生理学医学賞

貴族の家系に生まれた神童

エガス・モニスは、一八七四年十一月二十九日、ポルトガル王国のアヴェイロに生まれた。ポルトガルは、イベリア半島の西端に位置し、南北に長方形の国土を形成する。アヴェイロ

は、大西洋に面した北部の県で、現在も人口五万人ほどの小都市である。モニスの生家は、エスタレージャ区アヴァンカという内陸部の町にある。

現在、彼の生家は「エガス・モニス美術館（Casa-Museu Egas Moniz）」になっている。宮殿のような建物に、先祖代々の遺産に加えて、彼が生涯をかけて収集したポルトガルの近代絵画・版画・彫刻や家具・金細工・磁器などの美術品が展示されている。

実は、彼の本名は「アントニオ・カエターノ・デ・アブレウ・フレイレ・デ・レセンデ」という「レセンデ家」の子孫を意味する名前だったが、「ゴッドファーザー（名付け親）」となった叔父のカエタノ・フレイレ神父が、レセンデ家は貴族エガス・モニスの子孫であることから、彼にその名称を引き継がせたのである。

モニスは、少年時代からエレガントな美術品や装飾品を好むと同時に、科学の明晰さに惹かれて、批判的に思考することを好んだ。彼は、一八九一年にイエズス会系の聖フィデリス大学に入学して文学を学び、一八九四年にコインブラ大学医学部に編入した。

モニスの指導教授となったのは、神経医学を専門とするアウグスト・ロシャである。あらゆる科目で優秀な成績を収めたモニスは、ロシャ教授の推薦により、在学中にフランスに留学して、ボルドー大学とパリ大学で研究を続けた。

パリのピティエ・サルペトリエール病院では、のちに「バビンスキー反射」の発見者として知られるようになるジョゼフ・バビンスキー教授の下で臨床神経医学を学んだ。

帰国した二十六歳のモニスは、一九〇一年二月七日、高等学校を卒業したばかりの十六歳のエルヴィラ・ディアスと結婚した。彼女の父親は弁護士であると同時に政治家でもあり、モニスの将来を見込んで娘を結婚させたようである。ただし、モニス夫妻のあいだには生涯、子どもが生まれなかった。

■ポルトガル共和国とリスボン大学

モニスは、一九〇二年七月にコインブラ大学より医学博士号を取得し、一九〇三年には二十八歳の若さでコインブラ大学医学部の解剖学・生理学教授に就任した。

モニスの両親や親戚は、貴族階級ということもあってポルトガル国王の君主制を支持していたが、モニスは大学時代から共和制の熱心な活動家だった。

学生時代には何度も反君主制のデモに参加して、二度逮捕されて、何日か投獄されたという記録がある。コインブラ大学に着任したばかりのモニスは、一九〇三年、共和制支持を明確に公約に掲げて国会議員選挙に立候補し、当選した。

当時のポルトガル国王カルロス一世は、国内では放漫な財政を行ない、それを批判する共和主義者や社会主義者を徹底的に弾圧した。さらに、ポルトガルが占有していた現在のザンビアやジンバブエに相当する植民地をイギリスに譲り渡し、外交面でも失政が続いた。

当時のイギリスは、エジプトのカイロ（Cairo）と南アフリカのケープタウン（Capetown）を鉄道で直結させてアフリカ大陸を縦貫し、さらにインドのカルカッタ（Calcutta）とも横に鉄道で結ぶ植民地「３Ｃ政策」を掲げていた。

カルロス一世は、大国イギリスの権威を恐れて易々と要求に屈したため、国民から「弱腰」だと大きな非難を浴びた。さらに、国王の私生活上では「不倫」のスキャンダルが暴かれたため、多くのカトリック信者が激怒した。

一九〇八年二月一日、カルロス一世と家族がヴィラ・ヴィソサ宮殿からリスボンへ向かう途中、数名の急進的共和主義者が馬車を銃撃し、カルロス一世は即死した。その瞬間に即位した長男のルイス・フィリペも致命傷を負って、約二十分後に死亡した。

ちなみに、この二十分間は「元首の最短在位期間」として知られる。結果的に、腕を負傷しただけで助かった次男マヌエルが即位することになった。

しかし、一九一〇年十月三日、共和主義者のデモに国民も加わって一斉蜂起が生じ、国王マヌエル二世はイギリスに亡命した。

十月五日、革命議会で「王政廃止」が決議され、ポルトガル共和国が誕生した。この革命成立により、いわゆる「第一次共和制」が始まったわけである。一九一一年には新憲法が制定されたが、王政復古を掲げる王党派の反乱も続き、ポルトガル全土で混乱が続いた。

この間、モニスは学界で政治的に非常に上手く立ち回ったらしく、一九一一年にはポルトガルを代表するリスボン大学医学部教授に就任し、同時に医学部長に選出されている。

彼の着任直後、共和制支持と大学改革を訴える学生が、王党派の警察当局に投獄された。これを政府による「弾圧」だと非難したモニスには、生涯三度目の逮捕歴が付いた。三十七歳の医学部長になっても、モニスが血気盛んであったことがよくわかる。

■スペイン大使から講和会議全権大使へ

一九一四年、第一次世界大戦が勃発した。ポルトガル政府は、当初は優柔不断だったが、二年後の一九一六年、ようやく連合国側に加わることを決議して、アフリカで植民地を争っていたドイツ帝国に宣戦布告した。

一九一七年、モニスは外務大臣に就任し、その直後にスペイン大使に任命されてマドリッドに赴任した。隣国スペインは、第一次世界大戦中は中立を宣言している。

結果的にモニスは一九〇三年から一九一七年までリスボン大学教授と国会議員を兼務したわけだが、当時のポルトガルでは大学教授が国会議員を務めることが珍しくなかったようだ。

モニスより二歳年上の政治家シドニオ・パイスもコインブラ大学教授と兼務して一九一一年に国会議員になり、一九一二年から一九一六年にはドイツ大使を務めている。

対戦相手となったドイツから帰国したパイスは、民主党政府の「弱腰」を強く批判し、一九一七年十二月五日にクーデターを起こした。

パイスは「権威主義的独裁制」を敷いて反対派を粛清し、一九一八年四月二十八日には信任投票によって「第一次共和制」第四代大統領に選出された。パイス大統領は、モニスをスペインから呼び戻し、講和会議の全権大使に任命した。

一九一九年一月十八日、四十四歳のモニスは、パリで開催された講和会議にポルトガル共和国代表団を率いて参加した。ここでモニスは、国家の全権委任を受けるほどの政治的頂点に上りつめたわけである。

したがって、次の大統領選挙に立候補してもおかしくはなかったにもかかわらず、不思議なことに、講和会議から帰国したモニスは、一切の政治活動から身を引いている。

なぜこれほどの政治的成功を収めたモニスが急に引退したのか、さまざまな文献を調べてみたが「政治的論争に巻き込まれたために引退した」という曖昧な記載しか見当たらなかった。

実は、モニスを全権大使に任命したパイス大統領は、一九一八年十二月十四日、王党派指導者との協議会場に馬車で向かっている最中、急進的共和主義者に暗殺されている。その後もポルトガル共和国では、王党派と共和派の権力闘争が続き、何度もクーデターが生じ内閣が崩壊している。

この混乱は、一九二六年五月にマヌエル・コスタ将軍とジョゼ・カベサダス将軍によるクーデターで完全な「軍事独裁政権」が成立して「第一次共和制」が崩壊するまで続いた。

つまり、仮に一九一九年の時点でモニスがパイスの後を継いで政権を掌握したとしても、クーデターで暗殺される可能性が非常に高かったと推測できる。先見の明があったモニスは、生命の危険を察知して、潔く政界を去ったのではないだろうか。

■「脳血管造影法」と「精神外科」

一九二〇年、リスボン大学医学部に戻ったモニスは、精力的に脳神経外科の研究を開始した。彼は、脳内の血管をX線撮影で可視化すれば、さまざまな異常を特定できるという仮説を立てた。

そこで彼は、放射線不透過性物質の「ストロンチウム」と「臭化リチウム」を三人の患者の脳動脈に注入したが、副作用で一人の患者が死亡してしまった。

モニスは、改めてウサギやイヌの動物実験を繰り返し、次に人間の死体の頭部の実験を行なって、ついに二五%の「ヨウ化ナトリウム溶液」を用いる方法を見出した。彼は、この放射線不透過性物質を三人の患者の脳動脈に注入して、人類史上最初の「脳血管造影図」を作成することに成功した。

一九二七年、五十三歳のモニスは、パリで開催された国際神経学会とフランス医学アカデミーで「脳血管造影法」の成果を発表した。彼は「放射線不透過性物質を用いて人間の脳を初めて視覚化した医師」として、世界の医学界から喝采を浴びた。

その後、モニスは「ヨウ化ナトリウム溶液」よりも副作用が少ないとみなされた「トロトラスト溶液」の開発にも貢献した。これらの脳血管造影法により、それまで困難だった人間の脳内の「内頸動脈閉塞」を検出することも可能になり、モニスの名前はノーベル賞候補者として登場するようになった。

さて、一九三五年八月、ロンドンで国際神経学会が開催された。そこでイエール大学の生理学者ジョン・フルトンとカーライル・ヤコブセンが、「前頭葉が記憶を保存する」という仮説を検証するためにチンパンジーの「前頭葉」を切除した結果を報告した。

ベッキーと名付けられたオスのチンパンジーは、棒を使って手の届かない場所にある食物を取り出す実験中、うまくいかないと怒り出して自分の毛をむしり、脱糞してその排泄物を観察者に投げ出すような問題行動を取っていた。

ところが、前頭葉を切断した結果、ベッキーは暴れたり感情を表出したりすることがなくなり、まるで「天国にいるような幸福な表情」に変化したというのである。

この研究報告の質疑応答で、立ち上がったモニスは「報告に感銘を受けた」と謝辞を述べたあと、「前頭葉切除術によって動物の神経症的行動を制御できるのであれば、外科手術によって人間の神経症を緩和することもできるのではないか」と二人に尋ねた。

チンパンジーの実験を人間の神経症に応用することなど想像もしていなかったフルトンは、

「最初は著名な神経学者モニスがコメントしてくれたことに驚き、次に彼は冗談を言っているに違いないと思った」と述べている。

フルトンは「理論上は可能かもしれませんが、人間の前頭葉を切除するのは、あまりにも無謀だと思います」と答えた。

しかし、モニスは「無謀」だとは思っていなかった。リスボンに戻ったモニスは、リスボン大学附属病院の神経外科医アルメイダ・リマと一度だけ人間の死体で実験を行ない、十一月十二日には重度の精神障害を抱えていた六十三歳の女性患者に手術を実施した。

リマは、モニスの指示に従って患者の頭蓋骨にドリルで穴を開け、前頭葉にスプーン半分ほどのエタノールを注入して神経線維を麻痺させ、穴を閉じた。手術は三十分もかからずに終了した。

手術後、患者は落ち着いた様子になり、それまで彼女を苦しめ続けてきた重度の妄想や不安を感じなくなっていた。

この手術を大成功と捉えたモニスは、「脳を手術することによって人間の神経症を治療する」ための新たな医学分野「精神外科（psychosurgery）」を打ち立てることにした。

■「ロイコトミー」と「ロボトミー」

フルトンは、チンパンジー実験のように人間の「前頭葉」をすべて除去することを想定して「無謀」だと答えたのだが、実はモニスは、「前頭葉」の中にある「白質」だけを麻痺させるか、あるいは切除すればよいと考えていた。

「白質」とは、神経線維が多く結合した部分で白く見えることから名付けられた神経回路のことで、モニスは「精神疾患に見られる強迫観念や妄想状態は、白質の神経細胞間の回路が固定化されたこと」が原因だとみなしていた。

したがって、その「固定化された細胞」を切除すれば精神疾患は治癒し、脳は新たな神経細胞を構成して「適応」するため、人格機能への影響はほとんどないはずだと想定した。

モニスは、「リュートコーム」と名付けた細い管の器具を前頭葉に挿入し、「白質」部分で回転させて、リンゴの芯をくり抜くように切除する手術方法を発明し、この手術をギリシャ語の「白（leuko）」と「切除（tome）」から「ロイコトミー（leucotomy）」（前頭葉白質切截術）と名付けた。

なお、モニス自身は手術を実施することはなく、ロイコトミー手術はすべて外科医リマが実施している。

六十二歳のモニスは、一九三六年三月、パリの神経医学会でロイコトミー手術による二〇例の報告を行なった。対象となった患者の疾患は、精神分裂病や不安神経症などで、「治癒七例・改善七例・変化なし六例」という成績を、二四八ページにわたる詳細な報告論文に記している。

チンパンジーの実験を知ってから半年余りで、人間への手術を二〇例も実施して報告したのは、モニスが先取権を争っていたからだとみなされている。「脳血管造影法」では届かなかったが、「精神外科」によるノーベル賞獲得を意識していた可能性も十分あったに違いない。

ウォルター・フリーマン
（1947年）

モニスの元には世界中からロイコトミーに対する問い合わせがあったが、そのなかにアメリカのジョージ・ワシントン大学医学部神経学・神経医学科のウォルター・フリーマン教授からの手紙があった。

彼は「先生の研究を大変興味深く拝見しました。私も患者に先生の方法で手術を施すつもりです」と述べて、モニスの「リュートコーム」の製造元を尋ねている。

フリーマンは、一九三六年九月十四日にアリス・ハマットという六十三歳の患者に、ロイコトミー手術を施した。彼女は「虚栄心が強く、意固地で、不安定で、感情的で、口うるさく、不眠症と閉所恐怖症と自殺願望」があり、フリーマンの診断は「激越性鬱病」だった。

彼女は手術を望んでいなかったが、妻のことを「不平不満の女王」と呼んでいたハマットの夫は、新しい方法による手術に大賛成して妻を説得した。

手術後のハマットは「穏やかな表情」になり、「不安」を覚えることがなくなり、睡眠もとれるようになったが、言葉は呂律が回らず、ほとんど会話が成立せず、誰にも読めない字を書くようになり、手術から五年後に肺炎で亡くなった。

それでも彼女の夫は手術後の妻が「彼女の人生にとって最も幸福な時間だった」と述べている。

フリーマンは、手術から十七日後にコロンビア特別区医学会で「激越性鬱病に対する前頭葉ロボロミー手術症例報告」を行なった。ここで彼は初めて「ロボトミー（lobotomy）」という造語を用いているが、彼がどこまで「ロボット（robot）」（人造人間）を意識していたのかは不明である。

いずれにしても、フリーマンは医学会で「ハマットは治癒した」と述べたが、それに対して複数の医師が「それは治癒とは呼べない」と批判した記録が残されている。

■「アイスピック・ロボトミー」

一九三七年六月七日の『ニューヨーク・タイムズ』紙は、第一面の「精神病治療の転換点となる新たな手術」というタイトルの記事で、ロボトミー手術が「獰猛な野生動物」を「穏やかな人間」に変える画期的方法だと紹介している。

この手術により「緊張、不安、落ち込み、不眠、自殺願望、妄想、幻覚、幻聴、鬱症状、強迫観念、パニック状態、見当識障害、精神性疼痛、神経性消化不良、ヒステリー症状」などが緩和されるというのである。

アメリカ合衆国の精神病患者は、一九〇九年に約一六万人にすぎなかったが、第一次世界大戦や大不況を経た一九四〇年には約四八万人に達する。当時の人口増加率のちょうど二倍の速度で精神病患者が増加していたわけである。

この時代には、現在のように有効な向精神薬が存在せず、多くの精神疾患に「ショック療法」が用いられていた。

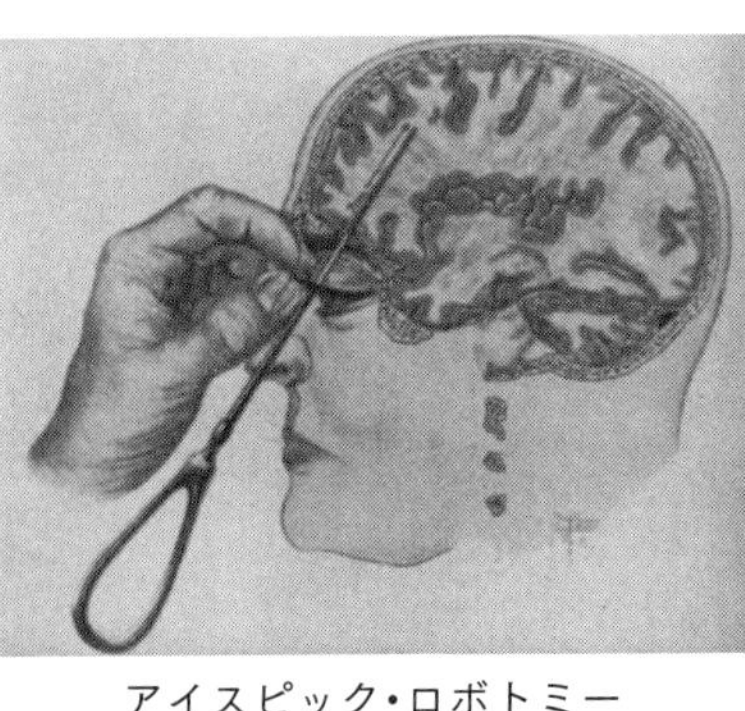

アイスピック・ロボトミー

一九三三年に開発された「インスリン・ショック療法」では、暴れる患者にインスリンを皮下注射して強制的に「低血糖」によるショック状態を引き起こして昏睡させ、一時間後にグルコースを注射して覚醒させるという方法である。

一九三五年に開発された「メトラゾール・ショック療法」は、痙攣(けいれん)と昏睡を引き起こす薬物「メトラゾール」を患者に皮下注射する方法だが、これによって緊張型精神分裂病が治療できると信じられていた。

一九三八年には「電気ショック療法」が発明され、患者の頭の両側に電極を取り付けて高圧電流を流した。この方法には即効性が認められ、今でも重度の鬱病に用いられることがある。

しかし、より簡便な方法を模索していたフリーマンは、台所にあったアイスピックとグレープフルーツを使って「経眼窩的ロボトミー手術」の練習を行なった。

この手術は、患者の上瞼を持ち上げてアイスピックを眼窩上縁に接触させて、鼻梁と平行に大脳縦裂に約一五度になるように薄い骨層をハンマーで叩いて挿入させて、アイスピックの先端を動かして白質を切除するという手術である。

一九四六年一月、フリーマンは診察に訪れた精神分裂病の患者サリー・イヨネスコに電気ショックで麻酔をかけ、アイスピックとハンマーで実際の手術を行なった。彼は、イヨネスコの両眼窩の手術を約七分間で終わらせることができた。

その後、フリーマンは、文字通りアイスピックとハンマーをポケットに入れて、アメリカ各地を回って講演と手術を実演した。ウェストバージニア州立ウェストン病院では、十二日間に二二八人の精神疾患患者を診察し、最終日には二二人の手術を二時間十五分で実施している。患者一人当たり、約六分しか手術時間をかけなかったことになる。

この手術のあと、多くの患者は「蠟人形」のようにベッドに寝たきりで動かなくなり、感情の欠如した廃人のようになった。しかし、多くの新聞や雑誌は、これが「狂人を正気に戻す治癒」だとみなした。

「アイスピック・ロボトミー」は「歯を抜くのと変わらない」簡単な手術だと宣伝され「ドライブスルー・ロボトミー」とも呼ばれた。

■史上最悪のノーベル賞

リスボン大学のモニスは、一九三九年に精神分裂病の患者から銃で数発撃たれ、脊髄を損傷して半身不随となり、その後は車椅子で生活を送るようになった。

撃った患者は、ロボトミー手術を受けていたという説もあるが、それは誤りである。他にも政治的な怨恨などの説もあるが、あくまで精神分裂病による妄想が原因だったようである。

一九四三年に七十歳でリスボン大学を定年退職したあと、モニスはサンタ・マルタ病院の臨床外科医長に就任した。一九四八年には「第一回国際精神外科学会」がモニスを讃えてリスボン大学で開催され、世界二八カ国から二〇〇人以上の神経科医が集まっている。この学会だけを見れば、「精神外科」が世界で認められたように映るかもしれない。

そして一九四九年、モニスは「ある種の精神病に対する前額部大脳神経切断の治癒的価値の発見」によりノーベル生理学医学賞を受賞した。

彼は、ポルトガルで初めてのノーベル賞受賞者となり、現在もポルトガルで唯一の受賞者のままである。ちなみに同じ一九四九年のノーベル物理学賞は湯川秀樹に授与されたが、こちらも日本で最初のノーベル賞受賞ということで大騒ぎになった。

一九五五年十二月十三日、八十一歳のモニスは脳内出血により逝去した。死後も彼は「ポルトガルの英雄」であり、一九七五年には彼の生誕百年を祝ってポルトガル国立病院が「エガス・モニス病院」と改名されている。

一方、ロボトミー手術は一九七〇年代までアメリカを中心にイタリア、ルーマニア、ブラジル、日本などで四万件以上実施されたが、その「非人道性」が強く批判されるようになり、また効果的な向精神薬が次々と発明されたために、もはや実施されていない。

ノーベル財団には「ロボトミー手術で人格を破壊された被害者団体」から、モニスの生理学医学賞を抹消すべきだという申請が何度も提出されている。これが「史上最悪のノーベル賞」と呼ばれる所以(ゆえん)である。

15

第十五章

ライナス・ポーリング

量子化学を確立し、
核廃絶を提唱し、
ビタミンCを妄信した天才

Linus Carl Pauling

1954年　ノーベル化学賞
1962年　ノーベル平和賞

本好きな「普通の子ども」

ライナス・ポーリングは、一九〇一年二月二十八日、アメリカ合衆国オレゴン州ポートランドに生まれた。

オレゴン州は、太平洋岸に沿って北のワシントン州と南のカリフォルニア州に挟まれた自然の景観豊かな土地である。居住者の多くはドイツ・イングランド・ウェールズ・アイルランド・スコットランドといった北西ヨーロッパ出身の白人で、現在もリベラルな政治的志向性の強い州として知られる。ポートランドは、その州都である。

ポーリングの父親ハーマンの家系は、プロシアの農家にまで遡る。ハーマンの祖父母がミズーリ州コンコルディアのドイツ人居留地に移住し、父母の代にカリフォルニア州を経てオレゴン州オスウィーゴに移り住んだ。鋳物工の父親の元に生まれたハーマンは、中学校を卒業するとポートランドの薬問屋の店員として奉公に出た。

さまざまな薬の効能を覚えて機転の利くハーマンは、ボストンバッグに薬を詰めて行商に出るようになった。二十四歳になった年、ハーマンはユニオン・パシフィック鉄道コンドン支線の終点にあるコンドンという最南端の開拓村に到着した。

そこで彼は、村のパーティで十八歳の「ベル」と呼ばれる快活なルーシー・ダーリングと出会い、恋に落ちた。ベルの父親は、開拓村の住民から尊敬される郵便局長兼判事である。出会いから半年後に開かれたハーマンとベルの結婚式には、村人ほぼ全員が集まって祝福した。女性たちは皆、開拓村から大都会のポートランドに出ていけるベルを羨んだという。

結婚式から九カ月と一日後、ポーリングは生まれた。周囲は早産であることを心配したが無事に生まれ、「九カ月と一日赤ちゃん」と呼ばれて可愛がられた。

努力家のハーマンは、行商の合間に薬学を学んで薬剤師の資格を取得し、生まれ故郷のオスウィーゴに薬局を開業した。ウィラメット川とトゥアラティン川に挟まれたオスウィーゴには美しい湖があり、今では「レイク・オスウィーゴ」と呼ばれる高級住宅地になっている。

しかし、ハーマンが薬局を始めた当時、オスウィーゴには開拓者の農場や鉄工場が散在するだけで、一人だけいた医者でさえ都会に逃げ出してしまっていた。

ハーマンは、寝たきりの病人の家を訪ねては薬を処方し、食事の助言を与え、薬の効き目を確認した。彼の診断は、どんな医者にも負けないと評判で、しかも薬の代金以外は受け取らなかったため、多くの村人から感謝された。

ポーリングが三歳のとき、長女ポーリーン、さらにその翌年には次女ルシールが生まれた。商売が順調に進んだハーマンは、妻の生まれ故郷コンドンにも薬局を開店した。

開拓村の小学校では、全学年が一緒に授業を行ない、しかも教師を務めたのは村の主婦である。

小学校時代のポーリングとよく遊んでいた従弟のマーヴィンは、「彼は、普通すぎるくらい普通の子どもだった。とくに優等生だったわけではないし、運動神経は鈍くないが、スポーツが得意だったわけでもない。何かが特別にできたという印象はないが、時間があるといろいろな本を読んでいたことは覚えている」と証言している。

■父親の死と極度の貧困

八歳のポーリングが、ルイス・キャロルの『不思議の国のアリス』やダンテの『神曲』を読んでいるのを見た父親ハーマンは、大いに喜んだ。苦労して独学で薬学を修得した彼は、学問の重要性を十分すぎるほど理解し、息子に惜しみなく本を買い与えた。

ハーマンがオレゴン地方新聞の読者欄に「ダーウィンの進化論を読み終えて自然科学と歴史に興味を持つようになった小学生には、どのような書籍を薦めたらよいのでしょうか」と投書した記録も残っている。彼が、いかに息子の知的好奇心を大切にしていたか、よくわかる。

ところが、一九一一年六月十一日、三十三歳のハーマンは突然血を吐いて倒れ、そのまま亡くなってしまった。死因は、穿孔性胃潰瘍(せんこうせいいかいよう)である。家族のために精力的に働きすぎた過労が、大きな原因だったようだ。

九歳の息子と六歳と五歳の娘を抱えた二十七歳の未亡人ベルは、途方に暮れた。彼女の父親も、その前年に亡くなったばかりで、周囲には頼りになる男性がいなかった。

のちにポーリングは、「父が死んで、母は自分を見失ってしまった。葬儀に向かう途中の汽車の中で、取り乱した母がヒステリーの発作を起こし、私たちはとても気まずい思いをした」と述べている。

ベルは、亡き夫の薬局を処分し、夫が加入していた生命保険金を受け取り、全財産をはたいてポートランドのホーソン地区の下宿屋を購入した。一階に彼女と子どもたちが暮らし、学生や会社員らの下宿人に食事を提供して、その家賃で生活することにしたわけである。

それまで外で働いたことのないベルは、幼い子どもたちのために考え抜いた上でこの仕事を選択した。ところが、下宿屋を始めて数カ月後、彼女も過労のため「悪性貧血」で倒れてしまう。結果的に家政婦を雇わざるを得なくなり、次第に生活は困窮に陥っていった。

九歳のポーリングにとって、最大の理解者だった父親を失ったことがどれだけ大きな衝撃だったのか、本人の自伝にはとくに何も記されていない。何も記されていないことが、逆にその計り知れなさを表しているようにも思える。

明確にわかっていることは、九歳以降のポーリングが異様なほど勉学に打ち込むようになり、とくに父親が大事だと力説していた数学と自然科学の授業ではトップの成績を維持し続けたことである。結果的に、彼は大幅な飛び級で中学校を卒業し、弱冠十二歳でワシントン高等学校に入学することになった。

この時期にポーリングの親友になったのが、ロイド・ジェフリースである。ロイドは、両親が離婚したため、裕福な叔父の家で暮らしていた。子どものいない叔父夫妻は、甥ロイドと同様にポーリングを温かく迎え入れてくれた。

二人の高校生は、ジェフリース家の地下室を化学実験室に改良して、さまざまな実験を行なった。ポーリングの才能を見抜いて「君は絶対に大学に進学して、将来は学者になるべきだ」と勧めたのがロイドである。なお、ロイド自身も、のちに心理学者になっている。

ところが、ポーリングの母親ベルは、学問にまったく興味がなかった。以前は快活だった彼女が、下宿の料理や掃除に追われて憂鬱な表情になり、少し疲れると悪性貧血の症状が出て寝込んでしまう。

彼女は、家族で唯一の男性であるポーリングに「早く高校を卒業して就職してほしい」と懇願した。それでもポーリングが大学に進学したいと告げると、ベルは「お母さんたちはどうすればいいの、私たちを見捨てるの？」といって激怒した。

高校入学以来、ポーリングは、新聞配達・牛乳配達・郵便配達を毎日こなし、週末にはボーリング場のピン並べや映画館の映写操作のアルバイトを行なって母親ベルにかなりの金額を渡していた。それでも四人家族の生活はギリギリだった。

■オレゴン農業大学

一九一一六年秋学期、十五歳のポーリングは「アメリカ史Ⅰ」と「アメリカ史Ⅱ」を除いてすべての科目を履修し終えた。

数学と自然科学の科目群はどれも最優秀の成績で、すでにオレゴン農業大学化学工学科から入学許可を得ている。ただし、人文系の科目にはどうしても興味を持てないため、最後まで残してしまったのである。

ポーリングは、最後の学期に「アメリカ史Ⅰ」と「アメリカ史Ⅱ」を同時に履修したいと高校の校長に頼みに行った。しかし、校長は「アメリカ史Ⅰ」を履修したあとでなければ「アメリカ史Ⅱ」は履修できないカリキュラムであることを宣言して、即座に彼の希望を却下した。

大学に進学するための費用を稼がなければならないポーリングは、高校から卒業証書を受け取ることを諦めて、機械工場で一年間働くことにした。

毎朝六時十五分に起きて、六時五十五分に家を出て、七時三十分に工場に着く。作業着に着替えて、昼休みまで働き、三十分の休憩時間にサンドイッチと牛乳の昼食を急いで取り、十七時まで働く。

真面目な十五歳の彼の勤務評価は非常に高く、月四〇ドルの見習い期間は一カ月で終わり、翌月からは月五〇ドルに昇給した。

翌年も働き続ければ、もっと昇給させるという工場長の言葉を聞いて、母親ベルは大喜びだった。しかしポーリングは、誰が何を言おうと大学に進学する覚悟を内心で決めていた。

一九一七年九月、十六歳のポーリングは、それまでに自分で蓄えた二〇〇ドルを持ってオレゴン農業大学のある学園都市コーバリスに向かった。

唯一の息子を自分の手元から放したくない母親ベルは、最後まで彼が家を離れることに反対し続けた。

だが、ちょうどこの時期、彼女は、森林伐採の現場監督を務める男との再婚を周囲から勧められていたため、それ以上ポーリングに構う余裕がなかったようだ。なお、結果的に彼女はこの男と再婚したが、すぐに離婚している。

当時のオレゴン農業大学の授業料は、一学期（四カ月）一六ドル、下宿代は一カ月二五ドルなので、二〇〇ドルあれば当面は何の問題もなく暮らしていけるはずだった。

ところが、九月に入学してすぐに、ポーリングは同じ新入生のイレーヌという「コケティッシュな少女」に恋してしまう。母親の元から解放され、生まれて初めて自由な一人暮らしを始めたポーリングは、少女と一緒に映画やショーを観に行き、レストランで優雅に食事をする喜びを知った。

そのおかげで、十月三十日の時点で、彼は二〇〇ドルのうち一五〇ドルを使い果たしてしまった。「このままではいけない」と反省したポーリングは、イレーヌに別れを告げた。

その後、彼は、授業時間以外を大学寮の雑用係のアルバイトに当てている。学生食堂の炊事用に薪を割り、四等分にされて運ばれてくる牛の肉を多量に切り分け、フロア中にモップを掛ける。

月に百時間働いたが、時給二五セントなので二五ドルにしかならない。彼は下宿での夕食を断り、キャンパス食堂の安い食事一回で一日を済ますことにした。

驚くべきことに、これほど悲惨な生活環境であるにもかかわらず、ポーリングは、大学のすべての科目で常に最優秀の成績を取っていた。

当時の同級生は「ライナスは、よく化学事典を読んでいた。読むというよりも眺めているだけで、あらゆる知識が彼の頭脳に吸い込まれていくようで不思議だった」と述べている。

ポーリングが二年次を終えた夏、母親ベルが再び悪性貧血で倒れてしまった。彼女は、息子に大学を一年間休学して働いてほしいと泣きついてきた。

ポーリングは、七月から八月の夏期休暇中、道路舗装会社で働いていた。オレゴン南部の幹線道路でアスファルト舗装の状態を検査する作業である。キャンプで移動しながら行なう労働で、食事はすべて支給され、月給は一二五ドルと高額だった。

彼は、そのほとんどを母親ベルに送っていたが、彼女は、その仕事をもう一年続けてほしいと頼んだのである。彼女からすれば、できれば大学を辞めて、そのまま道路舗装会社に就職してほしかったのである。

大学講師兼任の大学生

ポーリングが、大学を一年間休学して道路舗装会社に勤めるつもりだと化学工学科の指導教授サミュエル・グラフに告げると、グラフは大いに残念がった。

その前年に教えた「定量分析」の授業で、ポーリングがかつて見たことがない抜群の理解度を示し、ポーリングの化学に関する知識がすでに自分を上回っていることを知っていたからである。

そこでグラフは、奇想天外なアイディアを思いついた。一九一四年に勃発した第一次世界大戦の影響で化学科の若い講師が招集されたため、講師職に空きがあった。グラフ教授は、そのポストを、大学二年次を終えたばかりのポーリングに与えたのである。

一九一九年九月から一年間、ポーリングは大学を休学して大学の講師に就任し、自分が受講し終えたばかりの「定量分析」をはじめとする授業を受け持った。講師職の月給一〇〇ドルはすべて母親ベルに送金し、時間外に課題添削や実験室準備のアルバイトで得た金で生活した。

その翌年、復学したポーリングは、再び大学生として授業を履修し、卒業に必要な単位をほとんど取得した。四年次に再び講師の欠員が出ると、ポーリングは急遽、新入生の「化学概論」の授業を受け持つことになった。

大学生でありながら大学講師でもある「大学講師兼任の大学生ポーリング」は、すでに大学中の評判になっていた。

その最初の授業で、ポーリングは、最前列に座る「息を飲むほど可愛らしい」エヴァ・ミラーと出会った。「ミラー君、水酸化アルミニウムについて知っていることを話してくれます

エヴァ・ポーリング
（1923年）

か」と指名すると、彼女は詳しく答え、しかもその答えは正確だった。

学期が進むにつれて、彼女が美しいばかりでなく聡明でユーモア・センスがあり、ポーリングに好意を抱いているらしいことがわかってきた。ポーリングは、悩んだ。大学四年生としての彼が新入生をデートに誘っても普通の出来事だが、大学講師としての立場では問題になる。

学期が終わりに近づいてきたある日、ポーリングは授業の最初に課題を返却する際、エヴァにメモを渡した。「数年前、本校で、学生に恋した講師が非難に晒された事件があった。私は、そんな事件を起こすつもりはないからね！」（もちろん彼は、そんな事件を起こしそうなくらい彼女のことが気になっていると、英語圏に特徴的な正反対の言明で暗示している）。

授業後、エヴァが教壇の前に駆けてきて、目に涙をためて怒った表情で「私は、先生から化学以外のことを教えてもらおうなんて思っていません！」（もちろん彼女は、化学以外のことを教えてほしいと思っている）と言った。

その姿を見て決心したポーリングは「歩きながら話そう」といって、一緒に校門に向かった。

大学構内を二人で歩くということは、人目を気にせずに二人が交際することを意味する。ポーリングは、それから数日後、エヴァにプロポーズした。

彼がエヴァと腕を組んで化学研究室に挨拶に行くと、グラフ教授が「君はライナスと結婚するつもりかね？」と尋ねた。彼女は「もちろんです。私たちは、たくさん子どもを作るつもりです」といって、グラフ教授を仰天させた。

■カリフォルニア工科大学と留学

一九二〇年、カリフォルニア州パサデナの大富豪エイモス・スロープが一八九一年に創設した「スロープ大学」は、東部ボストンの「マサチューセッツ工科大学」に並ぶ世界的大学に改革することを意識して「カリフォルニア工科大学」と名称を変更した。

カリフォルニア工科大学の理事会は、シカゴ大学の物理学者ロバート・ミリカンとマサチューセッツ工科大学の化学者アーサー・ノイズを最高級の待遇で招致した。

この著名な学者二人が中心となって最先端の研究機器を設置し、世界各国から優秀な研究者を招いて、カリフォルニア工科大学を現在の世界有数の大学に押し上げたわけである。

ポーリングは、オレゴン農業大学の全科目平均一〇〇点満点中九四・二九点と抜群の成績で卒業した。しかも、その平均点を大きく下げたのはアルバイトで忙しかったため単位を落とした「体育」で、それ以外はほぼ最高点しか取っていない。

　彼は、奨学金で授業料を全額免除すると好待遇を示したカリフォルニア工科大学の大学院に進学することにした。

　ポーリングは、ハーバード大学とカリフォルニア大学バークレー校の大学院にも合格していたが、カリフォルニア工科大学を選んだもう一つの理由は、アメリカ化学界を代表し「アーサー王」という綽名で知られるノイズから「君に大いに期待している」という直筆の手紙が届いたことだった。

　その手紙には、ちょうどノイズが執筆を終えたばかりの三三八ページに及ぶ大学院生用の『化学原理――上級コース』の草稿が添付されていた。ノイズの手紙には、この草稿は大学院に進学する前では理解が難しいかもしれないが、とりあえず読んでみて、できれば各章末にある演習問題を幾つか解いてみるといいだろうというアドバイスがあった。

　一九二二年九月、ポーリングはカリフォルニア工科大学のノイズの研究室を訪れた。彼は「教科書を読破しました。すばらしい教科書ですね」と褒めて、その上で改善するほうがよいと思う点を幾つか理路整然と述べた。

　さらにポーリングは「演習問題は、合計五〇〇問ありましたが、すべて解いてきました」と言って、レポート用紙の束を渡した。ノイズは、その解答がすべて完璧であることを見て驚愕し、ポーリングが天才であることを確信したという。

一九二三年六月一日、ポーリングはエヴァと結婚した。パサデナで幸福な新婚生活が始まり、一九二五年三月十日、長男ライナス・ポーリング・ジュニアが生まれた。この年の七月、ポーリングは「X線結晶構造解析」の研究により、「最優等」の称号とともにカリフォルニア工科大学より物理化学の博士号を取得している。

一九二六年三月、グッゲンハイム奨学金を取得したポーリングは、エヴァと共にミュンヘン大学に向かった。一緒に旅行をするのは無理なので、夫妻は生まれたばかりの息子をエヴァの母親ノラに預けた。

ミュンヘン大学では、アルノルト・ゾンマーフェルト〔第六章参照〕と「行列力学」を公表したばかりのヴェルナー・ハイゼンベルク〔第六章参照〕の演習に参加した。

さらにヨーロッパ各地を巡り、ハイゼンベルクに対して「波動力学」を公表したエルヴィン・シュレーディンガー〔第十章参照〕や「量子論の父」ニールス・ボーア〔第四章参照〕の講演も聴いている。

この年の七月、母親ベルの面倒を見ていた妹ルシールから手紙が届いた。ベルは悪性貧血が悪化して妄想に支配されるようになり、四十五歳の若さで精神科病棟で亡くなったというのである。

ポーリングは、エヴァとの結婚に猛反対された時点で、ベルとは絶縁状態になっていた。さすがに大きなショックを受けたようだが、これでポーリングは、ようやく長年の母親の呪縛から逃れることができたともいえる。

■ノーベル化学賞と平和賞

一九二七年九月、二十六歳のポーリングはカリフォルニア工科大学化学工学科の准教授に就任した。その後の四年間に異様なほどの集中力で量子力学を応用した「量子化学」に関する論文を五〇編も発表し、一九三一年に三十歳で教授、一九三七年には三十六歳で化学工学科の学科長に就任する。

この間に次男、長女、三男も続けて生まれ、ポーリングとエヴァは四人の子どもたちと仲睦まじく暮らした。ポーリングの前半生の悲惨さと比べると、いかに後半生が幸福な生活か、よくわかる。

一九三九年、ポーリングはそれまでの化学結合に関する研究業績を『化学結合の本性および分子の結晶構造』として出版した。この書籍は、二十世紀の化学界で最も引用された文献となった。

これらの業績が基盤となって、ポーリングは一九五四年度、「化学結合の本性および複雑な分子の構造の研究」によりノーベル化学賞を受賞した。

一九四三年、カリフォルニア工科大学物理学科の同僚ロバート・オッペンハイマーが、原子爆弾を開発するロスアラモス国立研究所の初代所長に任命された。オッペンハイマーは、原爆製造研究の化学部長としてポーリングを招聘したが、ポーリングは「自分は平和主義者だから」といって断っている。

この頃からポーリングは公然と反戦を主張するようになり、一九五二年には合衆国国務省から「国外渡航禁止命令」が出て、パスポートを没収されてしまう。一九五四年に勃発したベトナム戦争にも猛反発して、全米各地の大学で世界平和の必要性を訴える講演活動を行なった。

一九五八年には『もう戦争はいらない』を出版した。この年には、アメリカ科学アカデミーの会長として、世界中の科学者一万一〇〇〇名の署名を集めた「核実験停止の嘆願書」を国連事務総長に提出している。

一方、カリフォルニア工科大学の理事会は、ポーリングの政治的発言を問題視したため、この年に彼は化学工学科長を辞任している。

一九六三年八月五日、合衆国のジョン・F・ケネディ大統領とソ連のニキータ・フルシチョフ書記長が「大気圏・宇宙空間および水中における核兵器実験を禁止する条約」に署名した。

この条約が発効した十月、ノーベル委員会は「核兵器実験・軍備拡大・国際紛争の武力衝突に反対する活動を絶え間なく続けてきた」功績により、ポーリングに一九六二年度のノーベル平和賞を授与した。実は、当時のノーベル委員会には核開発を続ける東西両陣営から横槍が入ったらしく、彼は一九六二年度の平和賞を一年遅れて受賞したのである。

この授賞式のあと、世界中の大学生が集まったパーティで、彼は次のように述べている。

「立派な年長者の話を聞く際には、注意深く敬意を抱いて、その内容を理解することが大切です。ただし、その人の言うことを『信じて』はいけません！　相手が白髪頭であろうと禿頭であろうと、あるいはノーベル賞受賞者であろうと、間違えることがあるのです。常に疑うことを忘れてはなりません。いつでも最も大事なことは、自分の頭で『考える』ことです」

■ビタミンCへの妄信

さて、まさにポーリング自身の発言通り、晩年のポーリングは、ビタミンCが体内の「分子矯正」を行なうという奇妙な主張を宣言するようになってしまった。

一九七〇年に彼が発表した「ビタミンCと風邪」によれば、「ビタミンCの分子矯正によって風邪を予防」できるという。

一九七九年にイギリスのヴェール・オブ・リーベン病院の外科医ユーアン・キャメロンと共著で発表した論文「ビタミンCと癌」には、末期癌もビタミンCの大量摂取で改善できるという記載がある。これらの主張は、追試で認められていない。

一九七八年、エヴァが胃癌になり、手術を受けた。その後、彼女は夫のビタミンC療法を信じて毎日ビタミンCを大量摂取したが、一九八一年十二月七日、再発した癌により逝去した。

それでもビタミンCの効果を信じて疑わないポーリングは、一九八六年に『いかに気持ちよく長生きするか』というビタミンC大量摂取を勧める書籍を上梓している。なぜポーリングほどの人物がこれほどの妄信を抱いたのかは謎である。

一九九四年八月十九日、九十三歳のポーリングは、太平洋を見下ろすカリフォルニア州ビッグサーの自宅で、四人の子どもたちと一五人の孫に見守られながら、癌のため逝去した。

16

第十六章

ウィリアム・ショックレー

トランジスタを発明し、人種差別を正当化し、ノーベル賞受賞者精子バンクに協力した天才

William Bradford Shockley Jr.

1956年　ノーベル物理学賞

■暴力的で、すぐに癇癪を起こす子ども

ウィリアム・ショックレーは、一九一〇年二月十三日、イギリスのロンドンで生まれた。

彼の父親ウィリアムは、一八五五年にアメリカ合衆国のマサチューセッツ州ニューベッドフ

ォードで生まれ、マサチューセッツ工科大学を卒業した。その後、ウィリアムは鉱山の採掘技術者となり、フロリダ州とカリフォルニア州の鉱山に勤務した。

一八九六年から一九〇五年にかけての十年間は、ロシア・中国・韓国・オーストラリア・ペルー・アルゼンチン・チリ・スーダン・エジプトなど世界各地を渡り歩き、金・銀・銅・鉄鉱石・石炭・石油などの採掘事業に携わっている。彼は、八カ国語をスムーズに会話することができたという。

五十歳になったウィリアムは、アメリカに帰国して、ネバダ州の鉱山で水銀の採掘調査を行なった。そこで出会ったのが、一八七九年生まれの二十六歳のメイ・ブラッドフォードである。

メイは、ミズーリ州で金の採掘を行なっていた父親の影響で、当時の女性としては珍しくスタンフォード大学を卒業後、アメリカで最初に「鉱業測量士」の資格を取得した女性である。

彼女は、ネバダ州の「鉱物資源地・連邦副測量官」として、鉱山に集まってくる「荒くれ男」たちを監督する立場にあった。

この仕事は、もちろん「男勝りで強気な性格の女」でなければ務まらない。メイの綽名は「ピストルの似合う女」で、実際に彼女は常時ピストルを携帯していた。そのメイが、世界中を旅して知識が豊富で、裕福で、洗練された物腰のウィリアムに惹かれたわけである。

ウィリアムは、一九〇八年にロンドンでメイと結婚して、ヨーロッパの採掘調査事業を開始した。その二年後に生まれた息子に、自分と同じ名前を付けたわけである。ショックレーが生まれたとき、父親は五十五歳、母親は三十一歳だった。

一九一三年、アメリカに帰国した一家は、スタンフォード大学のあるカリフォルニア州パロアルトに邸宅を構えた。ウィリアムとメイは、公立学校の教育を信用していなかったため、ショックレーが八歳になるまで家庭内で育てた。

両親が息子に英才教育を施し、さらに隣の家に住むスタンフォード大学物理学科の教授が数学と物理学を教えた。

大人たちに育てられたショックレーは、誰もが驚くほど賢かったが、近所の同年齢の子どもたちと仲良く一緒に遊ぶことはできなかった。彼は、自分の思い通りにならないと癇癪を起こし、暴れて、他の子どもたちに暴力を振るうこともあった。

ところが、近所から苦情が来ても、母親メイは、ショックレーを叱るどころか、周囲の子どもたちのほうが悪いと言って自分の息子を庇（かば）った。彼女は、ショックレーを徹底的に甘やかした。

■カリフォルニア工科大学とマサチューセッツ工科大学

ショックレーは、九歳で公立中学校に飛び級で入学した。どの教科でも抜群の成績を取る一方で、気に入らないことがあると、すぐに癇癪を起こして暴れる性癖は直らなかった。

ついに決意した父親ウィリアムは、十三歳のショックレーをパロアルト陸軍幼年士官学校に入学させた。この学校の寮生活では、朝起床して夜就寝するまで、厳しい軍隊規律に縛られ、あらゆる行動が監視される。

それまで自分勝手が許される環境にいたショックレーは、二年間の地獄のような寮生活を送った。彼が解放されたのは、ショックレーが十五歳になったときに七十歳の父親ウィリアムが亡くなったためである。

再び彼を甘やかすようになった母親メイは、ショックレーを自由な校風で知られるロサンゼルスのハリウッド高等学校に編入させた。

映画の街ハリウッドの中心に位置する高校での生活は、陸軍幼年士官学校の「地獄」とは正反対の「天国」といえる。ここでショックレーは、映画とジャズに夢中になり、女子学生の前では、覚えたばかりの手品を披露してみせた。

十七歳のショックレーは、ハリウッド高等学校を優秀な成績で卒業し、カリフォルニア工科大学に入学した。夫の死後、母親メイは、それまで以上に一人息子を溺愛するようになった。彼女は、自分の息子が天才だと信じて疑わず、毎日のように息子に「いずれあなたは、世界をアッと驚かせる人間になるのよ」と言い続けた。

大学時代のショックレーは、母親譲りの習性によるものか、常にピストルを持ち歩き、一九三二年に発売されて大流行したオープンカーの「デソト・ロードスター」に乗って大学街を疾走した。その一方で、専攻した物理学では最優秀の成績で、幾つもの大学院から合格通知を受け取っている。

一九三二年、ショックレーはマサチューセッツ工科大学大学院に進学した。彼がハーバード大学よりもマサチューセッツ工科大学を選んだのは、それが父親の母校だったからなのかもしれない。

大学院で彼の指導教授になったのは、量子力学の「スレイター行列式」で知られる物理学者ジョン・スレイターである。彼は、電磁気学や物理化学など幅広い研究で知られ、ショックレーの能力を高く評価して親身に指導した。

その翌年の一九三三年、二十三歳の大学院生ショックレーは、ジーン・ベイリーと結婚した。ただし、二人は一九五三年には離婚することになる。のちに詳細を述べるが、一九五〇年代から、ショックレーは、遺伝による能力や人種の差別を公然と表明するようになる。

ショックレーは、ジーンとのあいだに長女と長男と次男をもうけたが、三人の子どもたちについて「明らかに退化している。その理由は、私の妻つまり彼らの母親が、私のように高い学歴でないからだ」と言い放ち、妻と三人の子どもたちを「退化した人種」と呼んで、結果的には捨て去るのである。

実際には、離婚後に長女はハーバード大学を卒業し、次男はスタンフォード大学で博士号を取得しているように高学歴の能力を示したにもかかわらず、ショックレーは頑（かたく）なに自分の子どもたちの才能を認めようとしなかった。

大学院におけるショックレーの成績は抜群で、博士論文「塩化ナトリウムにおける電子エネルギー」を書き上げてスレイターに提出し、一九三六年にマサチューセッツ工科大学の物理学博士号を取得した。

■ベル研究所と第二次世界大戦

一八七六年三月三日、発明家のグラハム・ベルは、アメリカ合衆国特許商標庁から「声などの音に伴う空気の振動の波形に似せた電気の波を起こすことによって、声などの音を電信で伝送する手段および機構」の特許を認可された。

これが人類史上初の「電話」の特許であり、「歴史上、最も価値のある特許」と呼ばれるほどに、莫大な収益を生み出すことになる。

ベルが三月十日に行なった実験は、隣の部屋にいた助手のトーマス・ワトソンに電話で「ワトソン君、ちょっと用事があるから、こちらの部屋に来てくれたまえ」と伝えたもので、大成功だった。

その後、ベルは電話線を延長して、六㎞離れた場所に設置した電話機を使って会話を交わし、集めた見物人たちを仰天させた。

翌年の一八七七年七月一日、ベルは「ベル電話会社」を設立した。瞬く間にアメリカ中に長距離電話線が張り巡らされ、あらゆる場所に電話機が設置されるようになった。この会社が発展して、現在の「AT&T（American Telephone & Telegraph Company）」となったわけである。

一九二五年、AT&T社長ウォルター・グリフォードが「ベル研究所」を設立した。莫大な研究費で最先端の電信電話に関する情報理論から電波望遠鏡に至るまで、あらゆる革新的技術を研究することが目的である。

ベル研究所には、多くの優秀な人材が集まった。研究所の物理学者クリントン・デイヴィソンは、一九三七年に「ニッケル結晶による電子線の回折」を確認したことによりノーベル物理学賞を受賞した。ショックレーは、この年にベル研究所に入所し、デイヴィソンの物性物理学研究チームに入っている。

ショックレーは、研究を開始した翌年の一九三八年、「電子増倍管」に関する特許を取得した。その後も彼は多種多彩なアイディアを発明して、生涯に九〇近くの特許を取得していくことになる。

第二次世界大戦が勃発すると、ショックレーはコロンビア大学に招集されてレーダー研究に従事し、対潜水艦戦略では、最も効率的に機雷を投下するためのアルゴリズムを生み出した。

ショックレーのアルゴリズムのおかげで、アメリカ海軍によるドイツのUボート撃沈率は七倍に跳ね上がったという。

一九四四年には、高高度から目標に向けて高い精度で爆弾を投下するためのシステムを構築した。さらに、そのシステムを組み込んだレーダー爆撃照準器の操作方法をB－29爆撃機のパイロットに教育するためのプログラムを生み出し、空軍の高官たちを大いに喜ばせた。

ショックレーがアメリカの軍部に高く評価されたのは、もちろんその抜群の能力が理由だろうが、陸軍幼年士官学校に通っていた経歴の影響も考えらえる。彼がピストルの愛好家であり、権威的な気質をもっていることも、軍人たちに歓迎された理由の一つだったかもしれない。

一九四五年七月、合衆国の戦争省は、陸海空軍で評判の高いショックレーに対して、日本の本土上陸作戦を行なった場合のシミュレーションを提出するように求めた。

ショックレーの結論は、「これまでの日本の歴史的な国家観と戦術に対する分析が正しければ、日本の本土上陸作戦を行なった場合、日本は敗戦を認めるまでにドイツ以上の死傷者を出すだろう。我々は五〇〇万～一〇〇〇万人の日本人を死傷させる必要があり、我々も一七〇万～四〇〇万人の死傷者を覚悟しなければならない」というものだった。

この報告は、トルーマン大統領が日本への本土上陸作戦を原爆投下に切り替えた理由の一つだと言われている。戦時中の数々の功績により、ショックレーは、一九四六年十月、民間人に与えられる最高の「功労章」を授与された。

■トランジスタの発明とノーベル賞受賞

第二次世界大戦終戦後、ベル研究所に戻ったショックレーは、トランジスタ開発部門のリーダーとなった。「トランジスタ」は、真空管と同じように電気信号を増幅し、回路をオン・オフにするスイッチ機能を備えているが、真空管よりも小さくて発熱が少なく、速くて安定性が高く、しかも安いという圧倒的な利点がある。

一九四七年十二月、ショックレーの部下だったジョン・バーディーンとウォルター・ブラッテンが「点接触型トランジスタ」を完成させた。

この時期が、のちにマイクロソフトの創業者ビル・ゲイツに「もしタイム・スリップできるとしたら、最初に出掛けるのは一九四七年十二月のベル研究所だ」と言わしめた「奇跡の月」である。ベル研究所は、バーディーンとブラッテンを発明者とする特許を申請した。

この件で怒り心頭に発したのが、リーダーのショックレーである。そもそも二人が「点接触型トランジスタ」を完成できたのは、ショックレーから半導体の熱伝導に関するアドバイスを貰ったおかげだが、彼の名前は特許申請に触れられていなかったからである。

ショックレーは、クリスマス休暇にベル研究所のあるニュージャージー州から遠く離れたイリノイ州シカゴのビスマルク・ホテルに三日間籠って、バーディーンとブラッテンの発明を乗り越えるためにはどうすべきか、徹底的に考え続けた。

そこで彼が到達したのが「接合型トランジスタ」の概念である。

これはプラスの性質をもつP型半導体とマイナスの性質をもつN型半導体を接合させた構造で、「NPN」や「PNP」のように、特定の半導体を反対極の半導体が挟み込む構造になっている。ショックレーは、彼の発明を「サンドウィッチ・トランジスタ」と呼んで、歓喜した。

ショックレーの「接合型トランジスタ」は、製造方法からしても利用方法からしても、圧倒的に「点接触型トランジスタ」より優れている。

彼は「私の発明したトランジスタは、コンピュータの理想的な神経単位として用いられるだろう」と述べたが、まさにその予想通りとなり、彼のトランジスタは、二十世紀後半の電子機器すべてに応用されて、世界に革命を起こした。

ところが、ショックレーは再び怒り心頭に発することになった。というのは、ショックレーの「接合型トランジスタ」は、一九四八年六月にショックレーの名前で特許申請されると同時にベル研究所から大々的に公表されたにもかかわらず、ベル研究所の研究員は特許による収益を受け取れない雇用契約になっていたからである。

一九五〇年代になると、シリコンを用いたショックレー発明の「接合型トランジスタ」が数百万個単位で製造されるようになり、ベル研究所には莫大な特許料による収益をもたらしたが、ショックレーには何の対価も支払われなかった。

一方、トランジスタが世界中に与えた影響を高く評価したノーベル賞委員会は、異例の審査スピードで、ショックレーとバーディーンとブラッテンの三人に「点接触型トランジスタの発明と改良」により、一九五六年度のノーベル物理学賞を授賞した。

しかし、ショックレーの「執拗なイジメ」に耐え切れなかった部下のバーディーンは、一九五一年にベル研究所を退所してイリノイ大学教授に就任している。

彼は、その後「超伝導」の研究を進め、一九七二年にその業績によりノーベル物理学賞を受賞した。現時点でバーディーンは、ノーベル物理学賞を二つ受賞した唯一の人物として知られる。

もう一人の部下だったブラッテンも、ショックレーの下で研究するのは無理だとベル研究所内で転属している。ノーベル賞授賞式の晩餐会で並んだ三人は、お互いに一言も口を利かなかったという。

■シリコン・バレーと人種差別

一九五五年、特許に対する不満が爆発してベル研究所を退所したショックレーは、母親メイの住むカリフォルニア州パロアルトに戻った。そして彼は、サンタクルーズ山脈を見渡すサンタクララ郡マウンテンビューに「ショックレー半導体研究所」を設立した。

ショックレーは、この年の十一月、精神科看護師のエミリー・ラニングと再婚している。公表されてはいないが、一九五三年の離婚により、それまで二十年を共にしてきた最初の妻と三人の子どもたちと別れ、ベル研究所でも居場所のなかったショックレーは、もしかすると精神科に通院することになり、そこでエミリーと知り合ったのかもしれない。

ショックレーは、ベル研究所から自分の研究所に何人かの研究者を引き抜こうと声を掛けたが、誰一人として付いてこなかった。そもそも当時のトランジスタ産業は東部に集中し、カリフォルニアで会社を興すこと自体に無理があるとも思われた。

ところが一九五六年度のノーベル賞受賞によって、ショックレーの名前はアメリカ中で知られるようになった。ショックレーは、電子工学関連学会の論文を読み漁り、これはと思う若手研究者に直接電話を掛けた。

のちに「インテル」を創業する当時二十九歳のロバート・ノイスは、マサチューセッツ工科大学を卒業してフィラデルフィアの半導体会社の研究者として勤めていた。彼はショックレーから掛かってきた電話について、「まるで神と話すような体験だった」と述べている。

ノイスと共に「インテル」を創業する当時二十七歳のゴードン・ムーアは、カリフォルニア工科大学大学院で化学博士号を取得し、ジョンズ・ホプキンス大学応用物理学研究所にいたところを同じようにスカウトされた。

彼らの面接は三日間に及び、あらゆる種類の知能テストと心理テストを受けさせられた。その結果、「ショックレー半導体研究所」には、一二五名の超有能なメンバーが集まった。

ここまでは大成功だったが、結果的に一九五七年九月十八日、研究所でもトップクラスの研究者八名（ロバート・ノイス、ゴードン・ムーア、ユージーン・クライナー、ビクター・グリニッチ、ジュリアス・ブランク、ジーン・ホアニー、ジェイ・ラスト、シェルドン・ロバーツ）が集団退所したため、ショックレー半導体研究所は二年も経たずに崩壊に向かうことになる。

その原因は、一言でいえば、ショックレーの精神状態にあった。彼は「自由に研究できる」という謳い文句で若者たちを集めたにもかかわらず、彼自身の思い付きで毎日のように異なる命令を下し「従わない者は馘だ」と威嚇した。その一方で「上下の関係なく公平に扱う」という概念を勘違いして、研究員全員の給与を壁に張り出し、研究員たちのあいだに溝を作った。

研究員だったビクター・グリニッチは、次のように証言している。「ショックレーは、我々をフェアに扱うことができなかった。研究員の話を真剣に聞く姿勢がなく、他人の発想には極めて冷酷だった。部下に仕事を任せて見守ることができず、あらゆる些事に口を出して、毎日のように我々のやる気を失わせた」。

八人が集団離脱する直前、ショックレーの秘書が机にあった画鋲でケガをする事件があった。ショックレーは、これを研究員の誰かによる陰謀だと信じ込み、研究員全員をウソ発見器にかけて尋問したが、実際にはそのような陰謀はなかった。

ショックレーの学歴偏重も常軌を逸していた。彼は「博士号を持っている人間は、持っていない人間よりも、あらゆる仕事ができる」と公言している。「博士号を持っている人間のほうが、トイレ掃除でも完璧にできる」と言って研究員たちの失笑を買ったが、本人はそれを真面目に信じていたという。

彼の学歴やＩＱに対する妄信は、黒人差別にも繋がった。彼は「アメリカ合衆国の黒人は白人よりもＩＱが一二ポイント低いというデータ」から、「黒人には低能な者が多すぎて、難しい仕事をこなせない」と結論付け、さらに「これは遺伝的問題だから、社会福祉や教育で改善できる問題ではない」とまで言い切っている。

このような彼の偏った思想によって、彼の最初の妻と三人の子どもたちが捨て去られた経緯は、すでに述べた通りである。

さて、「ショックレー半導体研究所」から集団離脱した八人は「フェアチャイルド半導体研究所」を設立し、そこで集積回路を発明して大成功を収める。

ここに「シリコン・バレー」の歴史が始まるわけだが、ショックレーは彼らを「八人の裏切り者」と呼んで、生涯許さなかった。もし「ショックレー半導体研究所」が正常な研究所として機能していたら、おそらく世界のトップメーカーになっていたはずである。

■遺伝学と「ノーベル賞受賞者精子バンク」

一九六三年、ショックレーはスタンフォード大学に教授として迎えられた。何といってもノーベル賞受賞者は大学に寄与するに違いないと理事会がみなしたからだが、この頃からショックレーの関心は「遺伝学」に移行していた。

彼は、一九七二年の論文で「自然界は、人間を皮膚の色でグループに分け、知的価値への適応性に対する統計学的に明らかな推論によれば、どちらが効率的に生計を立てているかを功利的に見極めれば明白である」と述べている。

一九七三年の論文では、黒人と白人のＩＱを研究した結果、「アメリカの黒人の知的・社会的な欠損の主要な原因が人種的遺伝にあり、よって環境を改善させたとしても治療の余地がないという結論を必然的に導かざるを得ない」とも明言している。

ここでショックレーが支持しているのは、黒人が白人よりも急速に繁殖したため、全人口の知能レベルを下げる原因となっているという優生学上の「退行進化」の考え方である。

彼は、この問題を根本的に解決するためには、遺伝的に恵まれない人々に不妊手術を施すための経済政策を推進するべきだと考えるようになった。

彼は、合衆国政府が「自発的不妊手術ボーナス」を提供すべきだと主張した。これは、ＩＱ

が一〇〇以下の人に対して、一〇〇を一ポイント下回るごとに一〇〇〇ドルをボーナスとして支払うという政策である。

したがって、たとえばＩＱ九五の人が不妊手術を受ければ、政府から五〇〇〇ドルを受け取ることができる。「もちろんこの支給金は、これらの愚かな人々には管理できないから、信託財産として保管しなければならない」という但し書きが付いている。

このようなショックレーの発言に対して、スタンフォード大学の学生たちは反対集会を開き、「ナチ崇拝のショックレー」や「白人至上主義者のショックレー」を大学から追い出せと叫んだ。彼の人形を火あぶりにするデモ隊もいたが、これらの様子を、ショックレーはむしろ楽しそうに見ていたという。

ロバート・グラハム
（1980年）

ある日、彼の研究室の前の中庭からデモ隊が「ショックレーを馘にしろ」とマイクで演説していたところ、そのマイクが壊れたことがあった。するとショックレーは部屋を飛び出していって、そのマイクを修理した。そして「このマイクには、私が発明したトランジスタが使われているね」と言ったという。

一九七七年には、精子バンクの経営者ロバート・グラハムの「優生学プログラム」を目的とする「ノーベル賞受賞者精子バンク」に彼自身の精子を寄付したことを公表して、世間を驚かせた。

グラハムが創立した「ノーベル賞受賞者精子バンク」には、ノーベル賞受賞者三名をはじめ、科学者や技術者、オリンピックの金メダリストなどの精子が集められて、高値で販売された。

なお、一九七七年には、彼を長年甘やかし支配し続けた母親メイが逝去している。このことが、ショックレーに奇怪な行動を取らせた原因の一つかもしれない。それから、精子を提供した彼以外の二人のノーベル賞受賞者が誰なのかは判明していない。

「ノーベル賞受賞者精子バンク」は、一九九九年まで続き、そこで買い取られた精子によって二一八名の子どもが生まれたことがわかっている。全体的なＩＱの平均値は高めだが、ショックレーやグラハムが夢見たような天才は一人も誕生していないという。

一九八九年八月十二日、七十九歳のショックレーは、妻エミリーに見守られながら、前立腺癌のため逝去した。晩年の彼の奇矯な行動により、ほとんどの友人は立ち去り、三人の子どもたちも新聞記事で初めて父親の死を知ったという。

17

第十七章

ジェームズ・ワトソン

DNA構造を発見し、
有色人種を差別し、ノーベル賞
メダルを売却した天才

James Dewey Watson

1962年　ノーベル生理学医学賞

バード・ウォッチングと読書の好きな子ども

ジェームズ・ワトソンは、一九二八年四月六日、アメリカ合衆国イリノイ州シカゴで生まれた。

彼の父親ジェームズは、植民地時代にイギリスから移民した家系の出身で、仲買店の集金人である。母親ジーンはアイルランドから移民した仕立屋の娘で、シカゴ大学の職員として働いていた。ワトソン一家は、あまり裕福とはいえない居住者が多いシカゴ南部に暮らしていた。

仕事よりも趣味を大切にする父親ジェームズは、バード・ウォッチングの「熱狂的な愛好者」だった。熱心なカトリック教徒の母親ジーンは、日曜日には必ず教会の礼拝に参列したが、父親ジェームズは、ミシガン湖畔のリンカーン・パークに早朝から出掛けて、日が暮れるまでバード・ウォッチングに没頭した。

幼少期のワトソンは、日曜日には母親に連れられて神父の話を聴いていたが、やがて父親のバード・ウォッチングに付いていくほうがはるかに楽しく有意義であることに気付いた。

その後、ワトソンは、二度と教会に足を踏み入れなかった。のちに「あらゆる宗教は迷信だ」と宣言するようになるワトソンは、「私の人生で最も幸運なことは、父が神を信じなかったことだ」と述べている。

公立ホーレスマン中学校に入学した十二歳のワトソンは、父親のおかげで、鳥について知らないことはなく、将来は鳥類学者になるつもりだった。日曜日のバード・ウォッチングに加えて、金曜日に父親チャールズの仕事が終わると、ワトソンは待ち合わせて一緒にダウンタウンの中華街にある「シカゴ公立図書館」に行って、週末に読む本を何冊も借りた。

十三歳になる頃には、ワトソンの中学校の成績はどの科目でも最上位となり、彼の博識は群を抜いていると評判になった。その結果、彼は選ばれて、優秀な子どもたちに難問を解かせる「クイズ・キッズ」というラジオ番組に出演することになった。

ワトソンは、最初の二問は簡単に解けたが、三問目のシェイクスピアの問題には答えられなかった。彼は、あらゆる自然現象に興味をもっていたが、文学には興味がなかったためである。

■十五歳でシカゴ大学に入学

一九二九年、シカゴ大学の学長に、全米の大学学長としては最年少の三十歳のロバート・ハッチンスが選出されて、評判になった。ハッチンスは、二十一歳でイエール大学法学部を卒業し、二十五歳で同大学法科大学院を首席で修了した逸材である。

彼の法律に対する洞察力と大学経営に関する現実的な処理能力は抜群に優秀で、二十六歳でイエール大学法学部教授、二十八歳でイエール大学法学部長兼副学長に選ばれている。シカゴ大学に赴任したハッチンスは、積極的に大学改革を行なった。

彼がシカゴ大学学長、のちに理事長を務めた一九五一年までに行なった改革で最も有名なのは、一九一七年に設立されたカレッジ・フットボールの「ビッグ・テン・カンファレンス」（アイオワ州立大学・イリノイ大学・インディアナ大学・ウィスコンシン大学・オハイオ州立大学・

シカゴ大学・ノースウェスタン大学・パーデュー大学・ミシガン大学・ミネソタ大学が参加）から、シカゴ大学を一九四五年に脱退させたことだろう。

その理由は「商業化された大学のスポーツは学問と両立しない」うえに、「教育よりもスポーツが注目される大学は軽蔑されるべきだ」という彼の理念にあった。

日本ではアメリカの「ビッグ・テン・カンファレンス」の熱狂が伝わりにくいかもしれないが、たとえばミシガン大学のフットボールチームが本拠地とする「ミシガン・スタジアム」の収容定員は一〇万七六〇一人で、日本のプロ野球の読売巨人軍が本拠地とする「東京ドーム」の収容定員四万三五〇〇人の二倍以上である。

つまり、アメリカの一州立大学のスタジアムが、日本のプロ野球球場の二倍以上の収容定員であるほどに、人気があるということである。

もともと「ビッグ・テン・カンファレンス」はシカゴ大学とパーデュー大学の理事会が中心となって創始した経緯もあり、シカゴ大学の脱退は全米中の大きなニュースとなった。

これは、たとえば一九二五年に創始された「東京六大学野球連盟」（慶應義塾大学・東京大学・法政大学・明治大学・立教大学・早稲田大学）から、東京大学が突然脱退するようなイメージを思い浮かべてもらえば、わかりやすいかもしれない。

また、ハッチンス学長は、大学から「フラタニティ」と呼ばれる権威組織や特定宗教を信奉する団体を追い出し、「学問の自由」を何よりも優先した。

彼の在籍中、シカゴ大学の教授が「共産主義」を授業で扱ったために大学が訴えられた事件があったが、彼は「私は、シカゴ大学の教授陣が自由に学問を教える権利を支援する。いかなるイデオロギーであろうと、その学問的な分析と議論は公開され、精査されるべきだ」と主張して、教授陣を擁護した。

さらにハッチンスは「生涯教育」の最初の提唱者としても知られる。彼は、夏期休暇中に大学を開放して、一般向けの公開教養講座を開いた。入試改革も積極的に行ない、優秀な高校生には二年の飛び級を認め、特別奨学生として授業料を免除したうえで、シカゴ大学に入学できるようにした。

すでに中学校の飛び級により十四歳でサウスショア高等学校に入学していたワトソンは、ハッチンス学長の提案によって成立した特別奨学生試験に合格し、一九四三年九月、弱冠十五歳でシカゴ大学に入学することになったのである。

インディアナ大学からケンブリッジ大学へ

シカゴ大学でのワトソンは、鳥類学者になることを目指して動物学を専攻したが、「入学後の二年間は、あまりうまくいかなかった。成績は概ねBで、私が天才ではないことは徐々に明らかになっていった」と述べている。

通常の新入生よりも三年も早く入学したハンディがあるのだから、「B」でも十分立派な成績だといえるが、それでも「A＋」や「A」を目指した彼の負けず嫌いな性格がよく表れている。

三年次、シーウェル・ライト教授の「生態遺伝学」の講義を受けたワトソンは、急速に「遺伝子」という言葉に関心をもつようになる。とくに彼は、一九四四年に発行された、ダブリン高等研究所の物理学者エルヴィン・シュレーディンガー〔第十章参照〕の『生命とは何か』を読んで感銘を受け、大学院に進学して遺伝学を学ぶことを決意する。

一九四七年春、十九歳でシカゴ大学を卒業したワトソンは、ハーバード大学とカリフォルニア工科大学の大学院に入学願書を送ったが、どちらも不合格だった。

この二校の大学院に出願する大学生の成績は、最優秀の「A＋」あるいは「A」ばかりが並んでいるのが普通だから、「B」が多かったワトソンは、志願した時点で振り落とされた可能性が高い。

結果的に、ワトソンはインディアナ大学大学院に進学することになるが、のちに彼はそれが「きわめて幸運なことだった」と述べている。というのは、インディアナ大学には一九四六年にノーベル生理学医学賞を受賞したばかりのハーマン・マラー教授がいたからである。

マラーは、ショウジョウバエの雄にX線を照射すると、その影響が子孫に伝わることを立証し、遺伝子研究に新たな道を切り開いた分子生物学者である。

放射線によって突然変異を人為的に発生させて、それが子孫に伝わるということは、遺伝子に放射線被曝損傷を与えたことを意味する。要するに、この実験結果によって、「遺伝子」が「放射線の影響を受ける物質」であることが明らかにされたわけである。

一九五〇年五月、二十二歳のワトソンは、インディアナ大学より生物学の博士号を取得した。彼は、ニューヨーク州ロングアイランドにある民間非営利団体のコールド・スプリング・ハーバー研究所で研究を続け、奨学金を得て一九五一年九月、ケンブリッジ大学キャベンディッシュ研究所の研究員となった。

■ワトソンとクリック

フランシス・クリックは、一九一六年六月八日、イギリスのノーザンプトン郊外で生まれた。父親は、小さな靴製造工場を経営し、母親は敬虔なキリスト教徒だったが、クリックは十二歳の頃に「宗教はウソだ」と確信して日曜日に教会に行くのをやめた……。この紹介だけでも、ワトソンとクリックの家庭環境が類似して、しかも二人とも少年時代に宗教に拒絶反応を示したという共通点のあることがわかるだろう。

その後、クリックはロンドン大学に進学して物理学を専攻するが、やはりワトソンと同じようにシュレーディンガーの『生命とは何か』に感銘を受けて、ケンブリッジ大学大学院では生物物理学に専攻を変えて、一九四九年にキャベンディッシュ研究所の研究員となった。
のちにクリックは、一九五一年秋に初めてワトソンと会った日のことを次のように述べている。

「彼と私は、会った瞬間から意気投合した。私たちの考え方は驚くほどよく似ていたばかりでなく、宗教的詐欺に対しては立腹し、冷徹無比な科学思想に惹かれ、そして若者だけに特有なある種の傲慢さを持っていた。私たちは、最初からこれらの感性を共有していたのである」

ワトソンとクリックは、DNA構造の解明に向けて共同研究を開始した。当時、DNA研究で最先端を走っていたのは、コロンビア大学の生化学者エルヴィン・シャルガフだった。

フランシス・クリック
（1962年）

彼は、生物のDNAの塩基構造において、「アデニン（A）」と「チミン（T）」の数が等しく、「シトシン（C）」と「グアニン（G）」の数が等しいという「DNA塩基存在比の法則」を発見していた。ただし、シャルガフは、なぜこの「経験則」が成立するのかを説明できなかった。

一九五二年七月、ケンブリッジ大学を訪れた四十七歳のシャルガフは、三十六歳のクリックと二十四歳のワトソンと夕食を共にしている。
すでにDNA研究の世界的権威として知られ、

ニューヨーク生活の長いシャルガフ教授は、ワトソンと会った途端に彼のシカゴ訛（なま）りの英語に皮肉を言い、物理学科出身のクリックがＤＮＡを構成する四塩基の化学的性質を覚えていないことを嘲笑した。

彼は、まさかこの若い二人がＤＮＡの構造を発見することになるとは夢にも思わず、二人に彼の発見したさまざまな「経験則」を学生に教えるように話した。

シャルガフ以上の「競争相手」は、カリフォルニア工科大学の化学者ライナス・ポーリング［第十五章参照］である。ワトソンは、ポーリングのことを尊敬し、「世界中を探しても、ライナスのような人物は一人もいないだろう。彼の人間離れした頭脳と、周囲を明るくする笑顔は、まさに無敵だ」と述べている。

ポーリングは、一九五一年に七編の論文を発表し、タンパク質の基本的な構造を解明していた。彼は、「右巻きらせん」形状のポリペプチド構造を「αヘリックス」と名付け、人体の毛髪・筋肉・ヘモグロビンのようなタンパク質の構造を次々と解明していた。

一九五二年十二月中旬、ワトソンとクリックの共同研究室に、ポーリングの次男ピーター・ポーリングが入ってきた。彼は、ケンブリッジ大学大学院博士課程に在籍し、陽気な好青年で、ワトソンとクリックと仲がよかった。

彼は、父親ポーリングから届いたばかりの手紙を二人に見せた。そこには「ついにＤＮＡ構造を解明した」という、ワトソンとクリックが最も恐れていた一文があった。

一九五三年二月初旬、ポーリングの論文が届いた。ワトソンは「序論はざっと目を通して、原子の位置が記してある図を見た。一目で何かが間違っていると感じた」とのちに述べている。

ポーリングの論文によれば、ＤＮＡは三本のらせん構造の鎖で構成され、個々の塩基が水素原子と結合している。つまり「リン酸基がイオン化しておらず、全体として電荷がない。ポーリングの核酸は、ある意味では、まったく酸ではない」ことになっていた。

「ＤＮＡ」（デオキシリボ核酸）は、その名前のとおり「中程度に強い酸」でなければならない。ワトソンは「なぜポーリングともあろう人物が、こんな大失敗を演じたのか、我々の誰にもわからなかった。もしカリフォルニア工科大学の学生がこんな論文を書いたら、大学から追い出されるはずだ」と驚いている。

ここで思い起こしてほしいのは、この時期のポーリングが研究に専念できる状況ではなかった点である。当時のポーリングは、朝鮮戦争に反対し、公然とアメリカの軍備拡張を批判していた。彼が「ついにＤＮＡ構造を解明した」という論文を書いた一九五二年には、合衆国国務省から「国外渡航禁止命令」が出て、パスポートを没収されている。

その意味で、ポーリングは不運だったといえる。もし彼が健全な環境で研究できていたら、彼こそがＤＮＡ構造を解明し、「ノーベル化学賞」と「ノーベル平和賞」に加えて「ノーベル生理学医学賞」と、前人未到の三賞を受賞できていたかもしれない。

■DNA二重らせん構造の発見

ミュンヘン大学の物理学者マックス・フォン・ラウエ［第七章参照］がX線による結晶の回折現象を発見して以来、低分子から高分子の結晶化が可能となり、一九五二年の段階では遺伝子結晶の構造解析にも応用されるようになっていた。

当時、この分野の研究で世界をリードしていたのが、ロンドン大学の生物物理学者モーリス・ウィルキンズとロザリンド・フランクリンの共同研究室である。ただし、三十六歳のウィルキンズは、四歳年下の女性研究者フランクリンと折り合いが悪かった。

ウィルキンズは、フランクリンのことを助手のように扱っていたが、彼女は博士号を取得した有能な研究者として、常に彼と対等あるいはそれ以上の立場を求めていた。

生粋のイングランド家系で質実剛健に育てられたウィルキンズに対して、裕福なユダヤ人の両親のもとで我儘（わがまま）に育てられたフランクリンの家庭環境の相違も、二人がうまくいかない原因の一つだったかもしれない。

当時のロンドン大学キングス・カレッジには、男性教授陣のために高級な専用レストランがあったが、そこは「女性禁制」だった。したがって、フランクリンをはじめ、数少ない女性研究者たちは、学生食堂で食事を取らなければならなかった。

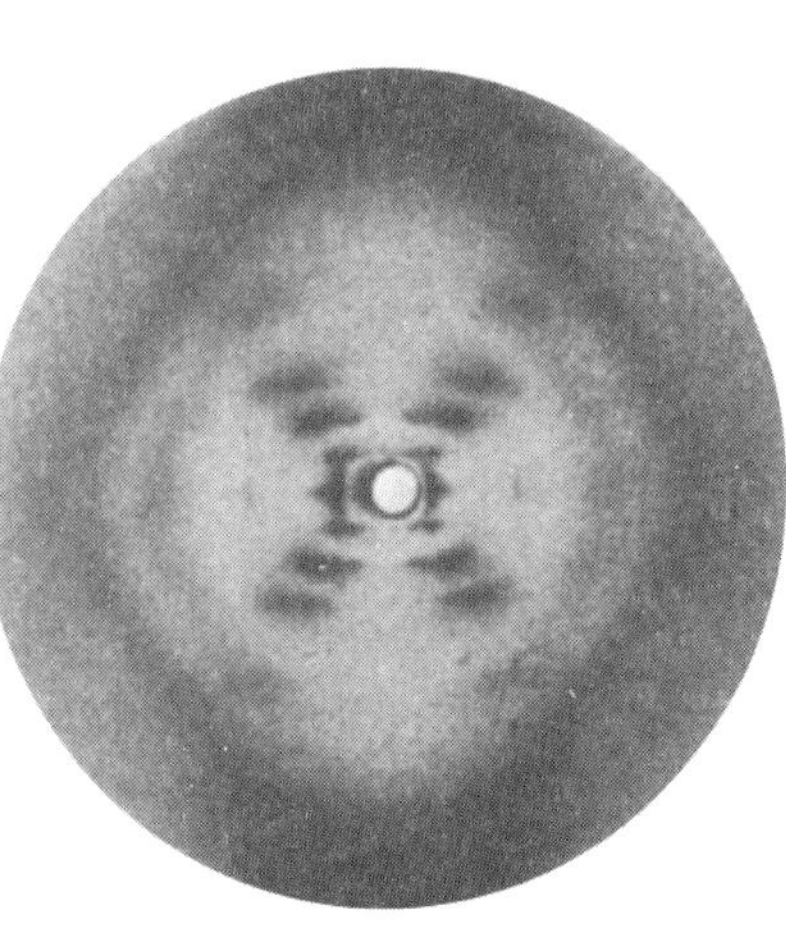

フランクリンによる
DNA結晶のX線回折写真

このように、あらゆる意味で女性研究者が差別されていた当時のイギリスの大学社会において、フランクリンのように自己主張が強く、単刀直入に論点を追及する攻撃的な女性は、男性研究者にとってきわめて扱いにくい存在だった。

さて、ワトソンは、ポーリングから届いた論文をロンドン大学のウィルキンズの研究室に見せにいった。ちょうどその日はフランクリンが不在だったので、ウィルキンズは、何かにつけて彼に逆らうフランクリンの悪口を言った。男性研究者たちは、陰でフランクリンのことを「ダーク・レディ」と呼んで皮肉っていた。

ここでウィルキンズは、のちにスキャンダルとなる事件を起こす。ウィルキンズは、フランクリンがDNAの結晶にX線を照射した回折画像を、おそらく彼女のキャビネットから勝手に持ち出して、ワトソンに見せたのである。

ワトソンは「その写真を見た瞬間、私は驚愕して、心臓が早鐘(はやがね)を打ち始めた」と述べている。「写真の中で一番印象的な黒い十字の反射は、らせん構造からしか生じえないものだった」からである。

この写真からインスピレーションを得たワトソンは、ケンブリッジ大学の研究室に戻ってクリックと構造分析に取り掛かり、一九五三年二月二十八日、「DNA二重らせん構造」の原子モデルを完成させる。

彼らは、DNAの構成要素をすべて正確にコピーした模型を機械工場に発注し、三月七日に「DNA二重らせん構造」の一八〇cmを超える三次元模型を組み立てた。ワトソンとクリックの「DNA二重らせん構造発見」を記した二ページの論文は『ネイチャー』四月二十五日号に掲載され、世界中に大反響を巻き起こした。

一九六二年、ワトソンとクリックとウィルキンズの三人は「核酸の分子構造および生体における情報伝達に対するその意義の発見」により、ノーベル生理学医学賞を受賞する。

もしウィルキンズがフランクリンの「DNA結晶のX線回折写真」を無断でワトソンに見せていなかったら、「DNA二重らせん構造」の発見には、もっと時間がかかったかもしれない。

ただし、ワトソンとクリックのモデルが他に類を見ないほど独創的であるのは、「二重らせん」が互いに対構造になっていて、XYの二重らせんが解(ほど)けると、XはYを複製し、YはXを複製して、新たな二重らせん構造が成立する仕組みを明快に説明できる点にある。

つまり、ワトソンとクリックは、生命の遺伝情報が「自己複製」する仕組みを人類史上初めて明らかにしたわけである。このようにDNAの構造をうまくモデル化するためには、幼少期から「生物」に親しんできたワトソンと、「非生物」の物理現象を研究してきたクリックの二人の共同作業が必要不可欠だったように思える。

実際に「ＤＮＡ結晶のＸ線回折写真」を撮影したフランクリンも、ＤＮＡ構造が「らせん」の形状であるらしいことには気付いていたが、それが何本なのか、どのように自己複製するのかについては、追究した形跡がない。

彼女は、できる限り多くのＤＮＡ結晶にＸ線を照射して、それらの実験データを集約して構造解析するという地道な研究方針をとっていたためである。

ところが彼女は、Ｘ線を無防備に浴びすぎたことが原因で、卵巣癌に罹ってしまう。何度か手術をしたが、癌は身体中に転移し、フランクリンは一九五八年、三十七歳の若さで亡くなった。悲運の女性科学者だった。

有色人種差別とノーベル賞メダル売却

一九五六年九月、世界的著名人となった二十八歳のワトソンは、ハーバード大学生物学科の教授として迎えられた。この時期に彼は、カリフォルニア工科大学からも教授職を提示されている。つまりワトソンは、彼の大学院入学を断った二つの大学に借りを返したことになる。

一九六八年、ワトソンはエリザベス・ルイスと結婚し、その二年後に長男ルーファス、その二年後に次男ダンカンが生まれた。成長した長男ルーファスは統合失調症に罹り、ワトソンは遺伝が精神疾患にどのような影響を与えるのかについて興味をもつようになる。

一九六八年九月、四十歳のワトソンは、コールド・スプリング・ハーバー研究所の所長として迎えられた。彼は、研究所のあるニューヨーク州ロングアイランドに家族と邸宅を構えて、遺伝学に関する幅広い研究に着手した。

研究所所長と兼務して、ワトソンは、一九八八年に「アメリカ国立衛生研究所」が立ち上げた「ヒトゲノム・プロジェクト」の責任者に就任している。

ヒトゲノムを解明すれば、どの遺伝子の影響で遺伝性疾患が生じるかわかるようになる。一方、この研究には、それが優生学的な人間の選別に繋がるのではないかという批判もあった。当時の『ニューリパブリック』誌は、ワトソンの写真を表紙にして「狂気の科学者?」という見出しを付けている。

一九九一年に「アメリカ国立衛生研究所」の所長にバーナディン・ヒーリーが就任すると、さらに事態は悪化した。

ヒーリーは、ハーバード大学医学部を首席で卒業し、ジョンズ・ホプキンス大学医学部教授からロナルド・レーガン政権で大統領顧問に就任した政治的手腕のある女性である。その後、ジョージ・ブッシュ政権でもヒーリーの能力は高く評価され、「アメリカ国立衛生研究所」に史上初めての女性所長ヒーリーが誕生した。

この人事によって、四十七歳の女性が六十三歳のワトソンの上司になった。ワトソンは「我が国の生命科学に関する役所の責任者は、女か、無能な奴か、どちらかしかいないな。女というものは、もっと別の場所にいるべきなのに……」と発言し、顰蹙を買った。ヒーリーは「ワトソンの発言は、男性と女性の両方に対する侮辱」だと反発した。

その後もワトソンとヒーリーは「ヒトゲノム・プロジェクト」の特許取得、民間委託、倫理問題、プライバシー保護など、あらゆる問題で対立し、ついに一九九二年四月、ワトソンが辞任せざるを得ない事態となった。

「アメリカ国立衛生研究所」に辞表を提出した直後、ワトソンは、怒り心頭に発して「今日は人生で最低の日だ。あれほど一生懸命やってきたのに、これほどひどい扱いを受けたことはない」と述べている。

なお、ヒーリーもその翌年の一九九三年に「アメリカ国立衛生研究所」を退職し、共和党から上院議員選挙に立候補したが落選した。彼女は、二〇一一年、脳腫瘍のため六十七歳で亡くなっている。

一九九三年、コールド・スプリング・ハーバー研究所の理事長となったワトソンは、次第に過激な発言をするようになる。

二〇〇〇年に開催された講演会で、ワトソンは、肌の色は性欲と関連があると断言して、聴衆を驚かせた。彼の理論によれば、皮膚の色を決定するメラニン抽出物が人間の性欲を高めるため、肌の色が濃ければ濃いほど、性欲が強くなることになる。

ワトソンは「だからこそ、あなた方には（肌の色が褐色の）ラテン系の恋人がいるわけだ」と語り、「（肌の色が青白い）イギリス人の恋人など聞いたことがない。イギリス人は病人ばかりだ」と述べて、再び顰蹙を買った。

彼はまた、人種や民族の傾向には遺伝的な根拠があると語り、「ユダヤ人は、知性が高い。中国人は、知性は高いが、順応性を選択したため創造的でない。インド人は、カースト内部で結婚を繰り返したため、卑屈になった」とも述べている。

二〇〇七年十月、七十九歳のワトソンは、コールド・スプリング・ハーバー研究所でインタビューを受け、「黒人と白人のＩＱ測定値の相違は、遺伝によるものだ」と断言し、「アメリカのすべての社会政策は、黒人が白人と同じ知性をもつという前提に基づいているが、あらゆるＩＱ測定値は、それが事実でないことを示している。そんなことは、どこの会社でも黒人の従業員を見れば、簡単にわかることだ」と述べ、それが雑誌やテレビで広まった。

彼の発言により、その後に予定されていたワトソンのイギリスとアメリカでの講演は、すべてキャンセルされた。コールド・スプリング・ハーバー研究所の理事会は、ワトソンの理事長職を剝奪した。

ワトソンは、自分の発言の目的は「人種差別ではなく科学促進だ」と弁解したが、彼の謝罪は受け入れられなかった。彼の名声は地に堕ち、友人たちも皆、去っていった。

二〇一四年、八十六歳になったワトソンは、社会から「人間扱いされなくなった」と訴え、研究資金を得るためにノーベル賞メダルを売却することにした。このメダルは、この年の十二月にクリスティーズのオークションにかけられ、四七五万七〇〇〇ドル（約五億四七〇〇万円）で落札された。

ワトソンは、この収益の一部をロングアイランドの自然保護活動とアイルランドのダブリン大学の研究資金として寄付した。

このメダルを落札したのは、ロシアの大富豪アリシェル・ウスマノフで、その後彼は「ワトソン博士は、人類史上最も偉大な生物学者の一人です。ノーベル賞メダルは、彼が所有すべきです」と述べて、このメダルを無償で返還した。

二〇一九年一月、ワトソンは、再び人種と遺伝に関する偏見に満ちた見解をテレビドキュメンタリーで述べた。これを受けて、コールド・スプリング・ハーバー研究所の理事会は、ワトソンに最後に与えていた「研究所名誉所長」の称号も剝奪し、「ワトソンとのあらゆる関係を断つ」という声明を発表した。これに対して、ワトソンは何も述べていない。

二〇二四年四月現在、九十六歳のワトソンは、ニューヨーク州ロングアイランドに健在である。

18

第十八章

リチャード・ファインマン

量子電磁力学を確立し、
ボンゴを叩き、チャレンジャー号
事故を究明した天才

Richard Phillips Feynman

1965年　ノーベル物理学賞

■「家庭用警報システム」を創作した子ども

リチャード・ファインマンは、一九一八年五月十一日、アメリカ合衆国ニューヨーク州ニューヨーク市クイーンズ区で生まれた。

ニューヨーク市には五つの区があるが、ロングアイランド島でニューヨーク市の最も東に位置するクイーンズ区は、五つの区の中でも最も面積が広く、ブルックリン区に次いで人口が多い。その大多数は移民で構成され、アメリカの中でもとくに民族的多様性に富む地域として知られる。

ファインマンの父親メルヴィルは、一八九〇年にロシア帝国ベラルーシのミンスクで生まれ、五歳のときに両親に連れられてアメリカに移住した。高校卒業後、ワイシャツ製造会社に就職して次第に頭角を現して、二十六歳で営業マネージャーに抜擢されている。

メルヴィルが恋に落ちたのは、同じユダヤ人共同体で何度か顔を合わせていた五歳年下のルシールだった。彼女は、ポーランド系移民の娘で、女子学校を卒業して小学校の教師になる予定だった。二十六歳のメルヴィルと二十一歳のルシールは、一九一六年三月十六日に結婚した。

のちにファインマンは、父親からは「妄信しないこと」、母親からは「ユーモア」を学んだと述べている。父親メルヴィルの口癖は、「パパはワイシャツを売っているからよくわかる。ローマ教皇であろうとアメリカ合衆国大統領であろうと、誰でも同じ人間だ。違うのは、着ている服だけさ」だった。

彼は、ファインマンに、何事についても表面的でオーソドックスな説明を妄信せず、本質を見極める姿勢を教えた。幼いファインマンが「なぜ」と質問を続けて、自発的に『ブリタニカ百科事典』を調べていく様子を見て、父親メルヴィルは大いに喜んだ。

母親ルシールは「お人好し」で知られるポーランド系らしく、温かさとユーモアを兼ね備えた主婦となった。その彼女が人生で唯一落ち込んだのは、一九二四年一月に生まれた次男フィリップスが病気のため一カ月で亡くなってしまったときだった。

一九二七年三月、ファインマンからすると九歳年下の妹ジョーンが生まれた。彼女も兄に似て、幼い頃から自然現象に興味を抱いた。

母親ルシールは「女性の脳は学問に向いていないんだから」と言って、ジョーンが大学に進学することに反対したが、ファインマンは妹が学問を続けることを応援し続けた。その後、ジョーンはオーバリン大学を経てシラキュース大学大学院に進学し、アメリカ航空宇宙局（NASA：National Aeronautics and Space Administration）の宇宙物理学者になっている。

小学校に入学したファインマンは、ラジオを分解して、なぜ機械から音が出るのかを調べ上げた。当時のラジオは真空管方式で製造されていたため頻繁に故障したが、ファインマンは手際よく修理する方法も発見した。

その評判が広まり、彼の元には、故障したラジオが引きも切らずに持ち込まれるようになった。彼は、電気屋よりも安い料金で、電気屋よりも上手に修理した。のちにファインマンは「私の人生で最初の仕事は、ラジオ修理屋だった」と述べている。

一九三〇年、父親メルヴィルはアメリカの軍隊の制服を製造販売する会社を立ち上げ、七五人の従業員を雇用するようになった。立派な経営者になった彼は、クイーンズ区のロックアウェイ半島の最東端に位置するファーロックアウェイに邸宅を構えた。

現在のファーロックアウェイは、大西洋岸のビーチを楽しむ高級リゾートになっているが、当時は住居が点々として、泥棒が侵入する事件が多発していた。

ある日、両親が外出しているあいだに、ファインマンは家中の出入り口と窓に警報装置を取り付けて「家庭用警報システム」を組み立てた。当時の「泥棒除け」といえば、屋根や門の周囲に忍び返しや有刺鉄線を張るようなことしか、誰も思いつかなかった。その時代に、小学生のファインマンが「家庭用警報システム」を生み出した構想力は、驚異的といえる。

もし彼が一九三〇年代に住宅用警報システムの会社を設立していたら、世界でトップクラスの大富豪になっていたかもしれない。

■マサチューセッツ工科大学

中学校に入学すると、ファインマンの関心は機械工作から数学に向かい、十五歳の段階で三角法、微積分学、抽象代数学、解析幾何学などを独学で理解した。

これらの学習でも彼の独自性が表れているのは、三角法ではサイン・コサイン・タンジェントを組み合わせた独自の記号を生み出し、微積分学でも通常の「導関数」ではなく「半導関数」を基準に理論を構築した点にある。

一九三三年、ファーロックアウェイ高校に入学したファインマンは、卒業するまで数学と化学でトップの成績を維持し続けた。ただし、英語と歴史は苦手で、とくに彼の英語の発音と文法は「メチャメチャ」だった。

たとえば彼は、のちに大学教授となってからも、重要だと思う単語には通常は付けない定冠詞を勝手に付けて「自然（the nature）」「科学（the science）」「物理学（the physics）」と講義したため、学生たちは驚き呆れた。

のちにロスアラモス国立研究所でファインマンの上司になる物理学者ハンス・ベーテは、「ファインマンの英語はクイーンズ訛りが強すぎて、彼と会話をすると、まるでホームレスと話しているような気分になった」と述べている。

一九三五年四月、ファインマンは全米の高校生が参加する「全米高校生数学選手権」で見事に優勝する。この年の九月、ファインマンはマサチューセッツ工科大学に入学した。当初は数学を専攻するつもりだったが抽象的すぎることに気付き、次に電気工学を専攻したが具象的すぎたので、最終的にその中間にある物理学に落ち着いたという。

ファインマンの指導教官になったのは、量子力学の「スレイター方程式」で知られる物理学者ジョン・スレイターである。ちょうどこの時期、彼の下で博士論文を仕上げていたのがウィリアム・ショックレー〔第十六章参照〕だが、学部の新入生ファインマンとは接点がなかっただろう。

ただし、のちにノーベル物理学賞を受賞する二人が、同じ時期にスレイターの研究室ですれ違っていたかと思うと、おもしろい。

ファインマンは、量子力学を化学の分子モデルに適用する「量子化学」をスレイターから学び、そこから「分子における力」という卒業論文を完成させた。

この論文には、化学結合した原子内で電子が原子核に及ぼす量子力学上の「力」は、古典力学における「静電力」として表現できるという成果が数学的に示されている。スレイターは、この学生離れした専門的成果をドイツの物理学者ハンス・ヘルマンの発見と合致させて「ヘルマン・ファインマンの定理」と名付けた。

一九三九年四月、ファインマンは全米の大学生が参加する「パトナム大学生数学選手権」で優勝する。したがってファインマンは、高校三年次と大学四年次に、アメリカで最優秀の数学的能力を示したことになる。この時点で彼は「数学の天才」と呼ばれるようになった。

プリンストン大学大学院

一九三九年四月二十九日、アメリカ物理学会が開催された。プリンストン高等研究所に招待されていたコペンハーゲン大学の物理学者ニールス・ボーア〔第四章参照〕は、ここで純粋なウランに「連鎖反応」を起こさせれば、「地球のかなりの部分」を一瞬で破壊する「原子爆弾」を生成できるかもしれないと述べた。

そのボーアと共同研究を行なったのが、プリンストン大学の物理学者ジョン・ホイーラーである。ボーアとホイーラーは、原子内部の「液滴モデル」を用いて「核分裂のメカニズム」を説明することに成功し、その成果を一九三九年九月の『フィジカル・レビュー』誌に発表した。

ファインマンは、この年の九月にプリンストン大学大学院に進学した。彼の物理学の大学院入学試験の成績は、それまでに前例のない「満点」で、教授陣を驚愕させた。そして、彼の指導を引き受けたのが、ホイーラー教授だった。

その後、ホイーラーは、アルベルト・アインシュタイン〔第八・九章参照〕とも「統一場理論」の構築に関する共同研究を行なっている。つまり、ホイーラーは、物理学界の二大巨頭と共同研究をするほど優秀な物理学者だったわけである。

彼は宇宙物理学にも多くの功績を残し、「ブラックホール」の名付け親としても知られる。学生の面倒見もよく、ファインマンの他に「量子力学の多世界解釈」を提唱したヒュー・エベレットの指導教官も務めている。

ファインマンは、最先端の「量子電磁力学」の研究を開始し、ホイーラーも理解できないほどの理論を構築するようになった。

そこでホイーラーは、ファインマンにセミナーを開催するように指示した。通常ならば、世界的名声のある招聘教授が行なうセミナーを博士号取得前の大学院生が行なうことは前代未聞だったが、ホイーラーはファインマンの研究成果にそれだけの価値があると見込んだわけである。

いよいよセミナーが始まると、二十四歳のファインマンは仰天した。彼の目の前には、ホイーラー教授はもちろん、プリンストン高等研究所からアインシュタインと数学者ジョン・フォン・ノイマン［第十一・二十二章参照］、プリンストン大学から物理学者ユージン・ウィグナー［第十一章参照］と物理学者ヴォルフガング・パウリ［第十三章参照］、さらにプリンストン天文台長の天文学者ヘンリー・ラッセルといったノーベル賞受賞者や有名教授たちが座っていたからである。

このときの様子を、のちにファインマンは次のように述べている。「目の前にモンスター・マインドとでも呼ぶべき頭脳が並んで僕の講義を待っている！　生まれて初めて自分の仕事を話すセミナーの聴衆が、こんな凄い天才ばかりだとは……。僕はきっと徹底的にやり込められるに違いない。封筒からノートを取り出そうとしたとき、僕の手がどうしようもなくブルブルと震えていたことを今でも覚えている」。

「ところが、そこで奇跡が起きた。僕はいったん物理学のことを考えて、その内容を説明しようと集中すると、他のことはすべて消し飛んでしまう。だから、講義を始めると、そこに誰がいるのかなどまったく気にならなくなり、何も怖くなくなった。ただ自分のアイディアを明快に説明すること、それだけに集中できた」

アーリーンとの恋

当時のファインマンは、人生の幸福の頂点にあった。彼は、物理学界をリードする若手ホープとして将来を嘱望され、アメリカとヨーロッパの大学や研究機関から数えきれないほど招聘の話が来ていた。

さらにファインマンは、中学校で出会った初恋の女性アーリーン・グリーンバウムと十年以上の恋愛期間を経て婚約中であり、博士号を取得して、結婚式を挙げるという二重の喜びを間近に控えていた。

アーリーン・ファインマン（1942年）

ところが、ある日、体調を崩したアーリーンが病院に行って精密検査を受けた結果、彼女はリンパ腺結核にかかっていることがわかったのである。それは、当時の最先端の治療を施しても、数年の余命しか残されていない病気だった。「長くて二年しかもたない」というのが医師団の診断結果だった。

このことは本人には伏せられ、彼女の家族と婚約者のファインマンの家族だけに伝えられた。両家ともユダヤ人共同体でお互いをよく知る間柄だった。

まず問題になったのは、アーリーンにどのように病状を説明するかということだった。ファインマンは、どんなことがあっても互いに真実のみを話すと誓い合っていたので、彼女に「不治の病」であることも正直に伝えるつもりだと言うと、両方の家族は猛反対した。当時十五歳の妹ジョーンは、「あんなにすばらしい女性を悲しませる兄」は「非人間的」だと泣き叫んだ。

アーリーンの家族とファインマンの家族は、二人の将来のためにも、結婚そのものを延期すべきだと結論付けた。つまり、両家の人々は、ファインマンが黙って彼女の元から去り、ヨーロッパの研究所に行って研究に没頭する（そして、その間にアーリーンは静かに息を引き取る）ことが、結果的には二人のために最もよい選択だと考えたのである。

しかし、ファインマンは、両家の家族の猛反対を押し切って、約束どおり彼女にすべての真実を告げて、アーリーンと結婚する。二人は、一九四二年六月二十九日、彼女が入院する当日に、ニューヨーク州リッチモンドの町役場で結婚式を挙げた。家族も友人も誰も来なかったため、二人は役場の職員二名に証人になってもらった。

「幸福感で一杯の二人が顔を見合わせ、ただニコニコして手を繋いでいる」光景を見て、証人になった簿記係が、しびれを切らして「もう式は終わったんだから、花嫁にキスする番だよ」

と催促する。そこで花婿は花嫁の「頰」にキスするわけだが、二人は「口の中に結核菌がうようよしている」ため「キスもできない」状況を理解したうえで結婚したのである。

アーリーンは、ニュージャージー州バーリントンのデボラ病院に入院し、ファインマンは週末になるとプリンストンから妻の病室に向かう生活が始まった。

■アーリーンの死

第二次世界大戦が勃発し、ファインマンはロスアラモス国立研究所で原爆開発の秘密任務に就くことになった。彼は一九四三年四月、ホイーラー教授に量子力学の「先進波」に関する博士論文を提出して博士号を取得し、ニューメキシコ州アルバカーキのサナトリウムにアーリーンを入院させることにした。

ファインマンと車椅子に座ったアーリーンは、プリンストンからアルバカーキに汽車で向かった。これが二人の新婚旅行だった。

「長くて二年しかもたない」と言われたアーリーンは、三年以上生き続けた。ファインマンは、次のように述べている。

「僕は、アーリーンの身体の中で、生理的に何が起きているのかを考え続けた。肺には空気が足りないから、血液に充分な酸素を送り出せない。だから、脳は朦朧（もうろう）としてくるし、心臓も弱ってくる。心臓が弱ってくれば、さらに呼吸が困難になる。……次第に意識が薄れていき、呼吸数も少なくなって、いつのまにかアーリーンは亡くなってしまった」

一九四五年六月十六日、アーリーンは二十五歳の若さで逝去した。アーリーンの葬儀の翌日、ロスアラモス研究所に戻ったファインマンは、同僚に「彼女は亡くなったよ。で、例のプログラムはあれからどうなってる？」と話しかけている。結婚当初から彼女の死を予期していたファインマンは、いたって冷静に見えた。だが実は、そうではなかったのである。

「僕は、精神的に自分をごまかしていたに違いない。少なくともアーリーンの葬儀から一カ月が過ぎるまで、涙一つこぼさなかった。ある日、オークリッジの町を歩いていると、デパートの前にさしかかり、ショーウィンドウに綺麗なドレスが飾られていた。それを見て、僕は『ああ、アーリーンの好きそうな服だな』と思った。その瞬間、どっと悲しみが堰を切って溢れてきた……」

ファインマンは、アーリーンが入院する日、大きな数字盤がパタパタとめくれる時計をプレゼントした。彼女は、その時計を何よりも大切にして、片時も病床の側から離したことはなかった。そして、彼女が亡くなったのは「09：22」だったが、その時計も時刻「09：22」を指したまま、止まってしまったのである！

この「現象の神秘」を、どのように説明すればよいのか？　ファインマンは、時計が止まるためには「理由」がなければならないと考えた。そして彼は、この現象は二つの「理由」によって解明できたと述べている。

第一に、三年以上使用しているうちに、時計の数字盤を押さえるバネが緩み、修理したことがあったこと。第二に、看護師が死亡証明書に死亡時刻を書き込むために、数字をよく見ようとして、時計を持ち上げてから元に戻したこと。「それに気がつかなかったら、いくら僕でも説明に困っていたかもしれない」と、彼は述べている。

ファインマンは、ベストセラーとなった自伝『ご冗談でしょう、ファインマンさん』でアーリーンとの悲劇を描き、その内容は『インフィニティ、無限の愛』に映画化された。

ファインマンが亡くなった後、彼の書斎から何度も読み返した跡のある擦り切れた手紙が発見された。それはアーリーンが亡くなって二年近く経ってから、彼女に宛てて書かれた手紙だった。

「愛するアーリーン、誰よりも君を大切に思っている。君がどんなにこの言葉を聞きたがっているか、僕にはよくわかっている。だが、僕がこれを書くのは、君を喜ばせるためだけじゃない。君に手紙を書くことで、僕も内側から温かくなれるんだ。……僕には君しかいない。君は存在する。僕の愛する妻よ、君を深く想っている。僕は妻を愛しているのに、妻はこの世にいない。追伸：この手紙は出さないけれど許してほしい。僕は、君の新しい住所を知らないんだ」

■コーネル大学とカリフォルニア工科大学

一九四五年七月十六日、ニューメキシコ州ソコロの南東四八㎞地点の砂漠で、人類史上最初の核実験が行なわれた。この実験は大成功で、爆発の威力はTNT火薬二万t近くの破壊力で、「人口三〇万～四〇万人の都市を焼け野原にできる威力」と表現された。

ロスアラモス国立研究所は、沸きかえった。至る所でパーティが開かれ、ファインマンはジープの端で長年の趣味の打楽器ボンゴを叩いていた。ところが、物理学者のボブ・ウィルソンだけは、ふさぎ込んでいた。「とんでもない物を造っちまったんだ」というのが、その理由である。ファインマンは、次のように述べている。

「僕をはじめ、周囲の皆は、自分たちが正しい目的のためにこの仕事を始め、力を合わせて無我夢中で働いて、それがついに完成したのだ、という喜びでいっぱいだった。そしてその瞬間、考えることを忘れていた。……ただ一人、ボブ・ウィルソンだけが、その瞬間にも考えることを止めなかったのである」

実際には、ファインマンは自分が「大量殺戮（さつりく）兵器」の製造に加担していることに対して、内心で強い罪悪感を抱いていた。ところが、フォン・ノイマンと散歩をしながら会話を交わしたファインマンは、楽になったという。

「我々が今生きている世の中に責任を持つ必要はない、という興味深い考え方を僕の頭に吹き込んだのが、フォン・ノイマンである。このフォン・ノイマンの忠告のおかげで、僕は『社会的無責任感』を強く感じるようになった。それ以来、僕はとても幸福な男になった」

終戦後、ロスアラモス国立研究所の理論物理学部門で最優秀の能力を示したファインマンには、さまざまな大学や研究所から声が掛かった。

ロスアラモス国立研究所所長ロバート・オッペンハイマーは、自分の所属するカリフォルニア大学バークレー校の物理学科に彼を招聘すべきだという長い推薦状を学科長レイモンド・バージに送付した。しかし、バージは「我々の学科にはユダヤ人が一人いれば十分だ」（その一人とはオッペンハイマーのこと）と言って、この推薦を受け入れなかった。

ロスアラモス国立研究所の理論物理学部門のリーダーだったベーテは、自分の所属するコーネル大学に招聘したいと学長や学科長に推薦し、そのおかげでファインマンは、一九四五年九月よりコーネル大学物理学科教授として受け入れられることになった。

この時期に、ファインマンは「量子電磁気学」のさまざまな難問を表現するために、新たな「経路積分法」という量子化法を発明し、さらにそれを当時用いられていた記号や公式を用いずに「ファインマン・ダイヤグラム」と呼ばれる図式で簡明に表現する方法を見出した。

彼が一九四九年に発表した論文「量子電磁気学に対する時空的アプローチ」は、世界の物理学界で高く評価された。

ただし、ファインマンのプライベートな生活は落ち着かなかった。アーリーンを忘れられない苦しみから逃れるためか、彼は、学部の女子学生たちをデートに誘い、売春婦をアパートに連れ込み、何人かの既婚者の妻と関係を持ったとも噂されている。

一九五一年九月、ファインマンはスキャンダルを逃れる意味もあって、カリフォルニア工科大学に移籍した。当時、彼と交際していたコーネル大学大学院生メアリー・ベルは、ミシガン州立大学で専門のメキシコ芸術史を教え始めていた。ファインマンは、彼女にメールで求婚し、一九五二年六月二十八日、三十四歳のファインマンは三十五歳のメアリーと結婚した。

しかし、二人の結婚生活は長く続かなかった。朝から夜中まで仕事に没頭するファインマンは、メアリーが声を掛けただけでも激怒して、彼女を虐待することがあったため、メアリーが離婚訴訟を起こしたのである。一九五六年六月十九日、ファインマンによる「極度の残虐行為(extreme cruelty)」が認定され、離婚の判決が下された。

一九五九年六月、ファインマンはグウェネス・ホワースを住み込みのメイドとして雇用した。イギリス生まれのグウェネスは、各地で働いて資金を貯めて、世界を旅して風景を描く画家である。一九六〇年九月二十四日、四十二歳のファインマンと二十五歳のグウェネスは結婚した。一九六二年に息子カールが生まれ、一九六八年には娘ミシェルを養子に迎えている。

一九六一年から一九六三年にかけてカリフォルニア工科大学でファインマンが行なった授業は『ファインマン物理学』全三巻として発行され、かつてないほどの斬新な教科書として、今も世界中で版を重ねている。

一九六五年、ファインマンは「量子電磁力学の基礎的研究」により、ハーバード大学のジュリアン・シュウィンガーと東京教育大学の朝永振一郎とともに、ノーベル物理学賞を受賞した。

一九六七年、エンリコ・フェルミ〔第十二章参照〕の名前を取った「フェルミ国立加速器研究所」の建設計画が決まると、その初代所長職のオファーがあった。ファインマンは、カリフォルニア工科大学の環境を気に入っていたので、その契約内容も読まずに断った。書類を整理していた秘書が、その契約内容を読み、報酬の高さに驚愕すると、ファインマンは「それなら、なおさら断ってよかったよ。僕は『社会的無責任者』なんだから」と言ったという。

ちなみに、「フェルミ国立加速器研究所」初代所長に就任したのは、ロスアラモス国立研究所の同僚で「考えることを止めなかった」ウィルソンである。

チャレンジャー号事故調査委員会

ファインマンは、ロサンゼルスの暖かい気候を大いに楽しんだ。ノーベル賞の賞金でバハ・カリフォルニアにビーチ・ハウスを購入し、仕事が終わると、帰り道にトップレス・バーに顔を出して、ダンサーたちとの会話を楽しんだ。休暇にはラスヴェガスにもよく通ったが、これもギャンブルだけではなく、ダンスやショーを楽しむためだった。

一九七八年、ファインマンの腎臓に癌が見つかり、手術を受けた。一九八一年に再発して、二度目の手術を受けた際には、大動脈が破裂して、三〇リットルもの輸血が必要になった。ところが、この輸血は、手術室に押し寄せたカリフォルニア工科大学の学生たちが献血したため、充分補えたという。名物教授ファインマンは、学生たちの人気者だった。

一九八六年一月二十八日十一時三十八分、ケネディ宇宙センターから打ち上げられたスペース・シャトル「チャレンジャー」号が、七十三秒後に大爆発を起こし、七名の乗組員が全員亡くなった。

当時のロナルド・レーガン大統領は、「未来は弱者のためにあるのではなく、勇者のためにあります。我々を未来へ導こうとしていたチャレンジャー号の乗組員の後に、私たちは勇気をもって続くことを誓います」と、亡くなった乗組員たちに賛辞を述べた。

その一方で、レーガン大統領は、この事故の原因を徹底究明しなければ、アメリカの宇宙開発計画の大きな障害となることを見越していた。彼は、即座に事故調査委員会を立ち上げるように、ＮＡＳＡに指示した。

事故から一週間後、ファインマンに調査委員会の一二名の中の外部委員として加わってほしいという依頼があった。この時点で、ファインマンは腎臓を片方と横隔膜を半分切除し、さらに血液癌に侵され、心臓も弱っている状態だった。そこで断ろうとしたところ、妻グウェネスが次のように言った。

「もしあなたがいなかったら、一二名の委員は団体で動き回って報告書を書くでしょうね。でもあなたがいたら、あなたは他の一一名とは違うところを蚊みたいにブンブン飛び回って調べ上げるに違いない。何か変なこととか奇妙なことがあるとしたら、それを見つけ出すのはあなたよ。でもあなたがいなかったら、それは見つからないまま終わってしまうかもね」

結果的に委員を引き受けたファインマンが中心になって明らかにしたのは、「固体燃料補助ロケット」の密閉用「Oリング」が発進時に破損し、ロケットエンジンが発生する高温・高圧の燃焼ガスが噴き出したことが原因だということだった。彼は聴聞会の席上で「Oリング」のゴムを氷水に浸し、ゴムが弾力性を失うことを実証してみせた。

チャレンジャー号は、さまざまな要因によって七回も打ち上げを延期されていた。当日のケネディ宇宙センターは、零下まで気温が下がり、技術者チームが再度の打ち上げ延期を求めたにもかかわらず、NASA上層部が打ち上げを決行した事実が明らかにされた。

ファインマンは、NASA上層部の「安全性評価基準」は現場の技術者の評価から「一〇〇〇倍」かけ離れていたと批判し、「科学技術が成功するためには、体面よりも事実が優先されなければならない。なぜなら、自然を騙すことは誰にもできないからだ」と述べている。

彼は、一九八八年に発行された最後の著作『人がどう思おうと構わない！（What Do You

Care What Other People Think?)』でチャレンジャー号事故に関わる倫理的な問題を詳細に分析している。このタイトルは、最初の妻アーリーンが彼を励ますために病院から出した手紙にあった彼の大好きな言葉である。

一九八八年二月十五日二十二時三十四分、六十九歳のファインマンは、カリフォルニア大学ロサンゼルス校医療センターで癌により逝去した。死の直前、長いあいだ意識不明だったファインマンが突然目を覚まし、「まだ死んでいないのか。もう一度死ぬなんて、実に退屈な話だ」と言った。このブラック・ジョークが、彼の最後の言葉になった。

19

第十九章

ニコラス・ティンバーゲン

動物行動学を確立し、ナチスに抵抗し、自閉症の原因を親に求めた天才

Nikolaas Tinbergen

1973年　ノーベル生理学医学賞

■温かく幸福な環境に包まれた少年時代

ニコラス・ティンバーゲンは、一九〇七年四月十五日にオランダのハーグで生まれた。ハーグは、居住者人口では、首都アムステルダムとロッテルダムに次ぐオランダで第三位の

都市だが、ビネンホフ地区には国会議事堂と首相官邸、その周辺には官庁や各国大使館などが立ち並び、実質的にはオランダの「政治的な首都」機能を果たしている。

ハーグには、「国際連盟」の主要機関として一九二二年に「国際司法裁判所」、二〇〇三年には「国際刑事裁判所」が設立された。現在のハーグには一五〇以上の国際機関が存在し、世界の「平和と司法の国際都市」ともみなされている。ハウステンボス宮殿やエッシャー美術館でも知られる北海沿岸の美しい都市である。

ティンバーゲンの父親ディルクは、グラマー・スクール（中等教育機関）のオランダ語と歴史の教師であり、中世オランダ語の研究者として著書も数冊上梓している。

母親ヤーネッタも同じ学校の教師で、オランダ語以外に、英語・ドイツ語・フランス語を自由に話せたという。両親とも冗談が好きで、子どもが好きで、何よりも教育熱心だった。夫妻は、生まれてきた五人の子どもたち全員を大学に進学させた。ティンバーゲンは、一家の三男である。

一九〇三年に生まれた長男ヤン・ティンバーゲンは、国家規模のマクロ経済学の「動学的モデル」を最初に確立した経済学者となり、一九六九年にノーベル経済学賞を受賞する。これまでのところ、兄弟でノーベル賞を受賞しているのは、ティンバーゲン兄弟だけである。

長女ヤコミエンは父親の後を継いでグラマー・スクールの教師となり、次男ディックはハーグのエネルギー庁の長官になっている。

ティンバーゲンよりも八歳年下で、彼と最も仲の良かった末っ子ルークは、フローニンゲン大学の生物学科の教授となったが、一九五五年に三十九歳の若さで自殺している。鬱病が原因だったが、当時、すでに世界的な研究業績を挙げていた長男と三男、そして政府の要人に出世していた次男に比べて、自分の才能を悲観したことが要因になったという見解もある。

のちにティンバーゲンは、温かく幸福な環境に包まれた幼少時代の思い出を、次のように述べている。

「私たちの両親には、芸術や自然などに関する多彩な趣味を持つ幅広い友人たちがいました。父親からは、絵を描く喜びを教えられました。楽しい休暇になると、田舎に滞在して、皆でスケッチ・パッドを持ち歩いて、何時間も過ごしたものです。それに演劇やコンサート、美術館やアートギャラリーにも、家族や友人たちと定期的に出掛けました」

幼少期から自然に生息する「野生動物」に興味を抱いていたティンバーゲンは、十二歳でグラマー・スクールに入学すると、さっそく「オランダ青少年自然研究会（Dutch Youth Association for the Study of Nature）」に入会した。十二歳から二十三歳までの学生たちが「自然」を研究する組織である。

ティンバーゲンは、高校生や大学生たちと一緒にオランダ各地の海浜や砂丘、牧草地や森、そしてオランダ特有の干拓地に出掛けて、「自然」のすばらしさを満喫した。

■ライデン大学とグリーンランド

高学に入学したティンバーゲンの成績は振るわなかった。というのは、彼がどの授業科目に対しても、単位取得に必要最低限なレベルしか勉強しなかったからである。その代わりに彼が熱中したのは、夏はフィールド・ホッケー、冬はアイス・スケートであり、積極的に参加し続けた「オランダ青少年自然研究会」の活動だった。

とくにティンバーゲンが「異様なほどの興味」を抱いたのは「生きている野生動物の生態」だった。

その反動として、彼は、生物を解剖して体内の構造を分析するような「学術的な生物学」に「嫌悪感」を持つようになった。そのため、彼は「生物学者だけにはなってはならないと決心していた」と、のちに述べている。

大学進学の時期が近づいても、ティンバーゲンは進路に迷っていた。父親ディルクは、ティンバーゲンが高校の科目の中では比較的得意としていた歴史学を薦め、長兄ヤンは、経済学のおもしろさを伝えて、社会科学を薦めたが、そのどちらにも乗り気になれなかった。

さて、ティンバーゲン家の友人たちの中に、ライデン大学教授の物理学者ポール・エーレンフェストがいた。エーレンフェストは、ヴェルナー・ハイゼンベルク〔第六章参照〕、ポール・

ディラック［第十一章参照］やエンリコ・フェルミ［第十二章参照］をはじめとする多くの若手研究者を指導した人物で、彼には「人を見る目」があった。

ティンバーゲンの生物に対する情熱を見抜いていたエーレンフェストは、ケーニヒスベルク大学の友人の生物学者に手紙を書いて、高校卒業後の夏季休暇にティンバーゲンが「ロシッテン鳥類観測所」で過ごせるように取り計らった。

ドイツ東プロイセンのバルト海沿岸にある「ロシッテン鳥類観測所」は、長く続く海岸線とクルシュー潟湖（しょうこ）のあいだに位置する世界初の鳥類自然研究基地であり、ケーニヒスベルク大学によって管理されていた。

「ロシッテン鳥類観測所」の研究者たちの助手として、活き活きとした夏を過ごしたティンバーゲンは、帰国後、「思い切って学術的な生物学に進む」と日記に記している。エーレンフェストが見込んだ通り、結果的にティンバーゲンは生物の世界に飛び込むことにしたわけである。

一九二五年九月、ティンバーゲンはライデン大学の生物学科に進学した。しかし、やはり老教授たちの授業には落胆するしかなかった。

ティンバーゲンにとって、大学における生物学は「事実のリストの無味乾燥な比較検討」で構成され、息苦しい教室で延々と講義が行なわれ、脳内で生物について思考するゲームにすぎなかった。

当時のティンバーゲンが憧れていたのは、ミュンヘン大学教授の動物学者カール・フォン・フリッシュの研究手法である。フリッシュは、長年ミツバチの野外研究を行ない、ミツバチがいわゆる「8の字ダンス」でコミュニケーションを取り、紫外線に鋭敏な感覚を持ち、さらに知的で複雑な行動を取ることを次々と発見していた。

そこでティンバーゲンは、「自分の正気を保つため、刺激的な課外プロジェクト」に自発的に取り組むことにした。彼は、生物学科の教授たちの手をまったく借りずに、「オランダ青少年自然研究会」の仲間たちと、課外で独自の研究を進めたのである。

彼は、カモメ科のセグロカモメとアジサシの縄張り、猛禽類やフクロウの行動、浜辺の貝殻の生態などを観察し、それらに関する論文をオランダの自然史雑誌に投稿した。

一九三〇年、大学卒業の年に、ティンバーゲンは三人の同級生と共に、ロッテルダム近郊デビア地域の自然環境に関する著書『フォーゲライ・ランド（鳥の島）』を上梓した。そして、彼は共著者の一人の妹エリザベート・ルッテンと交際を始めた。

この年の九月、彼は専攻を動物学に変更して、大学院に進学した。動物学科のヴァン・デア・クラウ教授は、ティンバーゲンの課外活動に基づく論文を高く評価し、三十七歳の若い講師ヒルデブランド・ボシュマの下で研究を続けるように指示した。

一九三二年にティンバーゲンが仕上げた博士論文「スズメバチの帰巣本能について」は、スズメバチに対する野外研究をまとめた成果だった。スズメバチのメスは、地面に五〇㎝ほどの穴を掘って「幼虫室」と呼ばれる部屋を幾つか作り、そこに獲物のミツバチを入れて、卵を産み付ける。生まれた幼虫は、餌のミツバチを食べて成長するわけである。

そこでティンバーゲンが行なった野外実験の一つは、スズメバチが巣を掘ると巣の周囲三〇cmを松ぼっくりで円形に囲み、スズメバチがミツバチ狩りに出かけると、松ぼっくりの円を移動させ、スズメバチが戻ってきたときどれだけ「混乱」するかを調べるものだった。

ティンバーゲンの博士論文は、一九三二年に『比較生理学研究（Zeitschrift für Vergleichende Physiologie）』誌に掲載されたとはいえ、それほど抜群の研究成果とはいえなかった。この論文はドイツ語で二九ページしかなく、過去のライデン大学で承認された最も短い博士論文となっている。

ただし、クラウ教授とボシュマ講師が高く評価したのは、ティンバーゲンが、あらゆる条件を制御して昆虫を観察する研究室における実験とは対照的に、「自然」な条件下で昆虫を観察し、その中で一つだけ条件を変える種類の野外実験を多く行なったことだった。この実験方法は、その後の野外研究にも大きな影響を与えた。

さらにティンバーゲンは、ハーグ人類学博物館が「国際極年（International Polar Year）」のイベントとして企画した派遣団の一員として、グリーンランドに向かうことになっていた。そこで、彼の将来性を考慮したうえで、クラウ教授とボシュマ講師は、特別に博士論文を急いで通過させたのである。

一九三二年四月十二日、二十四歳のティンバーゲンは博士号を取得した。その二日後の四月十四日には、二十歳のエリザベートと結婚している。「ニコ」と「リース」と呼び合う二人の新婚旅行は、グリーンランド東部の過酷な環境だった。

ここで二人は一年間、イヌイットの集団の中でテントに滞在し、犬ゾリで移動し、オットセイやセイウチを食べた。彼らは、博物館のためにイヌイットの道具や美術品を収集し、ティンバーゲンは、ユキホオジロとアカクビファラロープの縄張り行動を研究した。

一九三三年九月、グリーンランドから戻ったティンバーゲンは、ライデン大学動物学科でクラウ教授の研究助手として迎えられた。彼は、グリーンランドでの体験を多くの写真と共に掲載した著作『エスキモーランド』を一九三五年に上梓した。

やがてクラウ教授の代わりに講義も担当するようになったティンバーゲンは、学生に野外研究の重要性を説いた。彼は、動物学科の図書室のドアに「書物ではなく自然を研究せよ」と書いて貼った。

コンラート・ローレンツ

その後のティンバーゲンに大きな影響を与えるコンラート・ローレンツは、一九〇三年十一月七日にオーストリアのウィーンで生まれているから、ティンバーゲンよりも四歳近く年上ということになる。

ローレンツはウィーン大学医学部を卒業して医学博士号を取得後、「動物への異様な愛情」を満たすために再びウィーン大学で動物学を学び、動物学博士号も取得した人物である。

彼の研究で最も知られるのは「刷り込み」である。一般に「刷り込み」とは、短時間に与えられた特定の記憶が長時間にわたって個体に影響を与える一定の「学習」を指し、さまざまな動物の行動に観察されている。

ローレンツは、ハイイロガンの卵をガチョウに孵化させたところ、生まれてきたヒナがガチョウの後をついて歩き、その後もガチョウを母鳥と認識し続けることに気付いた。

さらに驚いたことに、ローレンツが人工孵化させた卵から生まれたハイイロガンのヒナは、ローレンツを母鳥だと思い込んで後を追いかけるようになった。そこで彼は、ヒナを抱いて寝て、一緒に散歩させて、池で泳ぎを覚えさせなければならなかった。

コンラート・ローレンツ
（1973年）

つまり、ハイイロガンのヒナは、卵から生まれて最初に見た動く対象を親鳥として瞬間的に認識する。だから、ヒナは、最初にガチョウを見ればガチョウを追いかけ、人間を見れば人間を追いかけるわけである。

この仕組みは、あたかもハイイロガンの脳内に親鳥が一瞬でプリントされたように思えたので、ローレンツはこれを「刷り込み（インプリント）」と名付けた。

鳥類の場合、ヒナの時点で同じ種類のトリの中で育たなければ、大部分のトリは、自分がどの種族に属しているのかさえ判断できなくなる。

たとえば、ニワトリに育てられたガチョウのヒナは、成長してからもガチョウではなくニワトリに求愛行動するようになる。セキセイインコが、生まれて最初に見たセルロイドのボールに求愛行動するようになった事例も観察されている。

だから動物園の飼育係は、自分が求愛行動されないように、トリの形をした手袋を嵌めて人工孵化しているわけである。

もっと興味深い例をローレンツが指摘している。ある年の冬、強い寒気をもたらす前線が停滞して気温が下がり、ウィーンのシェーンブルン動物園のシロクジャクが全滅の危機に瀕したことがあった。

そこで最後に残った一羽のオスのヒナを動物園中で一番暖かい部屋で育てることにしたが、それが第一次大戦直後の物資の不足した動物園では、ゾウガメの部屋だった。

そのシロクジャクは無事に成長したが、生涯にわたって他のメスのシロクジャクには目もくれず、巨大なゾウガメに向かって美しい飾り羽を扇状に開いて求愛を続けたのである。

ローレンツは、どんな動物とも会話のできる伝説のソロモン王の魔法の指輪に憧れて、『ソロモンの指輪』という自伝を書いている。

彼は、幼い頃から「動物への異様な愛情」を抱き、次から次へといろいろな種類の動物を家に持ち込んだが、彼の両親は一度も叱ったりせず、黙って見守ってくれた。父親はウィーン大学医学部の教授であり、子供が生物に関心を持つことに「驚くほど寛容」だったという。

ローレンツが結婚する頃には、彼の家は動物園のようになっていた。庭ではオウムやワタリガラスが飛び回り、家の中には「ローレンツ・アクアリウム」と呼ばれる巨大な水槽があって、さまざまな魚類や甲殻類が別世界を形成し、オマキザルやマングースキツネザルが部屋の中に棲息していた。

ローレンツの妻は、生まれてきた娘を放し飼いの危険な動物たちから守るために、巨大な檻に入れて庭に置いたという有名な逸話もある。動物ではなく、人間のほうを檻に入れたというわけである。その檻に入れられて育った娘も、のちに立派な動物行動学者になっている。

ある日、ローレンツが出かけているあいだに、グロリアという名前のメスのズキンオマキザルが、大騒動を引き起こしたことがあった。グロリアは、書斎の書棚の鍵の保管場所を探し当てて、小さな鍵を鍵穴に差し込んで扉を開き、ローレンツが大切にしていた高価な医学書二冊をズタズタに引き裂いて、水槽のイソギンチャクの上にバラバラに撒き散らした。

このイタズラに対して、ローレンツは怒るどころか、これほど綿密な計画性に基づいたグロリアの行動は「賞賛に値する」と褒めている。そのあとに「いささか高くついたが」と述べてはいるが……。ともかく、彼の動物への愛情は、何があっても止まることがなかった。

■ティンバーゲンとローレンツ

一九三六年、ライデン大学のクラウ教授は、「生物の本能」に関するシンポジウムを開催し、ウィーン大学のローレンツを招いた。そこで初めて出会ったティンバーゲンとローレンツは、意気投合して、夜中まで語り合った。

ここで興味深いのは、二人の天才の性格がかなり異なっている点である。

ティンバーゲンは、自然を愛してはいたが、あくまで「観察者」であり、動物や昆虫の行動を分析し、あるいはその行動を忍耐強くさまざまな実験によって確かめようとした。とくに興味深いのは、彼が生涯一度も、家庭ではペットを飼わなかったという事実である。

一方、ローレンツは数えきれないほどの動物を家で育て、動物とコミュニケーションを取り、直観的に「動物のモラル」を感じ取っていた。彼にとって、個々の動物は名前を付けた「家族」であり、その動物が亡くなると感傷的になって泣くこともあった。彼は「観察者」ではなく「体験者」だったわけである。

それでも二人の天才が意気投合したのは、どちらも「生きた自然」の中を「歩きながら不思議に思う」ことが好きで、死んだ生物を解剖して分析するような生物学を嫌悪していたからだった。その後、二人は、生涯の親友となった。

クラウ教授の推薦によって、ティンバーゲンは一九三七年の春学期にウィーン大学で研究することができた。彼は、ローレンツと一緒にガチョウを観察し、ガチョウがどのように見失った自分の卵を回収するか、いかにして空から飛び込んでくる捕食者を認識するか、生態を明らかにした。

また、帰国時にはドイツのミュンヘン大学に寄って、憧れのフォン・フリッシュ教授に会うこともできた。

一九四〇年五月、オランダはナチス・ドイツに占領された。オランダのユダヤ人は解雇され、強制収容所に送られた。一九四一年、ライデン大学の教職員の多くは、ユダヤ人同僚が不当な扱いを受けたことに抗議して、大学を辞職した。

一九四二年、オランダ全土の大学教授やマスコミ関係者をはじめとする知識人は、オランダ南部シント・ミヒエルスゲステルの聖職者養成学校に拘留された。

ナチス・ドイツは、オランダの地下組織によるゲリラ行為が発覚すると、その都度、報復として知識人を一人選んでは殺害した。しかも、見せしめにするため、首を吊った死体を皆に見せつけた。結果的に、ティンバーゲンが拘留された収容所では、二〇人が殺された。彼は二年間、いつ自分が選ばれるかわからない恐怖に脅え続けたのである。

■オックスフォード大学

第二次世界大戦が終結すると、ティンバーゲンはライデン大学に戻った。一九四六年には、アメリカの進化生物学者エルンスト・マイヤーの招きでニューヨークに行き、コロンビア大学で六回の連続セミナーを行なった。

帰国後の一九四七年、四十歳のティンバーゲンは、ライデン大学動物学科の教授に任命された。彼は、すでに多くの論文を発表して国際的に知られ、オランダでは異例の若さで教授に就任し、国際的な学会誌の編集者でもあった。家庭的にも四人の子どもたちに恵まれ、何不自由のない生活があった。

ところが、そのティンバーゲンが、二年後の一九四九年、突然イギリスに家族を連れて移住し、「教授」よりもはるかに地位の低いオックスフォード大学の「講師」となる道を選んだのである。

当時、彼の妻エリザベートは五人目の子どもを身籠っていた。四歳から十五歳の四人の子どもたちは、外国語である英語を使う新たな環境に適応しなければならなかった。それでもイギリスに到着した一家は、意気揚々としていたという。

ティンバーゲンを誘ったのは、彼のすばらしい課外研究方法を英語圏に広めるべきだと考えていたオックスフォード大学動物学科長のアリスター・ハーディ教授だった。

もちろんティンバーゲンにとっても、世界最高峰のオックスフォード大学に移籍することは、たとえ地位が下がっても、大きな誇りだったに違いない。

それに加えて、もしかすると彼は、ナチス・ドイツにあっけなく占領されたオランダに失望し、いつ首を吊られるかわからない恐怖の二年間の収容生活を送った国から出て行きたかったのかもしれない。

ティンバーゲンが一九五一年に上梓した『本能の研究』は、「動物行動学」の基本的な教科書として、英語圏の動物学界で高く評価され、世界中に翻訳されることになった。ティンバーゲンは、それまでのフリッシュとローレンツの研究成果に対する科学的基礎を明確にして、「動物行動学」が「科学」であることを示したのである。

とくに重要なのは、彼が動物の行動に対して、①至近要因（行動を直接引き起こすメカニズム）、②発達要因（行動を習得するメカニズム）、③進化要因（行動の適応についての進化論的な意味）、④系統発生要因（どのような祖先型の行動から進化したのか）のすべてを解明しなければ、「動物の行動」の説明としては不十分であることを立証した点にある。

これは「ティンバーゲンの四つの疑問」と呼ばれ、今でも動物行動学の基礎概念となっている。

一九五三年には『動物の社会行動』と『セグロカモメの世界』、一九五四年には『鳥の生活』を上梓し、一九五八年に野外研究についてわかりやすく解説した『好奇心旺盛な自然主義者』はベストセラーになった。

一九六二年、五十五歳のティンバーゲンはイギリス王立協会フェローに選出され、一九六六年にオックスフォード大学の教授に昇格した。

ティンバーゲンのもとには、世界中から野外研究者が集まり、研究室は活気に満ちていた。『マン・ウォッチング』で知られる動物行動学者デズモンド・モリスやケンブリッジ大学教授となるパトリック・ベイトソン、カリフォルニア大学バークレー校教授となるリチャード・ドーキンスといった著名な学者たちも彼の指導を受けている。

そもそもドーキンスが科学者を志すようになったのは、大学時代の次のエピソードに感銘を受けたからだと述べている。

「あるアメリカ人の生物学者が、オックスフォード大学に招かれて講演した際、こともあろうに、動物学科の著名な教授の理論を公然と反証してみせた。これに対して、当の教授は、講演が終わるやいなやステージに歩み寄り、講演者の手を力強く握り締め、感動冷めやらぬ声で言った。『君に何とお礼を言ったらいいのだろう。ありがとう、私が十五年間間違っていたことに気付かせてくれて』……」

ドーキンスを含めて、講堂にいた学生は、手が真赤になるまで拍手を送り続けたという。この「動物学科の著名な教授」というのが、ティンバーゲンだった。

ノーベル賞と自閉症

一九七三年のノーベル生理学医学賞は、「個体的および社会的行動様式の組織化に関する研究」に対して、フリッシュとローレンツとティンバーゲンの三人に授与された。

その受賞講演「動物行動学およびストレスによる病気」において、ティンバーゲンは「私たち受賞者三人は、つい最近まで『たんなる動物観察者』とみなされておりましたので、『生理学医学賞』をいただいて大いに驚いております」と話を始めている。

そして「私たちを生理学者とみなすことはどう考えても無理なことですから、私たち『科学目愛好科（scientia amabilis）』の三人を、非常に幅広く実践的な医学者の一部であるとみなされたものと理解しております」とジョークを交えて語っている。

そこから彼は「これまで古めかしい手法とされてきた『観察と疑問：見て不思議に思う方法』に基づいて『心理社会的ストレスと心理身体的病気』がどのように分析できるかをお話ししたいと思います」と述べて、残りの講演では、さまざまな人間の精神疾患とくに「自閉症」について語り、聴衆を大いに驚かせた。

ここでティンバーゲンは、彼の動物行動学の理論を人間の「自閉症」に適用して、その病因に対する「環境仮説」を提示している。それは、「自閉症」とは、幼児期に母と子の接触関係が不十分であるために子どもが「対人離脱」を引き起こし「コミュニケーション障害」が生じるという仮説である。

その仮説に基づき、ティンバーゲンは「自閉症」の治療として「保持療法」を勧める。ティンバーゲンによれば、「自閉症」を治療するためには、母親は、たとえ子どもから抵抗されたとしてもアイコンタクトを取り続け、さらに長時間、子どもを抱きしめなければならない。

さて、実際にはティンバーゲンの仮説は非常に推測的あるいは感情的に構成されており、とくに「自閉症」が遺伝的および神経的な脳疾患を原因とするという数多くの証拠と矛盾している。

さらに彼の勧める「保持療法」は、経験的に有意な効果がないことが立証されており、場合によっては、逆に子どもが狂暴化して危険な状況に陥る可能性も指摘されている。

というわけで、ノーベル賞受賞直後から、ティンバーゲンは、大いなる批判に晒され、一九七四年にはオックスフォード大学を辞職した。

晩年のティンバーゲンは、妻エリザベートと「自閉症」研究を続けて一九八三年に最後の著書『自閉症児：治療への新たな希望』を上梓したが、ここでも治療に「保持療法」を勧めているため、大きな非難を浴びた。その後の彼は引き籠り、家族と少数の友人としか会わなかった。

一九八八年十二月二十一日、八十一歳のティンバーゲンは、脳卒中により逝去した。

20

第二十章

ブライアン・ジョセフソン

超伝導体の量子効果を解明し、超心理学に傾倒する天才

Brian David Josephson

1973年　ノーベル物理学賞

■カーディフからケンブリッジ大学へ

ブライアン・ジョセフソンは、一九四〇年一月四日、英国ウェールズのカーディフで生まれた。

ウェールズは、英国（グレートブリテンおよび北アイルランド連合王国）の四つの連合王国の一つで、イングランド・スコットランド・北アイルランドと同じように自治権を有し、独自の議会によって運営されている。

現在も、ウェールズは、ヨーロッパ最古の言語といわれる「ウェールズ語」を英語と同等の公用語とみなし、小学校教育に取り入れている。その方針は徹底していて、ウェールズ王国の領域内では、公文書から道路標識に至るまで、すべて英語とウェールズ語で併記されている。

地理的には、ウェールズはグレートブリテン島の南西に位置し、アイリッシュ海に面している。カーディフは古来、ウェールズ王国の首都である。ロンドンから南西約二五〇㎞のウェールズ南端に位置し、カーディフ湾に囲まれた自然の景観豊かな都市である。

ジョセフソンの父親エイブラハムと母親ミミ（旧姓ワイズバード、一九一一―一九九八年）について、二人がユダヤ人であることはわかっているが、それ以上の家族に関わる情報は公開されていない。

というのは、ジョセフソンは二〇二四年四月現在、八十四歳であり、現役で仕事を続けているので、彼の家族のプライバシーが配慮されているためである。これまでにジョセフソンは「自伝」を公表することなく、彼の家族や彼自身のプライベートな記録も公開していない。

彼の少年時代でわかっていることは、ジョセフソンがカーディフ高校に進学し、そこで物理学の教師エムリス・ジョーンズによって「理論物理学に目を開かせてもらった」ということである。一九五七年九月、飛び級でカーディフ高校を卒業した十七歳のジョセフソンは、ケンブリッジ大学に進学した。

ケンブリッジ大学には、はるか昔から続く伝統の「トライポス」と呼ばれる卒業試験がある。「トライポス」とは「三脚椅子」のことで、学生たちが試験を受ける際に三脚椅子に座ったことから名付けられたという伝説がある。この試験の結果は公表され、成績優秀者は「ラングラー」と称されて特別扱いされた。

十七世紀から十九世紀に行なわれた「オールド・トライポス」は「上院試験」でもあり、成績優秀者は、文字通り政界や官界における将来の地位と栄誉を約束された。その意味で「トライポス」は、中国の「科挙」に類似した制度といえるかもしれない。

この伝統を引き継ぐ十九世紀のケンブリッジ大学トリニティ・カレッジの数学科は、とくに厳しい「数学トライポス」を課すことで知られた。受験者は、八日間に合計四十八時間にわたって一六の分野に及ぶ二〇〇以上の難問を解かなければならない。

この試験が「受験生の精神を消耗させ、多大なダメージを与える」ことは、進化論を生んだチャールズ・ダーウィンや数学者ゴッドフレイ・ハーディでさえ書き残している。

現代の「数学トライポス」は、一年次「数学パートⅠA」、二年次「数学パートⅠB」、三年次「数学パートⅡ」の試験に合格すれば、「数学学士号」を取得できる仕組みになっている。

ところが、一九六〇年六月、二十歳のジョセフソンは、大学二年次の終了時点で三つの試験すべてに合格して「数学学士号」を取得した。この事実から、ジョセフソンが数学で抜群に優秀であることは明らかだろう。

■「ジョセフソン効果」の発見

一九六〇年九月、数学を「無菌状態の学問」と感じたジョセフソンは、大学院では物理学を専攻することにした。彼が選んだ指導教官は、ケンブリッジ大学キャベンディッシュ研究所のブライアン・ピパード教授だった。ピパードは「超伝導体のコヒーレンス長」の概念を確立したことで知られる物性物理学の専門家である。

その前年の一九五九年、日本の東京通信工業株式会社（現在のソニー株式会社）半導体研究室の主任研究員を務めていた江崎玲於奈（えさきれおな）は、ゲルマニウム・トランジスタの不良品を解析するうちに、偶然、固体における「トンネル効果」を史上初めて発見した。

江崎が驚いたことに、ゲルマニウム・トランジスタのPN接合の幅を薄くしていくと、電圧を上げるほど逆に電流が減少する負性抵抗を示すようになった。

量子力学において、波動関数がポテンシャル障壁を超えて伝播する現象を「トンネル効果」と呼ぶが、その現象が半導体で生じたわけである。その後、「トンネル・ダイオード」は「エサキ・ダイオード」と呼ばれるようになった。

この実績を認められた江崎は、一九六〇年にアメリカのＩＢＭワトソン研究所に主任研究員として移籍する。同じ一九六〇年、アメリカのゼネラル・エレクトリック研究所でノルウェー出身のアイヴァー・ジェーバー主任研究員も、薄膜絶縁体を挟んだ超伝導体の間に「トンネル効果」が生じることを実験で示した。

ジョセフソンは、江崎とジェーバーの実験結果がなぜ生じるのか、その原因に強く関心を抱いて研究を開始した。その結果、一九六二年春、ジョセフソンは、一般に二つの超伝導体を弱く接合させると、超伝導電子対の「トンネル効果」によって「超伝導電流」が流れる現象を理論的に解明した。

数学に秀でた彼は、本来はミクロで生じる量子効果が、超伝導によってマクロな巨大量子状態で生じる「ジョセフソン効果」を数式で理論化することに成功したのである。

ジョセフソンは、六月八日、この理論を「新たな超伝導体トンネル効果の可能性（Possible Neweffects in Superconductive Tunnelling）」という論文に仕上げて、『フィジカル・レターズ』に送った。

この結果は、七月一日に公表されて、世界の物性物理学界に大きな衝撃を与えた。この業績により、一九六二年九月、二十二歳という異例の若さで、ジョセフソンは、トリニティ・カレッジのフェローに選出された。

一九六三年、アメリカのベル研究所の主任研究員フィリップ・アンダーソンが、ジョセフソンが数式で予測した通りの「ジョセフソン効果」が成立することを実験的に立証した。

ここで興味深いのは、一九六一年から一九六二年にかけて、三十九歳のアンダーソンがケンブリッジ大学で一年間招聘教授として過ごし、その間に講義を担当していたことである。アンダーソンは、当時の思い出を次のように述べている。

「私の講義をジョセフソンが受講していたことは、大変な迷惑だった。彼は、講義内容のすべてが正確でなければ気が済まなかった。少しでもミスがあると、彼は授業後に私のところにやってきて、そのミスについて延々と事細かに指摘するのだった」

ちなみに、アンダーソンは「磁性体と無秩序系の電子構造の基礎理論的研究」により、一九七七年にノーベル物理学賞を受賞する。

■ノーベル物理学賞受賞

ジョセフソンの「物理学トライポス」の試験官は、ケンブリッジ大学の物理学者デイビッド・ショーンバーグと学外から加わったオックスフォード大学の物理学者ニコラス・クルティが務めた。

その試験結果を見たクルティは、「このジョセフソンという奴は何者なのかね？　まるでバターをナイフで切るように試験問題を易々と解いているじゃないか」と驚いている。

一九六四年六月、ジョセフソンは「超伝導体の非線形伝導」に関する博士論文を完成させて、ケンブリッジ大学から博士号を取得した。

その翌年の一九六五年から一年間、ジョセフソンはアメリカのイリノイ大学アーバナ・シャンペーン校で招聘研究員として過ごし、一九六七年からはケンブリッジ大学研究員として超伝導体の研究を続けた。一九七〇年には、三十歳の若さで英国王立協会フェローに選出され、一九七二年、ケンブリッジ大学物理学科の専任講師に任命された。

一九七三年度のノーベル物理学賞は、ジョセフソンと江崎とジェーバーの三人に授与された。

その賞金の半分は「トンネル接合を通過する超電流の性質、とくにジョセフソン効果として知られる普遍的現象の理論的予測」により、ジョセフソンに与えられた。ここに「理論」を重視するノーベル賞選考委員会の意向が表れている。

残りの半分の賞金を「半導体内および超伝導体内の各々におけるトンネル効果の実験的発見」により、江崎とジェーバーが分け合った。

ノーベル賞といえば、名誉教授クラスの高齢者が受賞するのが普通である。ところが、この年の物理学賞は、三十三歳のジョセフソン、四十八歳の江崎、四十四歳のジェーバーと比較的若い三人に授与された。ジョセフソンは大学講師だが、江崎とジェーバーが株式会社の研究所主任研究員であることも異例だった。

ノーベル賞委員会が彼らへの授賞を急いだ理由は、当時すでに「ジョセフソン効果」が確立されてから十年が経過し、この効果が「トンネル・ダイオード」から「恒星内部の核融合」や「量子コンピュータ」に至るまで、幅広い物理現象に応用される可能性が高かったからだと思われる。

実際にＩＢＭワトソン研究所は、一九七〇年代後半から一九八〇年にかけて、「ジョセフソン効果」を超伝導体に応用した「ジョセフソン素子」を開発している。そのスイッチング速度は、従来のシリコン素子よりも数百倍速く、データ処理能力が大幅に向上する。

ただし、「ジョセフソン素子」は超低温で作動させなければならないため、液体ヘリウムで冷却するコストが掛かるが、その改良方法も現在進行中で研究されている。

一九七四年九月、ジョセフソンはケンブリッジ大学物理学科の教授に就任した。一九七六年にはキャロル・オリヴィエと結婚し、夫妻は一人の娘をもうけている。ここまでの彼の人生は、すばらしく順風満帆だった。

■「超越瞑想」と「超心理学」への傾倒

ここで少し、当時の社会状況を見渡してみよう。一九七〇年十二月に公表された「ザ・ビートルズ」の解散は、世界中を大騒ぎさせた。そのビートルズのメンバー（とくにジョージ・ハリソン）やアーティストが取り入れてイギリスとアメリカで大流行したのが、インドの宗教家マハリシ・ヨーギの「超越瞑想（TM：Transcendental Meditation）」である。

一般に、ヒンドゥー教の「聖人」は、財産をはじめとする所有物すべてを捨て去り、厳しい訓練を経なければ「悟り」に到達できない。

ところが、ヨーギは「人は悟りを達成するために、聖人になる必要はない」と断言し、現代人は、朝と夜に短時間の「超越瞑想」を行なうだけで、精神を安定させることができると主張した。さらに彼は、ほとんどの肉体的な病気は「超越瞑想」によって克服でき、望むままの「自己実現」ができると一般大衆に訴えかけた。

マハリシ・ヨーギ
（1975年）

「超越瞑想」とは、「マントラ（真言）」を十五分から二十分程度、心の中で唱えながら神経活動を抑え、意識を開放するという瞑想方法である。

この「超越瞑想」には初級から上級までいくつもの段階があり、「最高の境地」に到達すると座したまま「空中浮揚」できるといった宣伝文句もあった。ヨーギは、世界各地を講演して回り、「超越瞑想」関連グッズの売り上げだけで、巨万の富を築いた。

一九八〇年代から二〇〇〇年にかけて、日本で一連の凶悪犯罪を引き起こしたカルト教団「オウム真理教」も、ヨーギと類似した「超能力を獲得できる」という宣伝方法で多数の信者を獲得している。

この種の宣伝に踊らされて、社会的地位の高い人々や、偏差値の高い大学・大学院の卒業生がこのカルト教団に入信していたことは、のちに世間を大いに驚かせた。

これは拙著『反オカルト論』(光文社新書)で詳しく解説したことだが、実は社会的地位が高ければ高いほど、あるいは高学歴であればあるほど、いったんオカルトを信じ込むと、自分の知性や権力を総動員して「妄信」を弁護しようとするため、さらに自分が間違っていることを自覚できなくなる。

彼らは社会的影響力を持っているため、結果的にさまざまな分野で、恐ろしいほどの害悪を社会にもたらすわけである。

さて、ジョセフソンも一九七〇年頃から「超越瞑想」を実践するようになり、次第にのめり込んでいった。

さらに彼は、「テレパシー」(精神状態が直接他者の精神に伝播する「精神感応」)、「クリヤボヤンス」(視覚に頼らずに物の中身や遠隔地の視覚映像を得る「透視・千里眼」)、「サイコキネシス」(精神力で物体を動かす「念力」)などの「ESP」(超感覚的知覚)が、自然界に存在するに違いないと信じるようになった。

ここで問題なのは、三十三歳のジョセフソンがノーベル物理学賞を受賞し、ケンブリッジ大学教授に就任したことにより、社会的に「超一流の科学者」として認められていることである。

そこで大きな自信を得た彼は、多くの正統な科学者からは学問として認められていない「超心理学」を「妄信」し、逆に堂々と奇妙なことを主張するようになった。

一九七四年春、フランスのヴェルサイユ宮殿で、物理学者と生物学者が合同で開催する「生物物理学」国際学会が開催された。この会議を主宰したパリ第六大学教授の生物物理学者アンリ・アトランは、ジョセフソンの講演途中に大騒ぎが起きた様子を記している。

登壇したジョセフソンは、これから講演する内容の参考文献を黒板に書いた。それが、紀元前五世紀から紀元前二世紀に纏(まと)められたヒンドゥー教の聖典『バガヴァッド・ギーター』とヨーギの著書『超越瞑想と悟り：永遠の真理の書「バガヴァッド・ギーター」への注釈』だったので、聴衆の科学者たちは驚愕した。

次にジョセフソンは、彼自身が「超越瞑想」を実践して到達した特別な意識状態について、事細かに語り始めた。

次第にイライラし始めた科学者たちを代表して、ある物理学者が「我々は、君のおかしな妄信の話を聴きに来たのではない。ここが科学者の集まる学会であることに、君はもっと敬意を払うべきだ。この学会で話し合うのは、誰もが研究室で再現できる現象についてであって、君が心の中で何を意識したのかではない」と彼に向かって叫んだ。

するとジョセフソンは、「あなたたちも『超越瞑想』を実践すれば、私とまったく同じ境地に到達できます。その意味で『超越瞑想』には科学的な再現性があるのです」と言い返した。

それに対して、多数の科学者が口々にジョセフソンに反論を言い始めたため、事態は紛糾し、結果的に彼の講演会は中断されて終わった。

この事件で反省するどころか、逆にジョセフソンは五月にケンブリッジ大学にヨーギを招いて「超越瞑想」に関するシンポジウムを開催し、ヴェルサイユ宮殿で中断された自分の講演を心ゆくまで語り尽くした。

■「詐欺師」ユリ・ゲラー

当時、一世を風靡したユリ・ゲラーという人物がいる。彼は、一九四六年、イギリス委任統治領パレスチナのハンガリー系ユダヤ人移民の息子として生まれた。高校卒業後にイスラエル軍に入隊し、三年後に除隊して、ナイトクラブでマジック・ショーを行なうようになった。

そこで彼は、これから「手品」を見せるというと、聴衆は懸命にタネを見破ろうとするが、「超能力」を発揮するというと、逆に成功するように好意的に見守るという「大衆心理」に気付いた。それ以来、彼は自分のことを「超能力者」だと名乗るようになった。

ゲラーは、自分を大物に見せるために、当時の世界的人気女優ソフィア・ローレンと一緒に写った写真を合成して印刷し、ナイトクラブの客に配った。この稚拙な詐欺写真は、すぐに合成であることが見破られ、結果的に、彼はナイトクラブを解雇された。

一九七二年、アメリカに渡ったゲラーは、彼を売り出そうとする敏腕マネージャーと手を組み、その翌年から「超能力者」という触れ込みでテレビ番組に出演するようになった。

ゲラーの人気が世界的に爆発したのは、一九七四年以降、日本のテレビ番組に出演するようになってからである。彼は、当時の日本テレビの人気番組の数々に出演し、「スプーン曲げ」や番組の視聴者に「念力」を送って、止まっている時計を動かすようなパフォーマンスを行なった。

当時の時計は、現在のような「電子式」ではなく、大部分が「ゼンマイ式」だった。その内部の歯車には潤滑油が使われているが、油が固まって動かなくなることが多かった。

ところが、テレビの前でゲラーの指示通りに時計を握り締めたり振り回したりすると、時計内部の油が溶けて、再び動き出す時計もある。もともとテレビ番組の視聴者は膨大な母集団なので、「念力で時計が動いた」と思い込んでテレビ局に電話を掛けた視聴者の数も多かった。

その後、日本をはじめとする世界各国のテレビ出演で大儲けした彼は、アメリカとイギリスに広大な豪邸を購入して、優雅に暮らすようになった。そればかりではなく、彼は、多くの科学者や知識人に対しても、彼のことを「超能力者」だと信じ込ませた。

五十年以上も手品を趣味にしているサイエンス・ライターのマーチン・ガードナーは、「実は、手品師が最も騙しやすいのが科学者だ」と述べている。

「なぜなら、科学者の実験室では、何もかもが見たままの世界だからだ。そこには、隠された鏡や秘密の戸棚、仕込まれた磁石も存在しない。助手が化学薬品Aをビーカーに注ぐとき、こっそり別の薬品Bを代わりに入れることは、まずない。

科学者は常に物事を合理的に考えようとする。それまでずっと合理的な世界ばかりを体験してきたからだ。ところが、手品の方法は非合理的で、科学者がまったく体験したことがない種類のものなのだ」

手品師は「ハートのエース」を観客に見せて、裏返しにする瞬間に別のカードにすり替えておきながら、「これはハートのエースでしたね」と平気でウソをつく。何も隠していないように手の平を広げて見せながら、手の甲には物を隠している。要するに、あらゆる手段を尽くして観客を騙すことが、手品の目的なのである。

現代のデビッド・カッパーフィールドのような天才的な手品師になると、この「ウソ」を芸術的にまで高めて、「自由の女神」を消したり、壁を通り抜けたり、空中を浮揚してみせる。これらの現象は完全に自然法則に反しているわけだから、自然法則の専門家である科学者が、このような手品に騙されるはずはなさそうだが、ガードナーによれば、むしろ逆なのである。

さて、一九七四年、あっさりとゲラーに騙されたスタンフォード研究所の物理学者ハロルド・パソフとラッセル・ターグは、金属箱の中で振ったサイコロの目を当てるテストで、ゲラーの「透視力」を検証したと主張する論文を『ネイチャー』十月十八日号に掲載した。

ジョセフソンは、この論文を読んで「ＥＳＰ」が間違いなく存在すると確信するようになった。量子力学の局所実在論解釈で知られる物理学者デヴィッド・ボームのように、当時の物理学界の大家でさえ、ジョセフソンと同じようにゲラーを「本物」だと信じてしまった。

ロンドン大学キングス・カレッジ教授の物理学者ジョン・テイラーに至っては、ゲラーのことを「超能力」を有する「超人類」だとみなし、その能力を量子力学によって説明しようとする『スーパーマインズ』という著書まで上梓してしまった。

ところが、一九七五年、マジックの専門家ジェームズ・ランディが著書『ユリ・ゲラーの手品』を公表した。

ランディは、ゲラーが科学者や一般大衆を騙している状況を危惧して、「彼がやっていることは、すべて手品だ」と公言し、彼を出演させたテレビ番組に通報して自分を共演させるようにと主張した。実際に、ランディが目の前にいると、ゲラーはただの一度も「超能力」を発揮できなかった。

ランディは、スタンフォード研究所のパソフとタークの「透視」テストの不備を指摘し、まったく同じ状況で「透視」を行なってみせた。さらに『ユリ・ゲラーの手品』には、ゲラーの見せてきた「超能力」のすべてを手品で再現する方法が記されている。

ランディは、ゲラーのパフォーマンスを実演してみせたうえで、ゲラーは「超能力者」を自称する「詐欺師」だと呼んだ。このランディの活動によって「目が覚めた」テイラーは、自著『スーパーマインズ』の内容を全面的に否定して、この本を絶版にした。

ゲラーは、『インターナショナル・ヘラルド・トリビューン』に掲載されたランディの記事と、とくにゲラーを「詐欺師」と決めつけた発言に対して、名誉を傷つけられたとして、ランディに対する一五〇〇万ドルの名誉毀損訴訟を起こした。

しかし、一九九二年六月、合衆国コロンビア特別区裁判所は、この訴訟を却下し、逆に「自称超能力者」ゲラーに対して、制裁金約一一万ドルの支払いを命じた。つまり、アメリカ合衆国ではゲラーのことを「詐欺師」と呼んでも「名誉棄損に相当しない」ことが、裁判所によって公に認められたわけである。

■「ノーベル病」の代表者

一九七五年には、カリフォルニア大学バークレー校教授の物理学者フリッチョフ・カプラが上梓した『タオ自然学』が、世界中でベストセラーとなった。

現代物理学と東洋思想の融合を説くカプラの思想に感銘を受けたジョセフソンは、自然界の背景には、ビッグバン以前から「超越論的知性」が存在すると考えるようになった。彼は、一九七九年には「TMシディプログラム」として知られる「超越瞑想」の上級段階に進み、その広報を推進する「ＴＭ運動」の広告塔に祭り上げられた。

「ＴＭ運動」の主催者が作成したポスターには、ノーベル賞受賞者ジョセフソンが、床から数インチ浮いて「空中浮揚」する姿が合成されていた。このポスターを見て、「超越瞑想」を極めれば「空中浮揚」ができると信じて「ＴＭ運動」に身を捧げた青少年もいた。

このポスターを見て激怒したベル研究所のアンダーソンは、ジョセフソンの「ノーベル賞受賞者らしからぬ無責任な行動」を強く批判し、同時に「ジョセフソンは完全におかしくなった」と嘆いた。

一九八〇年、ジョセフソンは、ケンブリッジ大学大学院で神経医学を専攻していたインド出身のヴィラヤヌル・ラマチャンドランと「意識」に関するシンポジウムを開催し、その議事録を『量子力学と意識の役割』として上梓した。

『量子力学と意識の役割』では、ジョセフソンに加えてカプラやボームのような社会的地位のある物理学者が「量子力学」と「超越瞑想・超能力・意識」を癒合させるべきだという提言を行ない、その後の「ニューエイジ・サイエンス」の世界的流行に火を付けた。

一九九六年、五十六歳のジョセフソンは、ケンブリッジ大学キャベンディッシュ研究所内に「精神と物質の統合プロジェクト」を立ち上げた。このプロジェクトの目的として、彼は「将来の科学は、量子力学を組織化された複雑なシステムの現象学として考慮しなければならない。その現象の一面が『量子もつれ』であり、『超常現象』でもある」と述べている。

二〇〇一年、英国ロイヤル・メールが『ノーベル賞開設百周年記念』という記念誌を発行した。そこに英国のノーベル賞受賞者として、ジョセフソンは、次の言葉を寄せた。

「量子力学は、現在、情報理論と計算理論と効果的に統合しつつあります。この発展により、英国が研究の最前線にあるテレパシーのような、既存の科学では説明できない過程を解明できるようになるかもしれません」

この文章に対して、英国の多くの科学者が非難の声を上げた。英国の大多数の科学者は「テレパシー」のような「空想の産物」を研究などしていないからである。

その後、ジョセフソンが「水の記憶」（水が情報を記憶するという俗説）と「ホメオパシー」（「超希釈液」を用いる心霊療法）を擁護し、「常温核融合」（常温で核融合が生じるという疑似科学）を支持すると表明したことによって、彼の名声は完全に地に堕ちた。

エモリー大学教授の心理学者スコット・リリエンフェルドは、ノーベル賞受賞者が「万能感」を抱くことによって、専門外で奇妙な発言をするようになる症状を「ノーベル病」と呼んでいる。そして、彼は、ジョセフソンこそが「ノーベル病」の代表的な罹患者だと指摘している。

二〇〇七年、ジョセフソンはケンブリッジ大学教授職を退職した。ただし、その後も彼は「精神と物質の統合プロジェクト」を、彼のホームページで継続している。

ジョセフソンのホームページ（Brian Josephson's Home Page）には、「ケンブリッジ大学」

の校章が掲載され「キャベンディッシュ研究所」と明記されている。

　このホームページの最上段には「私のサインが欲しい方へ（Autograph Hunters Please Note)」というページがある。とてもノーベル賞を受賞した偉大な科学者とは思えない彼の人柄がよく表れているので、ここに訳出しておこう。

「私は、通常、皆さんの所有物に喜んでサインします。ただし、私のサインが欲しい方は、次の点に注意してください。

　私には、あなたの住所を封筒に書き写す仕事をする秘書がいません。私には、あなたに送るための写真がありませんし、あなたのためにウェブから写真を印刷する費用も私の研究費に含まれていません。私のサイン入り写真をご希望の場合は、あなたから私の写真をお送りいただく必要があります。

　私の研究費は、封筒や切手の購入には適用されません。どの言語であろうと『受取人払い』のロイヤル・メールも受け取りません。私からサインを返信してほしい場合は、あなたの住所を記載し、英国切手を貼った封筒を同封していただかなければなりません。……私の住所は次の通りです。トリニティ・カレッジ　ケンブリッジ　CB2 1TQ　イギリス」

　いかに彼が科学界で「ノーベル病」の罹患者と批判されようと、ケンブリッジ大学当局がノーベル賞受賞者ジョセフソンに最低限の敬意を払って、大学のアドレスを使用させていること だけは、明らかである。

21

第二十一章

キャリー・マリス

「PCR法」を確立し、女性とサーフィンを愛し、LSDに溺れた天才

Kary Banks Mullis

1993年　ノーベル化学賞

■爆発物の大好きな少年

キャリー・マリスは、一九四四年十二月二十八日、ノースカロライナ州レノアで生まれた。ノースカロライナ州は、アメリカ合衆国の南東部に位置し、州の東側は大西洋に面してい

る。北側にはバージニア州、西側にはテネシー州があり、南側はジョージア州とサウスカロライナ州に接している。

この地域は、数千年前から多くの種族のネイティブ・アメリカンが居住していたことで知られる。レノアは、ブルーリッジ山脈の山麓に位置する小さな村である。

マリスの父親セシルは、両親や親戚と一緒に牧場を経営していた。一九三七年三月、彼は七歳年下のバーニス・バーカーと結婚した。三十三歳のセシルと二十六歳のバーニスのあいだに生まれた一人息子が、マリスである。

幼少期のマリスは、祖父が一日に二回、朝と夕方に乳牛の乳を搾り、町の人々に届けるのに付いていくのが楽しみだった。マリスは、従弟たちと一緒に豚や鶏に餌を与えた。

夏の終わりになると、母親バーニスと祖母が裏庭のポーチでエンドウ豆やインゲンを剝き、リンゴや梨や桃の皮を剝くのを見ていた。剝いた皮は豚の餌になり、豆や果実は、煮沸消毒して乾燥させた瓶に詰めて地下室に保管する。これが、冷蔵庫のない家庭の食料保存方法だった。

マリスは、さまざまな小動物や昆虫の生態に興味をもった。とくに彼が観察したのは、祖父母の家の地下室に生息するクモの行動だったという。

マリスが七歳になると、母親バーニスが通信販売のカタログを見せて、その中から好きなクリスマスプレゼントを選ぶようにいった。

マリスは「ギルバート科学実験セット」を選び、クリスマスにプレゼントを受け取ると、すぐに実験を開始した。彼が何よりも興味を抱いたのは、どの薬品とどの薬品を混ぜ合わせると爆発が起こるのか、ということだった。

のちにマリスは、当時の「地元の薬局や金物屋は、子どものすることに対しては何であっても非常に寛容だった」と述べている。

彼は、今では用途を明確にしなければ購入できないような劇薬や危険物の数々を薬局で簡単に調達できた。三〇ｍの導火線を金物屋に買いに行った際には、店員が「銀行でも爆破するつもりかい」と笑いながら言って、問題なく売ってくれたそうだ。

マリスは、入手した硝酸アンモニウムとアルミ粉を混ぜ合わせて、アルコールランプで温めた。溶液が真っ赤になって沸騰してきたので、慌ててランプを消したが、反応は収まらない。そして大音響とともに試験管が破裂した。ここで彼が生まれて初めて学んだのは、「おもしろくなければ、科学ではない」という彼が生涯抱き続けた思想だった。

ロケットを飛ばす高校生

一九五七年十月四日、世界最初の人工衛星「スプートニク1号」が、ソビエト社会主義共和国連邦によって打ち上げられた。この突然の出来事は、いわゆる「スプートニク・ショック」

を全世界に巻き起こした。

打ち上げに使われたのは、第二次世界大戦中に開発された大陸間弾道ミサイルを改良したロケットである。スプートニク1号自体は、直径約五八cm、重量約八四kgの小型衛星にすぎないが、仮に原子爆弾を搭載すれば、世界中あらゆる地域への攻撃が可能になる。

現在では「宇宙開発の幕開け」と呼ばれるスプートニク1号の成功も、冷戦下の緊張状態にあった当時は、恐るべき「軍事的脅威」とみなされた。

十一月七日に続けて打ち上げられた「スプートニク2号」には、五〇〇kgを超える生命維持用の気密室が備えられ、シベリアンハスキーの雑種の雌犬が乗せられていた。この犬が、史上初めて宇宙に飛び出た地球上の生命となったわけである。なお、この衛星は回収されなかったため、地球周回軌道を回り続けたのち、大気圏で燃え尽きた。

翌年の一九五八年、アイゼンハワー大統領は「アメリカ航空宇宙局（NASA：National Aeronautics and Space Administration）」を創設させた。ここから米ソ両国の熾烈な宇宙開発競争が始まったわけである。

さて、「スプートニク・ショック」の影響を受けたマリスは、さっそく裏庭でロケットの製作を始めた。燃料にしたのは硝酸カリウムとスクロースで、その混合比を見極めながらテニスボールの缶に詰めて、バーベキューグリルの炭火で熱した。

台所の窓から見ていた母親バーニスは「爆発で眼をやられないようにするのよ」と叫び、マリスは「注意しているから大丈夫だよ、ママ」と叫び返したという。実に長閑な家庭の光景といえるだろう。

一九五九年九月、ドレーハー高校に入学したマリスは、親友のアル・モンゴメリーと一緒に、ますますロケットの燃料実験に熱中するようになった。もともと、物理学や化学に興味をもつような生徒が少なかったため、科学の教員たちも彼らが放課後に科学実験室で好きなように実験することを黙認していた。

一九六一年四月十二日、当時のソ連は、史上初めて有人宇宙船「ボストーク1号」の打ち上げに成功した。一時間四十八分にわたる飛行で地球を周回したボストーク1号は、予定通りソ連領内への着陸に成功した。人類初の宇宙飛行士となったユーリ・ガガーリン少佐は、帰還後の第一声で「地球は青かった」と述べた。

その直後の五月二十五日、アメリカのケネディ大統領は「わが国は、一九六〇年代に、人間を月に着陸させて地球に無事帰還させるという目標を達成すべきである」という有名な演説を行なった。

連邦議会は、この国家的事業の推進を即座に承認し、有人月着陸ミッションを最大目標とする「アポロ計画」に対して、総額二〇〇億ドルを超える予算が確約された。

一方、マリスらのロケットも徐々に精度を上げていた。彼らは、カエルを乗せて二㎞近く上昇させたのち、無事にロケットを軟着陸させて、内部のカエルを生還させることもできた。

日本では、東京大学教授の工学者・糸川英夫が全長二三㎝のペンシルロケットを開発していた時代である。マリスらは、当時のアマチュアの高校生としては、抜群の成果を上げていたといえるだろう。

ところが、ある日、大事件が起きた。彼らの飛ばしたロケットが、ノースカロライナ州コロンビア・メトロポリタン空港に着陸しようとしていたＤＣ３型機にぶつかりそうになって、パイロットを大慌てさせたのである。この事件でＦＢＩの捜査を受けて大叱責されたマリスらは、自作ロケットの打ち上げを諦めざるを得なくなった。

■ジョージア工科大学

一九六二年九月、マリスはジョージア州アトランタのジョージア工科大学に進学した。ジョージア工科大学といえば、東部のマサチューセッツ工科大学と西部のカリフォルニア工科大学に並び、「南部のＭＩＴ」と呼ばれることもある名門工科大学である。南北戦争後の一八八五年、ジョージア州が南部の工業力を強化すべきだという理想に基づき設置した州立大学である。

マリスは、高校時代から交際していたリチャーズ・ヘイリーと結婚し、その直後に長女ルイーズが生まれた。その後の四年間の大学時代、彼は専攻した化学を猛勉強し、ルイーズのおむつを替えて面倒を見ながら、学費と家族の生活費を稼ぐ必要が生じた。

そのため、彼は大学の夏期休暇に化学試薬を取り引きする会社「コロンビア・オーガニック社」で働くことになった。当時の化学試薬は、化学的にはまったく同じ内容であっても、業種や用途によって違う名前が付いていた。

ちなみに、現在の病院の医師が処方する薬も、まったく同一成分であっても先発・後発によって別名が付いているので混乱することがあるが、これが薬品業界の慣例であるらしい。

マリスの仕事は、会社の注文リストと世界各国の薬品カタログを調べて、最も安く発注できる同一内容の試薬を発見することだった。そこでマリスは、会社が大きな損失を出していることに気づいた。

コロンビア・オーガニック社は、スイスの大手薬品メーカー・フルカ社から化学薬品Xを購入していたが、その価格として一g当たり一〇〇ドルを支払っている。

ところが、コロンビア・オーガニック社の倉庫には、実はXとまったく同じ化学式だが別名の化学薬品Yが何kgも保管されていたのである。しかも、コロンビア・オーガニック社は、この化学薬品Yをイリノイ州の薬品会社に二四ドルで卸していた！

つまり、両社のあいだに入っていたイリノイ州の薬品会社は、コロンビア・オーガニック社から化学薬品Yを一g二四ドルで買い取って利益を上乗せしてフルカ社に売り、フルカ社はそれに再び利益を上乗せしてコロンビア・オーガニック社に化学薬品Xとして一g一〇〇ドルで売っていたわけである。

しかも、マリスは、この取り引きを追跡調査した結果、コロンビア・オーガニック社が何年間も継続して損失を出していたことを突き止めた。

コロンビア・オーガニック社の社長マックス・ガーゲルは激怒して、フルカ社の社長をノースカロライナ州コロンビアの本社にまで呼びつけた。ただし、この事件は公表されず、薬品業界では比較的「よくある話」ということで、社長同士の話し合いで内々に処理された。

いずれにしても、社長は、大学生のアルバイトであるにもかかわらず、ここまで薬品の流れを突き止めたマリスを高く評価して、彼を夕食に招待した。この時点から、マリスはたんなるアルバイトではなく、社長ガーゲルの「友人に昇格した」と述べている。

次にマリスは、当時製造が中止されて品薄になっていた薬品を作ることにした。彼のガレージは猛烈な異臭を放ち、周囲から多くの苦情が出たが、彼は何度も苦労を重ねて独自の「純化法」を見出し、最終的に「ニトロソベンゼン」の結晶を抽出することに成功した。

当時、どこにも出回っていなかった「ニトロソベンゼン」は、一g当たり六ドルの大金になった。マリスが結晶を見せに行くと、そこまでの専門的な成果を上げるとは夢にも思わなかった社長は、大きな衝撃を受けた。彼は、マリスを「自分の養子にしてもいい」とまでいって、ボーナスを支払ったという。

■カリフォルニア大学バークレー校大学院

一九六六年九月、ジョージア工科大学を優秀な成績で卒業したマリスは、カリフォルニア大学バークレー校大学院に進学して生化学を専攻することになった。彼が博士論文の指導教官に選んだのは、ジョー・ニーランズ教授である。

ニーランズは、酵素化学の専門家で、とくに微生物の鉄分供給を解明したことで知られる。彼の研究室では「皆が自由に研究テーマを選び、楽しみながら研究していた」という。

のちにマリスは、「おそらくニーランズ教授は私のことを見て、この男は科学の世界では大成しないだろうと思っていたに違いない。というのは、私があまりにも多くのことに興味を抱きすぎていたからだ。その中でも最たる対象は、女の子たちだった」と述べている。

大学院時代、彼は最初の妻と離婚し、海岸でサーフィンを覚え、人類学や社会学など幅広い講義に出没し、いろいろな楽器を演奏し、多くの女性と交際した。そこで二度目の結婚をしたが、その相手とは一九七〇年代後半に離婚したことがわかっている。

「彼女は医学部の学生だった。結果的に、彼女は私を捨てて出ていった。よくある恋愛話だし、そのこと自体は何も気にしていない。しかし、当時はその事態に慣れるまでに三カ月も掛かってしまった」とだけ述べている。

一九六八年、二十四歳のマリスは、宇宙物理学に異常なほどの興味を抱き、その分野の論文を乱読した。当時のアメリカの大学にはマリファナやＬＳＤのような薬物が蔓延し、マリスはそれらによって「大きな気分」になった。

そこで彼は「宇宙に存在する物質の半分は時間を反転している」という大胆な仮説を立てて、宇宙の創生から終末までを論じる論文を書き上げた。マリスが冗談半分でこの論文「時間反転の宇宙論的考察」を『ネイチャー』誌に送ってみると、驚いたことに、この論文は受理されて掲載されたのである。

ジョー・ニーランズ
（1958年）

一九七二年八月、二十七歳のマリスはカリフォルニア大学バークレー校大学院より生化学の博士号を取得した。彼の博士論文は、ニーランズ教授の指導の下で微生物の「シデロフォア」を扱った研究に関する成果だった。

一般に、鉄分は体内で生成できないので、生物は食物から補給しているが、微生物は周囲から鉄分を取り込まなければならない。そのため、シデロフォアという物質を放出して鉄分を囲み、それを再び体内に吸収する。マリスの論文は、その構造を明らかにする内容だった。

その後、マリスは、一九七三年九月から一九七七年八月までカンザス大学医学部小児循環器科、一九七七年九月から一九七九年八月まではカリフォルニア大学サンフランシスコ校薬学部薬化学科で研究員を務めた。博士号取得後、いわゆる「ポスドク研究員」を六年間務めたわけだが、その間にアカデミックなポストは提供されなかったようだ。

ニーランズ教授は、マリスのことを「まったく倫理観に欠けて、誰もが御し難い自由奔放な精神の持ち主」と評していたが、マリスは、自分が女性とＬＳＤが大好きであることを隠そうとしなかった。おそらく、そのような評判が原因で、非常に優秀であるのもかかわらず、彼には大学のポストが提供されなかったのではないか。

「ＰＣＲ法」の確立とノーベル賞受賞

カンザスにいた当時のある日、薬物依存の傾向があるマリスは、睡眠効果のある抗ヒスタミン剤を飲んでいた。そして、笑気ガスのタンクのバルブを開いてプラスチック製のチューブを口に咥えたまま、眠ってしまった。目が覚めると、彼の口と舌は笑気ガスの凍傷で白く膨れ上がっていた。

彼は、その治療のために一カ月入院しなければならなかったが、そこで彼の世話をした看護師がシンシア・ギブソンだった。マリスは、彼女と三度目の結婚をして、二人の息子クリストファーとジェレミーをもうけたが、一九八一年に離婚している。

一九七九年九月、マリスは、ノーベル物理学賞を受賞した分子生物学者ドナルド・グレーザーが設立したバイオテクノロジー企業シータス社に入社した。

マリスは、シータス社で、さまざまなＤＮＡの断片を合成する作業を行なった。当時の彼は、会社の同僚である「美人」ジェニファー・ガーネットと同棲し、週末にはメンダシーノの森の中にある山荘で過ごすのが常だった。

一九八三年五月、金曜日の夜にマリスは、ジェニファーを助手席に乗せて、愛車のホンダ・シビックを運転していた。その運転中に突然、彼の頭の中に「ポリメラーゼ連鎖反応（ＰＣＲ：Polymerase Chain Reaction）」の方程式が浮かんだという。

彼は慌てて車を止めて、その方程式を鉛筆で封筒に書いた。あまりに焦ったため、鉛筆の芯が折れてしまったので、寝ているジェニファーのボールペンを探し出して書き続けたという。

それまでの方法では、ＤＮＡは細菌によって一ステップずつシャーレで増殖させるため、非常に長い時間が掛かった。当時ジェネティック社がヒトの神経因子のクローニングに成功して話題になったが、それには何カ月もの時間を要していた。

ところが、マリスの発見した「ＰＣＲ法」は「ＤＮＡポリメラーゼ」と呼ばれる酵素を巧妙に用いて、第一サイクルで二倍、第二サイクルで四倍と指数関数的にＤＮＡを増殖させるため、一〇回のサイクルで二の一〇乗の一〇二四倍、二〇回のサイクルで一〇〇万倍以上、三〇回のサイクルを繰り返せばＤＮＡを一〇億倍にも増殖できる。

この一サイクルに要する時間は二分程度なので、一時間もあれば一個のＤＮＡを一〇億個に増殖できるわけである！

この「ＰＣＲ法」は、今では新型コロナウイルスの検査で世界中に知られるようになったが、それ以上に、分子生物学に計り知れない飛躍的な進歩をもたらした。

たとえば「ＰＣＲ法」によって、犯罪現場に残された非常に僅かな血痕や毛髪や皮膚などからＤＮＡを増幅させて犯人を割り出すことができる。あるいは、化石の遺骨に残された微細なＤＮＡを増幅させることによって、人類の起源を探ることもできる。その他にも、応用の期待される分野は非常に幅広い。

ここでおもしろいのは、マリスが「ＰＣＲ法」の論文を『ネイチャー』誌に送付したところ、今度は掲載が「拒否（reject）」されたことである。

のちにマリスは、彼の突飛な宇宙論の論文を掲載した『ネイチャー』が、なぜ彼のノーベル賞級の論文を拒否したのか謎だと皮肉を述べているが、結果的に彼の論文は『酵素学方法論（Methods in Enzymology）』という非常に専門的な雑誌に掲載された。

要するに、マリスが「ＰＣＲ法」を発表した当時、『ネイチャー』の査読者をはじめ、多くの科学者やマリスの会社の同僚は、その応用可能性がどれほど幅広いか、その莫大で深遠な価値に気づかなかったのである。

マリスは「ＰＣＲ法」の発見によって、シータス社から一万ドル（当時の換算レートで約一〇〇万円）のボーナスを受け取っただけだった。

ところが、その後のシータス社は「ＰＣＲ法」の特許で莫大な利益を得て、さらにその特許を一九九一年にスイスの製薬会社ロシュ社に売却した。その売却費は、三億ドル（当時の換算レートで約三〇〇億円）だった。つまり、もしマリスがシータス社を辞めて自分で特許申請していたら、彼は億万長者になっていたわけである。

一九八六年、シータス社を退職したマリスは、「ＤＮＡプロファイリング」の専門家としていくつかの会社のコンサルタントを務め、ＳＦ小説を書いたり、新たなビジネスを起こしたりした。

一九九二年には、マリリン・モンローやエルビス・プレスリーといった亡き有名人のＤＮＡを増幅させて、それらのＤＮＡを内部に含む宝飾品を販売する会社を設立している。

一九九三年、マリスは「分子生物化学における手法開発への貢献」により、ノーベル化学賞を受賞した。

ストックホルムの授賞式に出席したマリスは、晩餐会でスウェーデン国王夫妻に軽口を叩いている。当時、国王夫妻の長女であるヴィクトリア王太子は高校生で、同じサークルの男子学生とのスキャンダルがスクープされたばかりだった。

マリスは国王夫妻に向かって「何といっても十六歳の女子学生ですから、少しだけ我慢していたら、すぐに忘れてしまいますよ。逆にこの経験を活かして、立派な大人へと成長されるに違いありません」と言った。

彼は続けて「私には息子がおりまして、王女の年齢にちょうどよい年頃です。この息子を王女の婿として差し上げましょう。その代わりに、私に国王の領土の三分の一を頂戴できればありがたいのですが……」と言ったという。

一九九三年度に「日本国際賞」を受賞したマリスは、日本を訪れている。授賞式で、当時の天皇皇后両陛下に挨拶した際には、美智子皇后に「sweety（可愛い子ちゃん）」と声を掛けて、周囲を仰天させた。

だが、美智子皇后は驚く様子もなく平然と微笑み、その後に「とても楽しい会話を交わすことができた」とマリスは述べている。

■『心の広場を裸で踊る』

ノーベル賞を受賞して有名人となったマリスは、自ら会社を起業して、血液中にウイルスや細菌が混在していないかを短時間で調査する方法や、病原体に対する生物の免疫機能を他の生物に応用する方法の発見に取り組んだ。

一九九五年には、悪名高い「O・J・シンプソン裁判」で、ロサンゼルス警察の血液保存方法やＤＮＡ鑑定方法にさまざまな不備があったことを証言した。

ノーベル賞受賞者のマリスが「ロサンゼルス警察科学捜査班のＤＮＡ鑑定は、車両ナンバーの二桁を見ただけで四桁の犯行車両を特定するに等しいほどズサンだ」と証言したことは、シンプソンを「無罪」に導いた陪審判決に大きなインパクトを与えたといわれている。

一九九八年、マリスは奇妙な題名の自伝『心の広場を裸で踊る（Dancing Naked in the Mind Field）』を上梓した。

その後、マリスは、エイズの原因は「ヒト免疫不全ウイルス（ＨＩＶ）」ではないという奇説を主張するようになる。また、フロンガスによるオゾン層の破壊のデータを否定し、「地球温暖化」そのものを立証するデータやエビデンスも「人為的」だと異議を申し立てている。

彼の自伝には、ＬＳＤや他の薬物に溺れて何が起こったか、友人と一緒にＬＳＤを使用した際に互いの目を見るだけでテレパシーできたという話、「占星術」を立派な学問とみなす認識、山荘で「光るアライグマ（実はエイリアンだったという）」と会話を交わしたエピソードが出てくる。

この自伝を読むと、彼自身の脳内で、どこまでが現実で、どこからが薬物の影響によるものなのか、彼自身にも識別できていないように映る。

もしかすると、マリスは「現実と夢」の境界など曖昧なものだという世界観を表明しているのかもしれない。だが、この自伝の発行によって、マリスは決定的に「エキセントリックで傲慢で奇怪な思想の持ち主」として評価されるようになった。

マリスを講演に招いた後、酷い目にあったと彼を強く批判するヨーロッパ臨床医学会会長ジョン・マーティンは、『ネイチャー』の取材に対して、次のように述べている。

「マリス博士の講演において、彼が映したスライドは、彼自身が撮影したという女性のヌード写真ばかりでした。これらを彼は芸術作品だと述べています。

次に彼は、現代の科学研究機関では、研究資金を獲得するために、多くのウソのデータやエビデンスの捏造が横行していると非難しました。とくに、彼が真面目なエイズ研究者を名指しで誹謗中傷したことは、許容できません。ヨーロッパ臨床医学会は、今後、二度とマリス博士を講演に招待しません」

晩年のマリスは、四度目の妻ナンシー・コズグローブと共にカリフォルニアのニューポート・ビーチで暮らした。二〇一九年八月七日、七十四歳のマリスは、肺炎により逝去した。

22

第二十二章

ジョン・ナッシュ

「ナッシュ均衡」を確立し、「プリンストンの幽霊」と呼ばれ、精神崩壊から立ち直った天才

John Forbes Nash Jr.

1994年　ノーベル経済学賞

■どんなことでも自己流に行なう少年

ジョン・ナッシュは、一九二八年六月十三日、アメリカ合衆国ウェストバージニア州ブルーフィールドで生まれた。

ウェストバージニア州は、北アメリカ大陸の東部に位置し、アパラチア山脈の内部に位置する。北東側にはメリーランド州、北側にはペンシルベニア州、北西側にはオハイオ州、南東側にはバージニア州、南西側にはケンタッキー州がある。「ウェストバージニア州」と名付けられたのは、南北戦争中、「バージニア州」が南部連合に加入した際、奴隷制度に反対する住民が立ち上がってバージニア西部に集結して独立したことに由来する。ブルーフィールドは、ウェストバージニア州マーサー郡最南部に位置する小都市である。

ナッシュの父親ジョン・ナッシュは、テキサス農業工科大学を卒業後、第一次世界大戦に中尉として赴任し、除隊後はアパラチア電力光熱会社（現在のアメリカン・エレクトリック社）に電気技術者として勤務した。彼は「礼儀正しく律儀で、あらゆる点で真面目で慎重」な性格だったという。

一九二四年九月、三十二歳のジョンは二十八歳のマーガレット・マーティンと結婚した。マーガレットは、当時の女性としては珍しくウェストバージニア大学を卒業し、英語・フランス語・ドイツ語・ラテン語を教える語学教師だった。彼女は明るく快活で、周囲からは「生まれながらの教師」と呼ばれていた。

結婚から四年後に誕生した一人息子が、ナッシュである。父親は、息子に自分の名前ジョンを引き継がせた。その二年後の一九三〇年、妹のマーサが生まれた。

幼少期のナッシュは、近所の子どもたちと遊ぶのが嫌いで、部屋に引き籠って一人でぼんやりするのが常だった。妹マーサは、男の子たちに交じってフットボールで遊び、プールで泳ぐのが大好きだったが、それとは対照的に、兄のナッシュは家の中に引き籠り、絵本を読むか、一人でおもちゃの飛行機やラジオを分解したりした。

ナッシュは、鉛筆を持つと棒のように握り締めて、字を書くのも驚くほど下手だった。黙っているかと思うと、突然一方的に話し出して止まらなくなった。この癖は小学校に入学してからも直らず、小学校四年時の成績表には「学習の習慣を身につけて、規則を守るように努力しましょう」と指摘されている。小学校の教師たちは、ナッシュのことを「成績不良児」と決めつけていた。

のちに妹マーサは、幼少期のナッシュについて、「兄は、とても変わっていました。父も母もそのことをよく知っていました。同時に、兄が群を抜いて頭のよいことも理解していました。兄は、どんなことでも自己流に行なわなければ気が済まない人だったのです」と述べている。

ナッシュの小学校四年時の成績表によると、算数は「Bマイナス」（一〇段階評価で四）である。担任の教師は「お宅のお子さんは算数が得意ではありませんね」とナッシュの母親マーガレットに告げたが、彼女はまったく慌てなかった。なぜなら彼女は、息子が算数の問題を学校で習ったのとは違う彼独自の方法で解いていたことを、誰よりもよく理解していたからである。

この時期、両親はナッシュに『コンプトン百科事典』を買い与えた。この事典は、絵入りで児童にもわかりやすく書かれているが、全一五巻七七〇万語で毎年改定版が発行される充実した内容である。ナッシュは、何かに疑問を抱くと、この百科事典で調べ上げるのが癖になった。

「神童」あるいは「虫食い脳」

一九四一年十二月七日、大日本帝国がハワイの真珠湾を奇襲攻撃した。ルーズベルト大統領は、即座に大日本帝国に宣戦布告し、アメリカ合衆国が第二次世界大戦に参戦することを世界に宣言した。

その数日後、父親ジョンは、十三歳のナッシュと十一歳のマーサを車に乗せて山麓の荒野に連れて行き、二十二口径のライフルの撃ち方を教えた。万が一、日本兵がウェストバージニア州に攻めてきたら、応戦するためである。

合衆国政府は、十八歳から四十五歳のすべての男性に「連邦選抜徴兵登録庁」への徴兵登録を要求し、被徴兵者に十八カ月の兵役期間を義務付けた。このとき以来、ナッシュは、自分は将来徴兵されて戦争に行き、人を殺さなければならないのではないかという不安を抱くようになった。

父親ジョンは、どうせ戦争に行くのであれば、ウエストポイントの陸軍士官学校に進学して、兵隊に命令できる士官になればどうかとナッシュに勧めた。しかし、規則に縛られた寄宿舎生活にナッシュが耐えられるはずがないと、母親マーガレットが猛反対した。

中学校に入学したナッシュは、急激に数学と科学で優秀な成績を収めるようになり、周囲を驚かせた。彼は「神童」と呼ばれる一方で、彼の脳は「虫食い脳」だと陰口を叩かれることもあった。

ナッシュの脳の「数学・科学的思考」の部分は異様に発達しているが、一般的な「人間性・社会性」の部分は虫に食われて欠如しているという意味である。

十五歳のナッシュは高校に入学した。この時点で、すでに彼の数学の能力は教師の力量をはるかに超えていた。教師が苦労して長い証明を黒板に書くと、ナッシュはそれよりも二段階から三段階短い簡単な証明方法を指摘した。そのためナッシュは、数学の授業の代わりに、特別にブルーフィールド大学数学科の授業を受講することになった。

当時の高校の化学の教師は、次のように述べている。

「化学式の問題を黒板に書くと、生徒はそれをノートに書き写して、鉛筆を使って解くのが普通です。ところがナッシュは、身動き一つしませんでした。黒板の化学式をじっと見つめて、やがて静かに立ち上がって、正解を答えました。彼は、すべてを頭の中で処理したのです。鉛筆や紙には触れもしませんでした」

■カーネギー工科大学

一九四五年九月、飛び級で高校を卒業した十七歳のナッシュは、アメリカ全土で一〇人だけに与えられるウエスティングハウス奨学金を獲得して、全授業料を免除される条件で、ペンシルベニア州ピッツバーグのカーネギー工科大学に入学した。

当初、ナッシュは父親と同じように技術者をめざして化学を専攻したが、次第に「型にはまった授業が嫌で堪らなくなった」と自伝で述べている。なぜなら、彼の受けた化学の授業では「どうすればうまくピペットを扱い、いかに見事に溶液を滴下して化学反応を引き起こすか」を学ばされ、「いかに物事をうまく考えるか」は主題ではなかったからである。

すでに大学レベルの数学を理解していたナッシュは、大学院数学科の授業を受講していた。彼の能力を高く評価した数理物理学者リチャード・ダフィン教授は、彼に数学を専攻するように勧め、ナッシュもそれに従った。ナッシュの両親は、息子が将来、数学者として自立できるのかを心配したが、ナッシュにその心配はないと説得したのもダフィンだった。

大学寮で暮らすナッシュは、自分が男性に惹かれる傾向があることに気づき始めていた。ある日彼は、寝ている下級生のベッドに這い上がって言い寄ったため、それを拒絶した下級生から「ホモナッシュ」という綽名を付けられた。この噂は大学中に広まり、ナッシュは学生たちから嘲笑された。

当時の同級生は、「ナッシュは、完全に一人ぼっちでした」と述べている。「ナッシュは、何をしてもあまりに変わり者なので、周囲の物笑いの種でした」という証言もある。

「社会性が少しでも欠けていたり、人とは違う行動をする人間がいると、どうしてもからかいたくなります。それで僕らは、あらゆる方法で彼を苦しめました。今思うと、僕らは本当に思いやりのかけらもない嫌な人間たちでした。僕らは彼のことを『異常者』として扱っていたのです」

学生たちは、タバコの煙を神経質に嫌がるナッシュをからかうために、ナッシュの部屋の前で一パックのタバコ全部に火を付けてドアの下から煙を吹き込んだこともあった。

怒りを爆発させたナッシュが飛び出てきて、「この低能！　無知で無学なバカども！」と叫びながら、学生の一人につかみかかり、シャツを破いて背中に噛みついた。この様子を見て、ドアの前に集まった学生たちは、大爆笑した。

ところが、ナッシュが大学三年になる頃には、この状況は一変していた。彼は、すでに大学卒業のために必要な単位を優秀な成績で取得済みで、さらに大学院数学科修士課程の必須科目も修了間近だったからである。

毎晩、カフェテリアに陣取る「王様」ナッシュの前に、多くの学生が宿題を持って集まった。ナッシュは、まるでマジックのように、彼らの問題を即座に解いてやった。

彼は学生ばかりではなく、ダフィン教授にとっても頼りになる存在だった。一九四七年秋学期、ダフィンは数学者ジョン・フォン・ノイマンの著書『量子力学の数学的基礎』の証明を説明しているうちに、行き詰まってしまった。

講義を受講していた五人の大学院生も、全員が慌てた表情で、下を向いている。沈黙が続いたあと、ダフィンは、弱冠十九歳の学部生ナッシュに「私を助けてくれないかね」と声を掛けた。ナッシュは、その行き詰まりの原因を見事に説明してみせた。

この時期に大学で「国際経済学」を受講したナッシュは、各国間の合理的な交渉をどのように数学的に表現できるかに興味を持ち、「交渉問題」という論文にまとめた。この論文は、一九五〇年四月に経済学雑誌『Econometrica』に掲載された。

一九四八年六月、二十歳になったばかりのナッシュは、カーネギー工科大学より数学の学士号と同時に数学の修士号を取得して卒業した。

■プリンストン大学大学院と「囚人のジレンマ」

一九四八年九月、ナッシュはニュージャージー州プリンストンのプリンストン大学大学院に進学した。ダフィンがプリンストンの数学科長に宛てた推薦状には、「彼は数学的天才です

(He is a mathematical genius.)」と、一言だけ記してあった。
ナッシュの指導教授を引き受けたのは、アルバート・タッカー教授である。彼は、もともと位相幾何学を専門としていたが、第二次世界大戦が始まると「線形計画法」や「オペレーションズ・リサーチ」を研究するようになった。彼が発案したのが有名な「囚人のジレンマ」である。

二人の銀行強盗が警察に捕まったとする。検察官は二人に罪を認めさせたいが、二人の囚人は、もちろん刑期を短くしたいと願っている。そこで検察官は、二人を別々の独房に入れて、各々に次のように言った。

「お前も相棒も黙秘を続けたら、銀行強盗は証拠不十分で立件できない。せいぜい武器不法所持の罪で二人とも一年の刑期というところだろう。逆に二人とも銀行強盗を自白したら、刑期はそろって五年になる。しかし、今、お前が正直に二人で銀行強盗をやったと自白すれば、捜査協力の返礼としてお前を無罪放免にしてやろう。ただし、相棒は十年の刑期になるがね。どうだ?」

囚人は、相棒に協調して黙秘を続けるべきか、相棒を裏切って自白すべきか、考え込むだろう。さらに検察官は、次のように催促する。

「実は、お前の相棒にもまったく同じことを話してあるんだ。もし相棒が先に自白してお前が黙秘を続けたら、相棒は無罪放免だが、お前は十年も牢獄行きだぞ！　さあ、どうする？　急いで自白しなくていいのか？」

この状況で、二人の囚人は深刻なジレンマに陥る。もしお互いに黙秘を続ければ、一年の刑期で二人とも出所できるため、それが二人にとって最もよい結果であることは明白である。しかし、もし相棒が裏切ったらどうなるか？　相棒はすぐに出所して自由になるが、自分は十年間も牢獄に閉じ込められてしまう。

そこで、結果的に、二人の囚人はそろって自白して、どちらも五年の刑になってしまう。そして二人は刑務所で考え込むわけである。お互いが黙秘していればたった一年で済んだはずなのに、もっとうまくやる方法はなかったのだろうか。もっと「理性的」な選択はなかったのかと……。

さて、指導教官の提示した問題を考え続けたナッシュは、囚人のジレンマのような状況で、一方のプレーヤーが最適な戦略をとったとき、他方のプレーヤーもそれに対応する戦略を最適にするような「ナッシュ均衡」が存在することを証明した。

「均衡」あるいは「安定」という概念は、多くの科学分野に登場する。たとえば、紅茶に砂糖を入れ続けると、ある時点で化学的に「均衡」な状態になり、砂糖は溶けなくなって沈殿し、紅茶もそれ以上は甘くならなくなる。

ナッシュは、囚人のジレンマにおいても各自が最善を尽くす均衡状態があることを示したが、それは二人の囚人がどちらも「自白する」選択なのである。

この選択では、どちらの囚人も五年の刑になる以上、それが二人にとって最適とはいえないように映るが、黙秘して相手に裏切られて十年の刑になるよりはマシだということである。つまり最悪を回避するのが均衡なのである。

一九四九年の秋学期、ナッシュは二人以上のプレーヤーが互いに競争関係にあり、プレーヤーの損得の合計がゼロではない「n人非ゼロサムゲーム」という難解な理論を公理化し、各プレーヤーの利得を最大化する均衡解「ナッシュ均衡」が一意的に存在することを証明した。

彼は、この成果を二七ページの短い博士論文「非協力ゲーム」に仕上げて、二十一歳の若さでプリンストン大学より博士号を取得した。

■フォン・ノイマン

「囚人のジレンマ」のように、相手の行動を予測しながら自分の行動を決定しなければならないという状況は、チェスや囲碁や将棋のようなゲーム、ポーカーのようなギャンブルや株式市場の動向、個人間から国際間のあらゆる交渉、そして戦略や戦争に至るまで、社会における人間活動全般に見られる。

このような状況を一般的に数理モデル化したのが「ゲーム理論」であり、それを創始したのがフォン・ノイマンである。

彼は、一九二八年に発表した論文「ゲーム理論」で「二人ゼロサムゲーム」を数学的に定式化し、それぞれのプレーヤーが利益を最大化し、損失を最小化する「ミニマックス戦略」をとる場合、そこに「鞍点（あんてん）」と呼ばれる均衡点が生じることを「不動点定理」を用いて示した。これが「ミニマックス定理」あるいは「ノイマンの定理」と呼ばれる重要な帰結である。

第二次世界大戦が始まると「ゲーム理論」が大きく注目されるようになり、プリンストン高等研究所のノイマンと経済学者オスカー・モルゲンシュテルンは、五年に及ぶ共同作業の成果として、一九四四年に英文六四〇ページの大著『ゲーム理論と経済行動』を上梓した。

この「記念碑的著作」において、ノイマンとモルゲンシュテルンは「二人ゼロサムゲーム」を「n人ゼロサムゲーム」に拡張し、さらに難解な「n人非ゼロサムゲーム」を定式化した。

ジョン・フォン・ノイマン
（1940年）

さて、「非協力ゲーム」を仕上げたばかりのナッシュは、意気揚々と自分の博士論文を持ってプリンストン高等研究所のノイマンに会いに行った。ノイマンのゲーム理論は「協力ゲーム」を基盤に扱い、「非協力ゲーム」についてはほとんど触れていない。

二十一歳のナッシュは、ノイマンの秘書に「先生が興味をお持ちになるに違いない新たなアイディアをお伝えしにきました」と言った。

当時四十六歳のノイマンは、高等研究所以外に陸海軍や政府機関など六つの委員会の主要メンバーであり、大統領からもさまざまな問題を直接相談される大統領科学顧問の立場にいた。そのノイマンに、アポイントメントもなく、突然面会を求めた二十一歳のナッシュの行動は、「社会性の欠如」の一端を示しているといえるだろう。

それでも人当たりのよいノイマンは、彼を自室に通すように秘書に伝えた。挨拶もそこそこにナッシュが自分の論文について話し始めると、ノイマンは首を傾けて黙って聞いていたが、ナッシュの話がまさに「ナッシュ均衡」にさしかかった場面で、「つまらない（trivial）！」と遮った。

ノイマンは「君の話の先にある結論は、不動点定理の応用にすぎない」と言って、二人の天才の面会は終わった。

この面会に大きく傷ついたナッシュは、その後二度とノイマンに接触しようとはしなかった。ここで非常に興味深いのは、この二人の天才の根本的な視点の相違である。

ノイマンは人間を本質的に「社会的な生き物」として捉え、人間は「協力ゲーム」によって合理的に進化するはずだという信念を持っていた。

ところがナッシュは人間を本質的に「自己中心的な生き物」として捉え、人間は「非協力ゲーム」によって不合理的な判断に導かれると考えたのである。

■マサチューセッツ工科大学

一九五一年九月、二十三歳のナッシュはマサチューセッツ工科大学に専任講師として赴任した。多くの大学院生よりも年下のナッシュには「子ども教授（kid professor）」という綽名が付けられたが、彼の研究活動は非常に充実していた。

ナッシュは、一九五〇年から五三年の三年間に五編の論文を発表したが、現在のゲーム理論の実質的な戦略論は、すべてこの時期の彼の業績を基礎としている。とくに人間の不合理な経済行動や社会的ジレンマを説明するには、ノイマンの理論よりも適しているとみなされているわけである。

また、純粋数学の分野では微分幾何学の「リーマン多様体への埋め込み問題」で大きな成果を上げ、ナッシュの論文は一九五六年の数学会誌に発表されて反響を呼んだ。

一方、安定した地位に上り詰めたナッシュの私生活は、大いに乱れた。彼は、一九五〇年から五三年の三年間に三人の男性と交際しては別離を繰り返した。

一九五四年には、看護師の女性エレノア・シュティアと交際して男児ジョンをもうけたが、「無教養な女とは結婚できない」と言って彼女との関係を周囲に隠し続けた。その後、ジョンは私生児として孤児院をたらい回しにされて、行方不明となっている。

一九五四年八月、大学が夏季休暇中にサンタモニカのランド研究所で研究調査を行なっていたナッシュは、「猥褻（わいせつ）物陳列罪」で警察に逮捕された。

彼は、深夜のパリセーズ公園のトイレにいた筋骨逞（たくま）しい男に近づき、自分の性器を見せてその男を誘ったが、実はその男は、おとり捜査中の警察官だったのである。この事件により、ナッシュはランド研究所を解雇されたが、それ以上の問題にはしないというサンタモニカ警察の温情措置により、本務校への影響はなかった。

一九五五年、二十一歳のアリシア・ラルデがマサチューセッツ工科大学に入学してきた。アリシアは、エルサルバドルの貴族の娘である。彼女はニューヨークで英才教育を受け、マサチューセッツ工科大学全体に一七名しかいない女性の一人として合格した。そして、「美しい黒の瞳を持つ」彼女が、数学科の若き天才ナッシュに憧れて恋したのである。

一九五七年四月、二十九歳のナッシュと二十五歳のアリシアは結婚した。二人はニューヨークのすばらしいアパートメントに友人たちを招き「新婚生活の幸福」を見せつけたという。ところが、その二年後、一九五九年五月二十日にアリシアは男児ジョンを出産したが、そこに父親ナッシュの姿はなかった。彼は、精神科病院に入院していたのである。

ちょうどアリシアの妊娠がわかった一九五八年夏、数学科の研究室に新聞を持って現れたナッシュは、彼だけにわかる暗号で宇宙人がメッセージを伝えていると言い出して、周囲を驚かせた。

教室に行くと、「ちょっと聞きたいんだが、君たちはなぜここにいるのかね」と尋ねて、学生たちを仰天させた。大学にいる「赤いネクタイの男」が彼に危害を加えるという妄想を抱いて逃走し、やがて彼の妄想は「ボストン中の赤いネクタイの男」にまで広がった。

精神科病院の医師たちは、ナッシュの病名を「妄想型統合失調症」と診断した。これは「精神の癌」とも呼ばれる難病で、彼は再起不能とみなされた。ナッシュは教授職を得る直前だったにもかかわらず、一九五九年にマサチューセッツ工科大学を辞職した。

■ノーベル経済学賞受賞

アリシアは、ナッシュの慣れ親しんだプリンストン大学近郊のアパートメントに引っ越して、彼の精神の安定を願った。

プリンストン大学数学科は、彼のために研究室を設置してくれた。が、幻想に苦しめられているナッシュは、大学構内を歩き回り、無人の教室で黒板に意味不明な記号を書き殴り、学生たちから「プリンストンの幽霊」と嘲笑された。

ところが、一九八〇年代後半から彼の病状は奇跡的に回復し、九〇年代になると再び研究を始めることができるようになった。彼は妄想に支配された二十五年間を「精神の休暇」と呼んだ。

一九九四年、ナッシュは「非協力ゲームの均衡の分析に関する理論の開拓」により、数学者としては初めてのノーベル経済学賞を受賞した。

一九九八年に『ニューヨーク・タイムズ』の記者シルヴィア・ナサーが綿密な調査に基づくナッシュの伝記『ビューティフル・マインド』を公表すると世界各地でベストセラーとなり、二〇〇一年にはハリウッドで映画化された。

二〇一五年五月十九日、ナッシュは「リーマン多様体の埋め込み問題」への功績により、「アーベル賞」を受賞した。ナッシュ夫妻は、ノルウェーのオスロで行なわれた授賞式に出席した。アメリカに帰国した五月二十三日、空港から高速道路で家に向かう途中にタクシーが交通事故を起こし、八十六歳のナッシュと八十二歳のアリシアは、共に逝去した。

23

第二十三章

リュック・モンタニエ

「AIDSウイルス」を発見し、「ホメオパシー」を妄信した天才

Luc Antoine Montagnier

2008年　ノーベル生理学医学賞

■ナチス・ドイツに蹂躙された幼年時代

リュック・モンタニエは、一九三二年八月十八日、フランスのアンドル県シャブリで生まれた。

アンドル県は、フランス中央部のサントル＝ヴァル・ド・ロワール地域圏に属する農業地域である。シャブリはロワール渓谷の南に位置する村で、今でもウェールズウサギとヤギのチーズ、アスパラガスなどの生産地として知られる。

モンタニエは、自分の「モンタニエ（山の男）」という姓の由来は、彼の父親の家系がオーヴェルヌ地方の山岳地帯にあることだと推測している。プライバシーを考慮しているためか、彼の両親についての情報はほとんど発表されていない。わかっていることは、彼の父親が会計士で、母親は専業主婦であり、夫妻は一人息子のモンタニエを大切に育てたということである。

モンタニエの父親は、若い頃に「感染性関節炎」に罹り、そこから「大動脈弁狭窄症」を発症したため、身体を動かす仕事ができなくなった。そのため、兵役に不合格となり、座って仕事のできる会計士の資格を取得したという。

五歳のモンタニエは、家の前の道路を横断しようとしたところ、スピードを上げて田舎道を走ってきた自動車に撥(は)ねられて頭蓋骨骨折の重傷を負い、昏睡状態となった。だが、彼は「奇跡的」に二日後に回復し、しかも後遺症も残らなかった。のちにモンタニエは「私は完全に生まれ変わったのです」と述べている。ここに彼が将来、神秘主義的傾向を抱くようになる萌芽を見ることができるかもしれない。

一九三九年九月一日、ナチス・ドイツがポーランドに侵攻し、九月三日にイギリスとフランスがドイツに宣戦布告して、第二次世界大戦が勃発した。

七歳のモンタニエは、家族と一緒に親戚のブドウ畑でブドウを収穫している最中、届けられた新聞でニュースを知った。その一面には、ナチス・ドイツ空軍に爆撃されて廃墟のようになったポーランドの首都ワルシャワの写真があり、その光景が生涯、彼の目に焼き付けられたという。

一九四〇年五月、ナチス・ドイツはフランスに侵攻を開始した。ドイツ空軍は短期間にフランスの制空権を奪い、六月十四日に「無防備都市宣言」されていたパリに無血入城した。六月二十二日、コンピエーニュの森で「独仏休戦協定」が調印された。フランス軍は武装解除され、アルザス＝ロレーヌがドイツに割譲されたうえ、北部フランスはドイツ軍に占領された。

モンタニエの父親は、シャテルローの主要幹線駅の近くにあった家を捨てて、小さな車に妻と息子を乗せて南部に逃避した。彼らは、何度もドイツ空軍に空襲され、食料もほとんど入手できず、飢餓に苦しんだ。

モンタニエは「八歳の頃の私は、いつもチョコレートとオレンジのことを夢見ていました。私の身体は非常に小さいままで、四年間の戦争中に一gも増えませんでした」と述懐していることから、成長期に非常に辛い思いをしたことがわかる。

一九四四年六月には連合軍の進撃が始まり、モンタニエの家は連合軍によって爆破された。のちにモンタニエは、「フランスが解放されたことに対して、私は複雑な感情を抱いています。たしかにそれは大きな安堵感をもたらしましたが、同時に多くの人々、兵士ばかりでなく民間人が殺された光景や、強制収容所から解放されたガリガリにやせ細った人々の姿を今も忘れられません。私は、戦争とその残虐行為を生涯憎み続けています」と述べている。

戦後、モンタニエ一家は、フランス政府が被災者のために用意した家屋で暮らした。この住居は、フランスを占領したナチス・ドイツの兵隊が暮らした兵舎の一部が割り当てられたものである。行く当てのないモンタニエ一家に、選択の余地はなかった。

ポワティエ大学からパリ大学へ

飛び級で高校に入学したモンタニエは、図書館にあった科学の本を貪るように読んだ。とくに彼が興味を持ったのは、当時飛躍的な発展を遂げていた原子物理学と量子化学である。彼は地下室に化学実験室を作って、甘い香りのアルデヒドやさまざまな化合物を生成した。

一九四八年九月、十六歳のモンタニエは、ポワティエ大学に進学した。彼は、理学部と医学部の両方に籍を置き、午前中は病院で医学を学び、午後は大学で物理学と化学、植物学と動物学、さらに地質学を学んだ。当時のモンタニエが、いかに向学心に燃えていたか、よくわかる。

彼の指導を引き受けたピエール・ガヴォーダン教授は、専門は植物学であるにもかかわらず、その研究対象は植物をはるかに超えてDNA構造やタンパク質合成、バクテリアやウイルスなどの分子生物学に広がる「非常に型破りな教授」だった。

彼は、モンタニエに「新しい生物学」のすばらしさに目を開かせた。そこでモンタニエは、医学ではなく生物学を極めることを決意した。

一九五二年九月、飛び級でポワティエ大学を卒業した二十歳のモンタニエは、パリ大学大学院に進学した。彼は、パスツール研究所でバクテリアの世界に魅了され、ウイルスからヒトに関連する神経生理学と腫瘍学を専攻した。一九五五年、モンタニエは二十三歳の若さで、パリ大学キュリー研究所の助手に採用された。

一九五五年といえば、タバコなどの植物の葉にモザイク状の斑点ができる「タバコモザイク病」の原因が「タバコモザイクウイルス」による感染症であることが解明された年である。

一九五八年には、ロンドン大学の分子生物学者ロザリンド・フランクリンが、X線回折法により「タバコモザイクウイルス」の構造模型の作製に成功した。これらの成果が「ウイルス学者になるという私の使命を決定しました」とモンタニエは述べている。

■グラスゴー大学からパスツール研究所へ

一九六〇年、二十八歳で博士号を取得したモンタニエは、ロンドンのキングスレー・サンダース研究所に留学して「口蹄疫ウイルス」の研究を開始した。所長のサンダースは「典型的なイギリス人ではなく、オペラの作曲家でもある」という珍しい人物で、彼はモンタニエに自由に「ＲＮＡウイルス」の複製を解明する研究課題を与えた。

ここでモンタニエは、マウスの「脳心筋炎ウイルス」に感染した細胞からウイルスの「感染性二本鎖ＲＮＡ」を初めて特定した。モンタニエは、ＲＮＡが塩基対の相補鎖を作製することによって、ＤＮＡと同じように複製できることを証明したのである。

一九六三年、モンタニエはスコットランドのグラスゴー大学に発足したばかりのウイルス研究所に移籍した。ここには、腫瘍ウイルスの研究により一九七五年度ノーベル生理学医学賞を受賞するイタリア出身のレナート・ドゥルベッコをはじめ、世界各国からウイルス研究者が集まっていた。モンタニエは、ここで「発癌性ウイルス」の研究に着手する。

一九六五年、パリ大学キュリー研究所に戻ったモンタニエは、ドロシア・アッカーマンと結婚した。夫妻が三人の子どもをもうけたことまではわかっているが、家族のプライバシーを重視するモンタニエは、それ以外の妻子の情報を明らかにしていない。

いずれにしても、その後のモンタニエの研究と家庭生活は順風満帆に進んだようである。彼は、キュリー研究所の主任研究員として「発癌性ＤＮＡウイルス」の「ポリオーマ」の形質転換能力を検出し、この特性を多くの癌細胞に拡張できることを示した。さらに、現在では「レトロウイルス」として知られる発癌性ＲＮＡウイルスの複製に関する研究でもさまざまな成果を上げた。

一九七一年、分子生物学者ジャック・モノーが、フランスで最も由緒ある研究機関の一つである「パスツール研究所」の所長に任命された。モノーは、一九六五年にノーベル生理学医学賞を受賞し、著書『偶然と必然』で斬新な生命哲学観を示したことでも知られる博識な人物である。彼は、所長に就任した翌年の一九七二年、パスツール研究所に新たに「ウイルス研究科」を創設し、その責任者としてモンタニエを指名した。

ここでモンタニエは、ヒトの癌に関与するウイルス検出を最終目標として、レトロウイルスやインターフェロンの研究を開始した。

一九七五年、ネズミのレトロウイルスを専門的に研究していたパリ大学のフランソワーズ・バレ＝シヌシがモンタニエのチームに加わった。彼女は二十八歳で博士号を取得したばかりだったが、レトロウイルスの検出については凄腕である。モンタニエのチームは、一九七七年以降、パリのさまざまな病院から届く血液と生検のサンプルを使用して、ウイルス研究を進めた。

その成果の一環として、一九八〇年、モンタニエのチームは、炎症性乳癌細胞から培養したT細胞に「マウス乳癌ウイルス（ＭＭＴＶ）」のＤＮＡ配列を発見している。

■ＡＩＤＳウイルス発見に関する論争と裁判

一九八一年春、カリフォルニア大学ロサンゼルス校附属病院の医師マイケル・ゴットリーブは、世界で最初に「後天性免疫不全症候群（ＡＩＤＳ）」の患者を診察した。この患者は、かつて「カリニ肺炎」と呼ばれた「ニューモシスティス肺炎」に罹患していたが、この肺炎は免疫力が非常に弱い高齢者や幼児だけしか発症しないことで知られる。

彼は続けざまに、その患者と同じように信じ難いほど免疫システムの低下した四人の男性患者を診察して、驚愕した。ゴットリーブは「アメリカ疾病対策センター（ＣＤＣ）」に緊急報告書を送った。

その後、三カ月のあいだに、ニューヨークでも二六人の男性が「カポジ肉腫」という癌を発症した。この病気も、免疫システムが異様に低下した場合にしか発症しない。

これらの男性患者の共通点は、全員が同性愛者であることだった。そこで、この病気は当初「ゲイ関連免疫不全（ＧＲＩＤ）」と呼ばれた。ところが、その後、欧米各地で、血液製剤を利用する血友病患者や女性からも同様の症状が発見され、この病気が血液や性交渉によって感染することがわかってきた。

そこで、ＧＲＩＤの病名は「後天性免疫不全症候群：エイズ（ＡＩＤＳ）」に変更された。

ロバート・ギャロ
（2017年）

エイズの病原体は、血液製剤の濾過フィルターをくぐり抜けていることから、極めて微細なウイルスではないかと推測された。

一九八三年一月三日、パスツール研究所のモンタニエのチームは、パリのビシャ病院から送られてきたエイズ患者のリンパ節検体から、未知の病原体ウイルスを発見した。彼らは、これを「リンパ節関連ウイルス（ＬＡＶ）」と名付けた。彼らの論文は、一九八三年五月二十日付『サイエンス』誌に発表された。

さて、この『サイエンス』誌には、アメリカ国立衛生研究所のロバート・ギャロの論文も掲載されている。ギャロは、一九八〇年、白血病を発症させる「ヒトＴ細胞白血病ウイルス（ＨＴＬＶ－１）」を発見したことで知られる。彼は、ＡＩＤＳの病原体はＨＴＬＶ－１の類縁ウイルスに違いないと予測して、ＡＩＤＳを発症させるウイルスを「ＨＴＬＶ－３」と命名した。

一方、モンタニエは「ＬＡＶはまったく新たな病原体であり、ＨＴＬＶの類縁ではない」と彼の論文に明記している。この時点で、エイズの病原体がモンタニエの主張する「ＬＡＶ」なのか、ギャロの主張する「ＨＴＬＶ－３」なのか、世界中のウイルス研究者を巻き込んで、論争が始まった。

この年の十二月、ギャロはエイズ患者の血液サンプルから「ＨＴＬＶ－３」を抽出したと発表する。ここで非常に奇妙なのは、彼が発見した「ＨＴＬＶ－３」の遺伝子配列の特徴がモンタニエの「ＬＡＶ」に非常に近かったことである。つまり、ＡＩＤＳウイルスは「ＨＴＬＶ－1」の類縁だという彼の主張は、いつの間にか影を潜めたことになる。

それにもかかわらず、一九八四年四月、「アメリカ合衆国保健福祉省（ＨＨＳ）」が「ロバート・ギャロ博士がＡＩＤＳの病原体を発見」と報じたため、このニュースが世界中を駆け巡った。この報道を受けて、アメリカ特許庁は、エイズウイルスの検査薬の特許をアメリカ国立衛生研究所とギャロに優先的に与えた。

これに対して、フランスのパスツール研究所は、アメリカ政府を国際司法裁判所に提訴した。その主旨は、ギャロの検査薬はパスツール研究所のモンタニエらが発見した「ＬＡＶ」を利用して作製されているため、ギャロの特許権は無効だという主張だった。

この裁判は、双方の主張が入り乱れて決着がつかずに長引いた。そのまま裁判が長引けば、エイズウイルスの検査薬の大量生産が遅れ、世界中のＡＩＤＳ対策に支障が出てしまう。

当時のフランスのジャック・シラク首相とアメリカのロナルド・レーガン大統領は、一九八七年に異例の首脳協議を行ない、エイズ検査薬の特許権と特許料をフランスとアメリカで折半することに決定した。

ウイルス研究者の科学界における論争が国際的な裁判となり、結果的に政治的決着に到達するという、極めて珍しい事例になったのである。

■ノーベル生理学医学賞受賞

さて、モンタニエとギャロの論争の背景では、何が起こっていたのだろうか？

一般に世界各国のウイルス研究者は、論文を発表した後、相互にサンプルを公開する習慣がある。それは、とくに難病を生じさせる病原体を一刻も早く突き止めるために、協力して研究を進めるためである。

そのため、一九八〇年にギャロは「HTLV－1」のサンプルをモンタニエに送り、一九八三年にモンタニエは「LAV」のサンプルをギャロに送っている。「ギャロは、この『LAV』のサンプルを用いて『HTLV－3』を捏造した」というのが、最も簡単な解答と考えられる。

実際に、一九九二年、ギャロの研究室を公式に調査した「アメリカ研究公正局」は、「パスツール研究所で製造されたHIVサンプルの流用（the misappropriation of a sample of HIV produced at the Pasteur Institute）」があったことを認定し、ギャロが「研究不正」を行なったという判断を下している。しかし、ギャロは、あくまで「研究不正」ではなくサンプルが「混入」した結果だと主張している。

この問題を決着させたのは、二〇〇八年に三人に授与されたノーベル生理学医学賞だった。この年の賞金の半分は、子宮頸癌がウイルス感染によって発症することを発見したドイツのウイルス学者ハラルド・ツア・ハウゼンに与えられた。そして、残りの半分は「エイズ病原体の発見」に対して、モンタニエとバレ＝シヌシの二人に授与されたのである。

つまり、ノーベル賞委員会は、過去の論争を精査した結果、モンタニエのチームが発見した「ＬＡＶ」こそが「ヒト免疫不全ウイルス（ＨＩＶ）」であることを公式に認め、そこにギャロの名前はなかったわけである。

■晩年の「ノーベル病」

一九八三年から二〇〇八年に至るまで、モンタニエとギャロのエイズ病原体発見の先取権争いは、二十五年に及んだ。エイズ検査薬の特許料が膨大であることから、彼らの論争は、ウイルス研究者ばかりでなく、世界各国の製薬会社も巻き込んだ。

さらに、国際司法裁判所やフランス政府とアメリカ政府まで加わるという壮絶な展開を見せたわけで、モンタニエはジャーナリズムからも追い回された。この二十五年間の苦悩が、生真面目な研究者だったモンタニエの精神を大きく蝕んだのではないだろうか。

ノーベル賞を受賞した翌年の二〇〇九年、モンタニエは自分が編集委員長を務める雑誌に「バクテリアのＤＮＡ配列に起因する水性ナノ構造によって電磁信号が生成される」という論文を発表して、周囲を驚かせた。この論文は、「バクテリアやウイルスのＤＮＡが電磁波を発生させる」という奇想天外な説を主張している。

二〇一〇年六月二十八日、モンタニエは、ドイツのリンダウで開催された「ノーベル賞受賞者会議」で「物理学と生物学のあいだにおけるＤＮＡ」について講演した。これは「六〇人のノーベル賞受賞者が七〇〇人の科学者と共に、医学・化学・物理学の最新の進歩について話し合う」ための国際会議である。

そこでモンタニエは、「私は、ウイルス感染を検出する新しい方法を発見した。それはホメオパシーの教義と同じように、ウイルスを希釈させてその電磁波を見極める方法である」と述べて、参加した科学者たちを唖然とさせた。

「ホメオパシー」（「超希釈液」を用いる心霊療法）を非科学な詐欺商法とみなしているノーベル賞受賞者の多くは、あからさまに首を横に振りながら、会場から出て行った。

しかし、その後もモンタニエは「ホメオパシー」擁護を公に繰り返し、さらに水の分子がナノ構造を記憶するという「水の記憶」を妄信するようになった。彼は「ウイルスの含まれた水溶液を一〇の一八乗まで希薄すれば、理論的にはＤＮＡ分子が一つも残っていない計算になるが、それでもそこにはＤＮＡの電磁波が残っている」と述べている。

さらにモンタニエは、ほとんどの神経疾患が生じる原因も、水溶液中のウイルスとバクテリアのＤＮＡ配列が放射する電磁波にあると主張した。ノーベル賞受賞者モンタニエのこの種の発言を最も喜んで利用したのは、ホメオパシー協会や「水の記憶」で詐欺商法をあおる諸団体だった。

二〇一七年、フランスを中心とする一〇六人の医学者が「モンタニエ氏に警告する」という公開文を発表した。「私たち医学者は、本来は同僚であるはずのモンタニエ氏が、ノーベル賞の地位を利用して、彼の専門外の健康について、一般の人々に危険なメッセージを発している ことに対して警告します」という内容である。

第二十章で述べたように、エモリー大学教授の心理学者スコット・リリエンフェルドは、ノーベル賞受賞者が「万能感」を抱くことによって、専門外で奇妙な発言をするようになる症状を「ノーベル病」と呼んでいる。

そして、彼は、ブライアン・ジョセフソンこそが「ノーベル病」の代表的な罹患者だと指摘しているが、晩年のモンタニエも同様に代表的な罹患者といえそうである。

二〇二二年二月八日、八十九歳のモンタニエは、パリのヌイイ・シュル・セーヌで逝去した。死因は公表されていない。彼の死後、新型コロナウイルスに対するワクチン接種を批判していたモンタニエは、「口封じのために殺害された」のではないかという陰謀論も生まれている。

24

第二十四章

ロジャー・ペンローズ

「特異点定理」を証明し、「ペンローズ・タイル」を考案し、「量子脳理論」を妄信する天才

Roger Penrose

2020年　ノーベル物理学賞

■偉才の揃った家族

ロジャー・ペンローズは、一九三一年八月八日、イギリスのエセックス州コルチェスターで生まれた。

コルチェスターは、ロンドンの北東八〇㎞に位置する歴史的都市である。紀元四三年、ローマ帝国が北上してブリタニアを征服した際、要塞「カムロドゥノン」を首都に定めた。

その後、この都市を占領したアングロサクソン人が、ローマの「植民地（コロニア）」と「要塞（チェスター）」と呼んだのが、英語名「コルチェスター」の由来である。市内には、今も約二千年前にローマ人が築いた壁の遺跡が残り、イギリスで「最古の都市」と呼ばれている。

ペンローズの父親ライオネルは、一八九八年にロンドンで生まれ、ケンブリッジ大学医学部を卒業した。第一次世界大戦中は「良心的兵役拒否者」として英国赤十字社に勤務し、フランスの病院で奉仕活動を行なった。

その後、ケンブリッジ大学大学院に戻って精神医学を専攻し、医学博士号を取得した。とくに「統合失調症」の研究で著名であり、その症状を判定するための知能テストを開発したことでも知られる。

一九二八年、三十歳のライオネルは、ケンブリッジ大学医学部を卒業したばかりの二十七歳の医師マーガレット・リーセスと結婚した。マーガレットは「何事に対しても知的好奇心を抱き、ユーモアに溢れ、ユニークな心の繊細さを兼ね備えた女性」だという。

結婚後のライオネルは、コルチェスター市民の精神医学上の問題を追跡して、遺伝的要因と環境的要因を分析する「コルチェスター調査」と呼ばれるプロジェクトを主導した。一九三八年、彼はその調査報告書「精神障害一二八〇例に基づく臨床・遺伝研究」を発表し、その成果が高く評価されて、王立協会のフェローに選ばれた。

ペンローズ夫妻は、四人の非凡な子どもをもうけた。一九二九年に生まれた長男オリバーは、数学と物理学に優れた才能を示し、オープン大学とヘリオットワット大学で数学科の教授を務めた。ペンローズは、次男である。

一九三三年に生まれた三男ジョナサンは、心理学者でありながら一九五八年から一九六九年の間に一〇回もイギリスの「チェス・チャンピオン」となり、一九九三年には「グランドマスター」の称号を得ている。一九四五年に生まれた長女シャリーは、医師免許を取得し、さらにロンドン大学医学部教授として癌の遺伝的研究を行なった。

ペンローズの家族は、全員がチェスを楽しみ、夕食時には数学や物理学、遺伝学や精神分析学といった話題が飛び交った。十歳のペンローズは、幾何学に興味を抱き、画用紙を切り抜いて、さまざまな多面体を作った。

とくに彼に数学的思考の刺激を与えたのは、兄のオリバーだった。彼はペンローズよりも二歳年上であり、さらに飛び級で二年上級のクラスにいたため、弟よりも四年先の数学を学んでいた。

ロンドン大学からケンブリッジ大学へ

第二次世界大戦が終結した一九四五年、父親ライオネルはロンドン大学医学部の教授として迎えられた。長男オリバーと次男ペンローズは、父親の勧めるロンドン大学に進学した。その最大の理由は、教授の子息は授業料が全額免除されることにあった。

のちにペンローズは、「両親は、兄か私のどちらかに医学を継いでほしかったが、二人とも大学で数学を専攻したので、がっかりしていた」と述べている。

一九五二年、ロンドン大学数学科を最優秀成績で卒業したペンローズは、すでに兄オリバーが進学していたケンブリッジ大学大学院に入学した。オリバーは、大学院では物理学科で統計力学を専攻したが、何よりも純粋数学に興味を持っていたペンローズは、数学科で代数幾何学を専攻した。

ペンローズは、ケンブリッジ大学でとくに三つの講義に感銘を受けたと述べている。

第一はヘルマン・ボンディによる「魅力的な一般相対性理論」、第二はポール・ディラック［第十一章参照］による「まったく別の意味で美しい量子力学」、第三はストゥールトン・ステイーンによる「ゲーデルの不完全性定理とチューリング・マシンに目を開かせてくれた数理論理学」だった。

これらの三つのコースは「代数幾何学の専攻とは何の関連もなかった」にもかかわらず、ペンローズのその後の人生に大きな影響を与えていることが興味深い。

一九五七年、二十六歳のペンローズは代数幾何学の博士論文で博士号を取得した。彼の指導教官は、代数的不変式論や群論の研究で知られるジョン・トッドである。ペンローズは、あくまで純粋数学の研究者として博士論文を仕上げたことがわかる。

その後、ペンローズはケンブリッジ大学の研究員となったが、この頃から彼の興味は数学から物理学に移っていた。一九五九年、「NATO研究フェローシップ」を獲得したペンローズは、アメリカに渡り、プリンストン大学とシラキュース大学の客員研究員となった。

そこで二十八歳のペンローズは、アメリカ人のジョーン・ウェッジと結婚した。夫妻は三人の息子をもうけたが、一九八〇年代に離婚している。プライバシーに配慮するためか、ジョーンと息子たちに関する情報は公開されていない。

ペンローズは、一九六一年から二年間をロンドン大学研究員として過ごし、再びアメリカに渡って一九六三年にはテキサス大学オースティン校客員准教授として迎えられた。一九六四年、ペンローズはロンドンのバークベック大学専任講師に就任し、一九六六年に応用数学科の教授に昇進した。

■「特異点定理」によるノーベル物理学賞受賞

一九六〇年代のペンローズは、アルベルト・アインシュタイン〔第八・九章参照〕の一般相対性理論が予測する「特異点」の問題を数学的に追究した。物理的な「特異点」とは、「大きさがゼロで密度は無限大」であり、「重力場が無限大になって時空が崩壊する点」を意味する。

一九六五年、ペンローズは、一般相対性理論の帰結として、重力崩壊する恒星が「特異点」を実際に生じさせることを数学的に厳密に示した。これが彼の「特異点定理」である。

その後、ペンローズはケンブリッジ大学の宇宙物理学者スティーブン・ホーキングと共同研究を開始し、一九六九年には宇宙の初期状態も「特異点」であることを数学的に導いた。つまり、現在の宇宙のビッグバンは「特異点」から始まったわけである。

ホーキングは、二十一歳のときに飛び級でケンブリッジ大学大学院に進学した直後、「筋萎縮性側索硬化症（ALS）」を発症した。当初は余命四～五年と告知されたが、ホーキングの症状は奇跡的に進行が遅くなったため、彼は、それから五十五年間にわたって、最先端宇宙論に大きな影響を与える論文を発表し続けた。

一般に強く重力崩壊する星はブラックホールになるので、「特異点」もブラックホール内部に発生し、外部宇宙には影響を及ぼさない。

ところがブラックホール外部にも、ブラックホールという「服」をまとわない「裸の特異点」が存在する可能性がある。これは数学的に導かれた解の一つにすぎないが、現実に「裸の特異点」が存在するのは不気味である。

そこでペンローズが考案したのが「宇宙検閲官仮説」だった。要するに、宇宙は「特異点」をブラックホール内部に隠すように検閲するので「裸の特異点」は存在しないという仮説である。この仮説が正しければ、物理法則の限界に関わる必要もなくなる。

さて、茶目っ気のあるホーキングは、一九七四年十二月、カリフォルニア工科大学の宇宙物理学者キップ・ソーンと、はくちょう座X－1がブラックホールであるか否かについて、ヌード雑誌一年分を賭けることにした。

実は、それまでの観測結果から、二人ともX－1がブラックホールであることを確信していたが、ホーキングは自分の信念の反対に賭けた。

「ブラックホールが存在しないほうに賭けておけば、少なくとも賭けに勝ったという慰めを得ることができるからね」というのが、その理由である。この賭けに勝ったソーンは『ペントハウス』誌一年分を入手したが、それを見つけた彼の妻から大目玉をくらったという。

一九九一年九月、再びホーキングはソーンと「裸の特異点」が現れるかどうかの賭けをした。その後、ブラックホールの臨界状況を示す理論により、非常に特殊な状況下では「裸の特異点」が発生することがわかった。再び賭けに負けたホーキングは、今度はヌード女性を大きく描いたTシャツをソーンに送った。

一九九七年、ホーキングはソーンとの三度目の賭けで「一般的な条件下で『裸の特異点』は発生しない」を選んでいる。この答えは今も謎のままだが、ホーキングの賭けに負ける習性によれば、現実の宇宙に「『裸の特異点』は発生する」のかもしれない！

二〇二〇年度のノーベル物理学賞は、「ブラックホールの形成が一般相対性理論の強力な裏付けであることの発見」に対してペンローズに、「我々の銀河系の中心にある超大質量コンパクト天体の発見」に対してカリフォルニア大学ロサンゼルス校のアンドレア・ゲズとカリフォルニア大学バークレー校のラインハルト・ゲンツェルに授与された。もしホーキングが二〇一八年に逝去しなければ、彼も共同受賞していたに違いない。

オックスフォード大学とペンローズ・タイル

一九七三年、ペンローズはオックスフォード大学数学科の教授に就任した。それ以降の彼は、現在に至るまで、ずっとオックスフォードに暮らしている。

一九七〇年代のペンローズは、「非周期的なタイル張り問題」に関して優れた業績を残している。一般に「タイル張り問題」とは、「タイル」と呼ばれる特定の図形を用いて、互いに隙間がなく、重なりもないように平面を敷き詰める問題を意味する。

たとえば、一種類の「タイル」だけで「周期的」に平面を敷き詰めることができる正多角形は、正方形・正三角形・正六角形の三種類のみであることが古代ギリシャ時代から知られている。

一方、平行移動による周期性を持たない「非周期的」タイルの問題は難解で、これで平面を敷き詰めるためには二万種類以上のタイルが必要とされてきた。

ところが、ペンローズは、一九七四年、わずか六枚のタイルによる「非周期的なタイリング」を発見した。その後、彼は、不可能と思われていた二枚のタイル（辺の長さが等しく角が異なる二つの菱形）による「非周期的なタイリング」を発見して、多くの数学者を驚愕させた。これらの特殊なタイルは「ペンローズ・タイル」と呼ばれている。

さらにペンローズは、三本の角柱が直角に接続しているように映る不可能立体「ペンローズの三角形」や、正方形が九〇度ずつ折れ曲がって続き、上っても下がる不可能立体「ペンローズの階段」を考案した。これらの立体は、三次元上では制作不可能だが、二次元上では錯覚を利用して描くことができる。

これらの不可能図形は、オランダの画家マウリッツ・エッシャーの作品『滝』や『上昇と下降』などに大きな影響を与えた。

一方、ペンローズも以前からエッシャーのファンであり、彼のタイリングや不可能図形の研究は、エッシャーの作品に触発されたと述べている。ペンローズとエッシャーの幾何学における功績は、世界中で高く評価されている。

■不完全性定理の解釈

一九八八年、ペンローズはベネッサ・トーマスと再婚した。彼女はオックスフォード郊外にあるコークスロープ私立学校の校長で、その前には数学教師だった。夫妻のあいだには、新たに息子が一人生まれているが、プライバシーに配慮するため、それ以上の情報は公開されていない。

一九八九年、ペンローズは一般解説書『皇帝の新しい心：コンピュータと心と物理法則について』を上梓して、コンピュータと人工知能研究に大きな疑問を投げかけて、周囲を驚かせた。

ブラックホール物理学とタイリング幾何学の専門家として傑出した業績を評価されていたペンローズが、突然まったく別の研究分野に対して、猛烈な批判を始めたのである。

ペンローズが『皇帝の新しい心』で議論の出発点に置いているのは、不完全性定理である。これは論理学における業績であり、私の専門分野でもあるので、拙著『ゲーデルの哲学』（講談社現代新書）に基づき、少し詳しく説明しよう。

一九三一年、当時二十四歳のウィーン大学の天才論理学者クルト・ゲーデルが、「不完全性定理」を証明して、数学界に大きな衝撃を与えた。不完全性定理が、自然数論を含む「全数学」をはじめとする有意味な公理系が「不完全」であることを示したからである。

一般に、①一定の公理と推論規則によって構成され、②無矛盾であり、③自然数論を含む程度に複雑なシステムをSと呼ぶ。このとき、不完全性定理によれば、①Sには真であるにもかかわらず証明不可能な命題Gが含まれ、とくに②Sの無矛盾性を示す命題GはSにおいて証明不可能である。

いかなる有意味なシステムSも、真であるにもかかわらず証明不可能な命題Gを含むことから、全数学を汲み尽くすことはもちろん、自然数論や集合論でさえ汲み尽くすことはできないことが明らかになった。

クルト・ゲーデル
（1931年）

当然のことだが、この不完全性定理によって、すべての真理を証明することが不可能であることも明らかになった。つまり、一定の公理系によって、すべての真理を汲み尽くすことはできないのである！

一九三六年、ケンブリッジ大学の天才数学者アラン・チューリングが定式化した「チューリング・マシン」の概念によって、不完全性定理は「すべての真理を証明するチューリング・マシンは存在しない」という形式に拡張された。

チューリングによれば、アルゴリズムで表現できるすべての「思考」は、チューリング・マシンの「計算可能性」と同等である。

つまり、人間の「思考」がアルゴリズムに基づいて機能するのであれば、人間はチューリング・マシンと同等ということになる。そして、チューリングは「思考はアルゴリズムに還元できる」ことから「人間はチューリング・マシンである」と結論づけた。

これに対して、ゲーデルは「人間精神は、いかなる有限機械をも上回る」と考え、「人間精神は脳の機能に還元できない」と述べている。一九六一年、オックスフォード大学の哲学者ジョン・ルーカスは、このゲーデルの見解を再評価して、脳機能すべてをアルゴリズムに還元することは不可能だと主張した。実は、ペンローズは、この議論を出発点にしているのである。

ルーカスとペンローズの反論は、「決定問題」と「停止問題」にも関係しているので、少し説明しておこう。

「決定問題」とは、任意のシステムSにおいて、Sの命題Xが証明可能か否かを決定するアルゴリズムの存在を問うものである。一九三七年、プリンストン大学の論理学者アロンゾ・チャーチは、この問題を否定的に解決した。

つまり、特定の命題をSが導くか否かを事前に知ることはできないわけで、「任意のチューリング・マシンが何を導くかを事前に決定するアルゴリズムは存在しない」ことになる。

「停止問題」とは、任意のアルゴリズムが有限回のステップののちに停止するか否かを決定するアルゴリズムの存在を問うものである。チャーチと同じ一九三七年、チューリングは、この問題も否定的に解決した。

つまり、任意のアルゴリズムが停止するか否かを事前に知ることもできない。よって「任意のチューリング・マシンがいつ停止するかを事前に決定するアルゴリズムは存在しない」ことになる。

これらの定理が、チューリング・マシンの「限界」を示している点に注意してほしい。ゲーデルは、いかなるマシンもすべての真理を導けないことを示し、チャーチは、マシンが何を導くのかを事前に決定できないことを示し、チューリングは、マシンがいつ停止するかを事前に決定できないことを示した。

ゲーデルとルーカスとペンローズの主張は、一言でいうと、「チューリング・マシンの限界を示すこれらの定理を証明した人間は、チューリング・マシンよりも優れている」ということになる。

つまり、ゲーデルとルーカスとペンローズは、チューリング・マシンの「不完全性・非決定性・停止定理」を証明するためには、「アルゴリズムに還元できない思考力」が要求されると考えるわけである。

もし人間がチューリング・マシンであれば、数学的真理に到達する数学者の思考も、一定のアルゴリズムに基づくものになる。その場合、ペンローズによれば、数学者全員が同等の普遍的アルゴリズムに従っている必要がある。そうでなければ、数学者は、彼の理論を他者に伝達することもできず、数学の普遍性も説明できないからである。

ところが、人間ゲーデルは、その普遍的アルゴリズム自体に対する不完全性定理を証明し、他の数学者もその帰結を理解することができた。この点を矛盾とみなし、「人間はチューリング・マシンを上回る存在」だと結論づけるわけである。

さて、不完全性定理の証明は数学的に厳密に構成されていて、これを疑う専門家はいないが、ゲーデルとルーカスとペンローズの主張を疑う専門家は数多い。

というのは、高度に進化したアルゴリズムが不完全性定理を証明する可能性を否定できないからである。おそらく現在の多くの専門家は、「人間はチューリング・マシンである」というチューリングの見解に賛同しているはずである。

■「量子脳理論」と「ノーベル病」

一九九四年、ペンローズは『皇帝の新しい心』の続編に相当する一般解説書『心の影：失われた意識の科学の探求』を上梓して、さらに奇妙な「量子脳理論」を唱えるようになった。この新作で彼が注目するようになったのは「意識」の問題である。

ペンローズによれば、「人間の意識はアルゴリズムに基づいていない」ため「従来のチューリング・マシンのようなタイプのデジタル・コンピュータではモデル化できない」ことになる。それでは、人間の意識はどこで生まれるのか?

彼によれば「脳細胞の中にある微小管で計算不可能な量子作用」が生じ、そこに「意識」が生じるというのである。

ペンローズは、「臨死体験」も彼の「量子脳理論」で説明できるという。

「脳内の意識は、通常の宇宙に存在する素粒子より小さな物質であり、時空や重力の影響を受けない性質を持つ。この意識は、通常は脳内に存在するが、身体の心臓が止まると脳から出て拡散する。そこで身体が蘇生すれば意識は脳に戻り、身体が蘇生しなければ意識は宇宙に存在し続けるか、あるいは別の身体と結び付いて、生まれ変わるかもしれない」

この説明の「意識」を「魂」と置き換えれば、まるで仏教の「輪廻転生」と類似した発想になることがわかるだろう。

というわけで、ペンローズの「量子脳理論」は、多くの専門家から「完全な誤謬(ごびゅう)」「非論理的」「重大な欠陥のある妄信」であり、「トンデモな理論」だと大きな批判を浴びている。

たとえば、タフツ大学の認知科学者ダニエル・デネットは、次のように述べている。

「ペンローズによく考えてみてほしいことがある。ゴキブリの細胞にも、私たち人間と同じ微小管が存在する。その微小管にすばらしい量子的意識が存在するのであれば、ゴキブリにも人間と同じような意識があるというのか?」

ハーバード大学の宇宙物理学者ローレンス・クラウスは、次のように批判している。

「ペンローズは、量子力学が根本的に意識に関係するかもしれないと主張して、多くの非科学あるいは疑似科学のニューエイジ流行に活気を与えてしまった。『量子脳理論』という言葉を聞いたら、ウソだと疑うほうがよい。多くの専門家がペンローズの理論に疑念を抱いている。そもそも人間の脳は、独立した量子力学系ではないからだ」

ペンローズとブラックホールに関する共同研究を行なったホーキングも、「意識は神秘的な問題であり、量子も神秘的な問題であるため、ペンローズはそこに何か関連があるに違いないと思い込んでいる」と、ペンローズの推論の形式そのものを手厳しく批判している。

すでに第二十章で述べたように、エモリー大学教授の心理学者スコット・リリエンフェルドは、ノーベル賞受賞者が「万能感」を抱くことによって、専門外で奇妙な発言をするようになる症状を「ノーベル病」と呼んでいる。

そして、残念ながら、本書の最後を飾るペンローズは、ノーベル賞を受賞する以前から、ノーベル病に罹患していたように映る。

おわりに

一九四五年九月、日本政府は連合国に対する「降伏文書」に調印し、一九五二年四月まで連合国軍の占領下にあった。その閉塞した時代の日本人に大きな自信を与えたのが、一九四九年、日本人として初めて湯川秀樹がノーベル物理学賞を受賞したというニュースだった。

これは当時のことを知る物理学者から聞いた話だが、天皇を「現人神」と洗脳されていた人々の中には、湯川こそが「現人神」であり、その神を祀る「湯川神社」を設立すべきだという運動まで起こったそうだ。この運動は、湯川氏本人が固辞したため立ち消えになったそうだが、それほどまでにノーベル賞は凄まじい影響力を持っているわけである。

科学界における最高峰のノーベル賞を受賞した「神」のような天才に対して、彼らはどんなことに対しても知的に答えられるに違いないと周囲の人々は信じる。そこで天才たちに「万能感」が生じると、彼らは本書に何度か登場する「ノーベル病」に罹患するわけである。

たとえば、第十五章に登場するライナス・ポーリングは、化学界で驚異的な業績を達成し、世界平和を追求したため、ノーベル化学賞とノーベル平和賞を受賞している。人格的にも、DNA解明の競争相手だったジェームズ・ワトソンが「世界中を探しても、ライナスのような人物は一人もいないだろう。彼の人間離れした頭脳と、周囲を明るくする笑顔は、まさに無敵だ」と褒めるくらい、すばらしい人物である。そのポーリングが、なぜビタミンCを大量摂取すると、風邪も癌も治るという奇妙な学説を主張し始めたのだろうか。そもそも過剰に投与されたビタミンCは排泄される。しかも、ポーリングの学説は何度かの追試でもまったく確認されなかった。それにもかかわらず、彼は最愛の妻にビタミンC療法を施し、彼女の癌は完治せずに亡くなったのである。

ここで改めて、ポーリングがノーベル平和賞授賞式のパーティで、世界中から集まった大学生たちにかけた言葉を思い起こしてほしい。

「立派な年長者の話を聞く際には、注意深く敬意を抱いて、その内容を理解することが大切です。ただし、その人の言うことを『信じて』はいけません！　相手が白髪頭であろうと禿頭であろうと、あるいはノーベル賞受賞者であろうと、間違えることがあるのです。常に疑うことを忘れてはなりません。いつでも最も大事なことは、自分の頭で『考える』ことです」

さて、スコット・リリエンフェルドらの論文「ノーベル病：知性が不合理に陥る病」を学会誌に訳出したところ、それを読んだ早稲田大学名誉教授の物理学者・大槻義彦氏が「『ノーベル病』などあり得ない」という反論を発表された。大槻氏は、過去にノーベル賞の推薦委員であったこともあり、「これが本当なら座視できません」ということで、興味深い反論を提示されたのである。

大槻氏によれば、東京大学が学生に行なったアンケート調査では「オカルト志向者」が約三%であり、理系に絞ると約二%だった。また、大槻氏が早稲田大学理工学部で行なったアンケート調査でも、「オカルト志向者」は二・二%だったという。つまり、知識人一般の二〜三%は、もともと「不合理な人」ではないか、という推測が成立する。

過去のノーベル科学賞三賞（化学賞・物理学賞・生理学医学賞）の受賞者は約一〇〇〇名であるから、その二〜三%程度の二〇〜三〇名が「不合理な人」だとしても、それはノーベル賞受賞者に限った話ではなく、ごく自然な結果だということになる。したがって「『ノーベル病』などあり得ない」というのが、大槻氏の結論である。

たしかに、そのとおりかもしれない。一般に一〇〇人の知識人がいれば、二、三人は「変な人」がいるというのは、経験的にも大いに頷ける話である。ただし、やはり彼らとノーベル賞受賞者では、その影響力がまったく違う点に注意が必要である。ノーベル物理学賞受賞者ブライアン・ジョセフソンが空中に浮き上がったポスターを観て「超越瞑想」に引き込まれた若者も多い。一九八〇年代から二〇〇〇年にかけて、日本で一連の凶悪犯罪を引き起こしたカルト教団「オウム真理教」も、これと類似した「超能力を獲得できる」という宣伝方法で、社会的地位の高い人々や、偏差値の高い大学・大学院の卒業生をカルト教団に入信させた。

実は、社会的地位が高ければ高いほど、あるいは高学歴であればあるほど、いったんオカルトを信じ込むと、自分の知性や権力を総動員して「妄信」を弁護しようとするため、さらに自分が間違っていることを自覚できなくなる。彼らは社会的影響力を持っているため、結果的にさまざまな分野で、恐ろしいほどの害悪を社会にもたらしてしまうわけである。ここで私たちはもう一度、「いつでも最も大事なことは、自分の頭で『考える』ことです」というポーリングの「教訓」を胸に刻む必要があるだろう。

最後になったが、本書の内容は、二〇二二年三月〜二〇二四年一月に「天才の光と影：異端のノーベル賞受賞者たち」『Voice』（PHP研究所）第五三一号〜第五四二号［全一二回］および『WEB Voice』［全一二回］に連載した内容に加筆修正を行ない、「ノーベル化学賞・物理学賞・生理学医学賞の歴代受賞者（一九〇一〜二〇二三年）」・「参考文献」・「人名索引」を加えたものである。連載時から編集を担当し本書出版の機会を与えてくださったPHP研究所の白地利成氏に深く感謝したい。同時に、私が長年にわたって温めてきた「天才の光と影」という企画を連載として実現してくださった岩谷菜都美氏に深く感謝したい。

國學院大學の同僚諸兄、ゼミの学生諸君、情報文化研究所のメンバー諸氏には、さまざまな視点からヒントや激励をいただいた。それに、家族と友人のサポートがなければ、本書は完成しなかった。助けてくださった皆様に、心からお礼を申し上げたい。

二〇二四年二月二十三日

高橋昌一郎

ノーベル化学賞・物理学賞・生理学医学賞の歴代受賞者（一九〇一～二〇二三年）

＊受賞者名のあとの国名は、受賞時に所属していた大学や研究機関等の所在国を表す（ノーベル財団公式サイトより）。ゴチック体の受賞者は本書に登場する人物。

	化学賞	物理学賞	生理学医学賞
一九〇一年	J・H・ファント・ホッフ（独）＝化学熱力学の法則、溶液の浸透圧の発見	**W・C・レントゲン**（独）＝X線の発見	E・A・フォン・ベーリング（独）＝ジフテリアに対する血清療法の研究
一九〇二年	**E・フィッシャー**（独）＝糖類およびプリン誘導体の合成	**H・A・ローレンツ**（オランダ）、P・ゼーマン（オランダ）＝放射現象に対する磁性の影響の研究	R・ロス（英）＝マラリアに関する研究
一九〇三年	S・A・アレニウス（スウェーデン）＝電解質溶液理論の研究	A・H・ベクレル（仏）＝自発的放射能の発見、P・キュリー（仏）、**M・キュリー**（仏）＝ベクレルによって発見された放射現象に関する共同研究	N・R・フィンセン（デンマーク）＝狼瘡の光線治療法の研究
一九〇四年	**W・ラムゼー**（英）＝空気中の希ガス元素の発見と周期律におけるその位置の決定	レイリー卿（J・W・ストラット）（英）＝重要な気体の密度に関する研究、およびこの研究によりなされたアルゴンの発見	I・P・パブロフ（ロシア）＝消化生理に関する研究
一九〇五年	**A・フォン・バイヤー**（独）＝有機染料およびヒドロ芳香族化合物の研究	**P・E・A・レーナルト**（独）＝陰極線に関する研究	R・コッホ（独）＝結核に関する研究と発見

年	化学賞	物理学賞	生理学医学賞
一九〇六年	H・モアッサン（仏）＝フッ素の研究と分離、およびモアッサン電気炉の製作	**J・J・トムソン**（英）＝気体の電気伝導に関する理論および実験的研究	C・ゴルジ（伊）、S・ラモン・イ・カハール（スペイン）＝神経系の構造研究
一九〇七年	E・ブフナー（独）＝化学・生物学的諸研究および無細胞的発酵の発見	A・A・マイケルソン（米）＝彼が考案した精密光学機器マイケルソン干渉計とそれによる分光学および計量学の研究	C・L・A・ラヴラン（仏）＝疾病発生における原虫類の役割に関する研究
一九〇八年	**E・ラザフォード**（英）＝元素の崩壊、放射性物質の化学に関する研究	G・リップマン（仏）＝彼が考案した、光干渉に基づき鮮明に色を複製する手法	P・エールリヒ（独）、I・メチニコフ（仏）＝免疫の研究
一九〇九年	**W・オストヴァルト**（独）＝触媒作用、化学平衡および反応速度に関する研究	G・マルコーニ（英）、K・F・ブラウン（独）＝無線通信の進展への貢献	E・T・コッハー（スイス）＝甲状腺の生理学、病理学および外科学的研究
一九一〇年	O・ヴァラッハ（独）＝脂環式化合物の先駆的研究	J・D・ファン・デル・ワールス（オランダ）＝気体および液体の状態方程式に関する研究	A・コッセル（独）＝タンパク質、核酸に関する研究
一九一一年	**M・キュリー**（仏）＝ラジウムおよびポロニウムの発見とラジウムの性質およびその化合物の研究	**W・ヴィーン**（独）＝熱放射を支配する法則に関する発見	A・グルストランド（スウェーデン）＝眼の屈折機能に関する研究
一九一二年	V・グリニャール（仏）＝グリニャール試薬の発見、P・サバティエ（仏）＝微細な金属粒子を用いる有機化合物の水素化法の開発	N・G・ダレーン（スウェーデン）＝灯台や灯浮標などの照明用ガス貯蔵器に取り付ける自動調節機の発明	A・カレル（米）＝血管縫合および臓器の移植に関する研究

一九一三年
A・ヴェルナー（スイス）＝分子内の原子の結合に関する研究
H・カメルリング・オネス（オランダ）＝低温における物性の研究、とくにその成果である液体ヘリウムの生成
C・R・リシェ（仏）＝アナフィラキシー・ショックに関する研究

一九一四年
T・W・リチャーズ（米）＝原子量の精密測定に関する研究
M・フォン・ラウエ（独）＝結晶によるX線回折現象の発見
R・バーラーニ（オーストリア）＝内耳系の生理学および病理学に関する研究

一九一五年
R・ヴィルシュテッター（独）＝植物色素物質（クロロフィル）に関する研究
W・H・ブラッグ（英）、W・L・ブラッグ（英）＝X線による結晶構造解析に関する研究
受賞者なし

一九一六年
受賞者なし
受賞者なし
受賞者なし

一九一七年
受賞者なし
C・G・バークラ（英）＝元素の特性X線の発見
受賞者なし

一九一八年
F・ハーバー（独）＝アンモニア合成法（ハーバー・ボッシュ法）の開発
M・プランク（独）＝エネルギー量子の発見による物理学の進展への貢献
受賞者なし

一九一九年
受賞者なし
J・シュタルク（独）＝カナル線のドップラー効果、および電場中でのスペクトル線の分裂の発見
J・ボルデ（ベルギー）＝免疫に関する諸発見

一九二〇年
W・ネルンスト（独）＝熱化学の研究
C・E・ギヨーム（仏）＝インバー合金の発見とそれによる精密測定の開発
A・クローグ（デンマーク）＝毛細血管運動に関する調整機構の発見

一九二一年
F・ソディ（英）＝放射性物質の化学に関する研究
A・アインシュタイン（独）＝理論物理学に対する貢献、とくに光電効果の法則の発見
受賞者なし

一九二二年

F・W・アストン（英）＝非放射性元素における同位体の発見と質量分析器の開発

N・ボーア（デンマーク）＝原子構造と原子からの放射に関する研究

A・V・ヒル（英）＝筋肉中の熱生成に関する発見、O・マイヤーホフ（独）＝筋肉における乳酸生成と酸素消費の固定的関連の発見

一九二三年

F・プレーグル（オーストリア）＝有機化合物の微量分析法の開発

R・A・ミリカン（米）＝電気素量および光電効果に関する研究

F・G・バンティング（カナダ）、J・J・R・マクラウド（カナダ）＝インスリンの発見

一九二四年

受賞者なし

K・M・ジーグバーン（スウェーデン）＝X線分光学における研究および発見

W・アイントホーフェン（オランダ）＝心電図の機構の発見

一九二五年

R・A・ジグモンディ（独）＝コロイド溶液の研究およびコロイド化学の確立

J・フランク（独）、G・ヘルツ（独）＝電子の原子に対する衝突を支配する法則の発見

受賞者なし

一九二六年

T・スヴェドベリ（スウェーデン）＝分散系に関する研究

J・B・ペラン（仏）＝物質の不連続的構造に関する研究、とくに沈殿平衡についての発見

J・A・G・フィビゲル（デンマーク）＝寄生虫発癌説に関する研究

一九二七年

H・O・ヴィーラント（独）＝胆汁酸とその類縁物質の構造研究

A・H・コンプトン（米）＝コンプトン効果の発見、C・T・R・ウィルソン（英）＝霧箱（蒸気の凝縮により荷電粒子の飛跡を観察できるようにする方法）の考案

J・ワーグナー＝ヤウレック（オーストリア）＝麻痺性痴呆に対するマラリア接種の治療効果の発見

一九二八年

A・ヴィンダウス（独）＝ステリン類の構造およびそのビタミン類との関連性についての研究

O・W・リチャードソン（英）＝熱電子効果の研究、とくに彼に因んで命名されたリチャードソンの法則の発見

C・J・H・ニコル（チュニジア）＝チフスに関する研究

一九二九年　A・ハーデン（英）、H・フォン・オイラー＝ケルピン（スウェーデン）＝糖類の発酵研究
L・V・ド・ブロイ（仏）＝電子の波動性の発見
C・エイクマン（オランダ）＝抗神経炎ビタミンの発見、F・G・ホプキンズ（英）＝成長促進ビタミンの発見

一九三〇年　H・フィッシャー（独）＝ヘミンとクロロフィルの構造研究、とくにヘミンの合成
C・V・ラマン（インド）＝光散乱に関する研究と彼に因んで命名されたラマン効果の発見
K・ラントシュタイナー（米）＝ヒトの血液型の発見

一九三一年　**C・ボッシュ**（独）、F・ベルギウス（独）＝高圧化学的方法の発明と開発
受賞者なし
O・H・ワールブルク（独）＝呼吸酵素の特性および作用機構の発見

一九三二年　I・ラングミュア（米）＝界面化学の研究
W・K・ハイゼンベルク（独）＝量子力学の創始ならびにその応用、とくに同素異形の水素の発見
C・S・シェリントン（英）、E・D・エイドリアン（英）＝神経細胞の機能に関する発見

一九三三年　受賞者なし
P・A・M・ディラック（英）、**E・シュレーディンガー**（独）＝原子論の新しく有効な形式の発見
T・H・モーガン（米）＝遺伝における染色体の役割に関する研究

一九三四年　H・ユーリー（米）＝重水素の発見
受賞者なし
G・R・マイノット（米）、W・P・マーフィー（米）、G・H・ウィップル（米）＝貧血に対する肝臓療法の発見

一九三五年　F・ジョリオ＝キュリー（仏）、I・ジョリオ＝キュリー（仏）＝人工放射性元素の発見
J・チャドウィック（英）＝中性子の発見
H・シュペーマン（独）＝胚発生における誘導作用の発見

年	化学賞	物理学賞	生理学医学賞
一九三六年	**P・J・W・デバイ**（独）＝双極子モーメントおよびX線、電子線回折による分子構造の研究	V・F・ヘス（オーストリア）＝宇宙線の発見、**C・D・アンダーソン**（米）＝陽電子の発見	H・H・デール（英）、O・レーヴィ（オーストリア）＝神経刺激の化学的伝達に関する発見
一九三七年	W・N・ハース（英）＝炭水化物およびビタミンCの構造研究、P・カーラー（スイス）＝カロテノイド類、フラビン類、ビタミンAおよびB_2に関する研究	**C・J・デイヴィソン**（米）、G・P・トムソン（英）＝結晶による電子線回折現象の発見	A・セント＝ジェルジ（ハンガリー）＝生物学的燃焼過程、とくにビタミンCおよびフマル酸の触媒作用に関する発見
一九三八年	R・クーン（独）＝カロテノイド類、ビタミン類についての研究	**E・フェルミ**（伊）＝中性子放射による新放射性元素の存在証明および関連して熱中性子による原子核反応の発見	C・ハイマンス（ベルギー）＝呼吸調節における静脈洞と大動脈機構の役割の発見
一九三九年	A・ブーテナント（独）＝性ホルモンの研究（ナチス政権によって辞退させられ、戦後にあらためて受賞）、L・ルジチカ（スイス）＝ポリメチレン類およびテルペン類の研究	E・O・ローレンス（米）＝サイクロトロンの開発および人工放射性元素の研究	G・ドーマク（独）＝プロントジルの抗菌効果の発見（ナチス政権によって辞退させられ、戦後にあらためて受賞）
一九四〇〜四二年	受賞者なし	受賞者なし	受賞者なし
一九四三年	G・ド・ヘヴェシー（スウェーデン）＝化学反応研究におけるトレーサーとしての同位体の応用研究	**O・シュテルン**（米）＝分子線の手法開発への貢献と陽子の磁気モーメントの発見	C・P・H・ダム（デンマーク）＝ビタミンKの発見、E・A・ドイジー（米）＝ビタミンKの化学的性質の発見

年			
一九四四年	**O・ハーン**（独）＝原子核分裂の発見	I・I・ラービ（米）＝共鳴法による原子核の磁気モーメントの測定法の発見	J・アーランガー（米）、H・S・ガッサー（米）＝個々の神経繊維の高度に分化された機能に関する諸発見
一九四五年	A・I・ヴィルタネン（フィンランド）＝農業化学および栄養化学における研究と発明、とくに飼料保存法の開発	**W・パウリ**（米）＝パウリの原理とも呼ばれる排他原理の発見	A・フレミング（英）、E・B・チェーン（英）、H・W・フローリ（英）＝ペニシリンの発見、および種々の伝染病に対するその治療効果の発見
一九四六年	J・B・サムナー（米）＝酵素の結晶化の発見、J・H・ノースロップ（米）、W・M・スタンリー（米）＝酵素とウイルスタンパク質の結晶化	P・W・ブリッジマン（米）＝超高圧装置の発明と、それによる高圧物理学に関する発見	**H・J・マラー**（米）＝X線照射による突然変異体発生の発見
一九四七年	R・ロビンソン（英）＝アルカロイドの研究	E・アップルトン（英）＝上層大気の物理的研究、とくにアップルトン層の発見	C・F・コリ（米）、G・T・コリ（米）＝グリコーゲンの触媒的分解経路の発見、B・A・ウッセイ（アルゼンチン）＝脳下垂体前葉ホルモンの糖代謝における役割の発見
一九四八年	A・W・K・ティセリウス（スウェーデン）＝電気泳動装置の考案および血清タンパクの複合性に関する研究	P・M・S・ブラケット（英）＝ウィルソンの霧箱の手法の発展と、それによる原子核物理学および宇宙線の分野における発見	P・H・ミュラー（スイス）＝多数の節足動物に対するDDTの接触毒としての強力な作用の発見
一九四九年	W・F・ジオーク（米）＝化学熱力学への貢献、とくに極低温における物性の研究	**湯川秀樹**（日）＝核力の理論的研究に基づく中間子の存在の予想	W・R・ヘス（スイス）＝内臓の活動を統合する間脳の機能組織の発見、**A・E・モニス**（ポルトガル）＝ある種の精神病に対する前額部大脳神経切断の治療的意義の発見

一九五〇年　O・ディールス（西独）、K・アルダー（西独）＝ディールス・アルダー反応の発見とその応用

C・F・パウエル（英）＝写真による原子核崩壊過程の研究方法の開発および諸中間子の発見

E・C・ケンダル（米）、P・S・ヘンチ（米）、T・ライヒスタイン（スイス）＝諸種の副腎皮質ホルモンの発見およびその構造と生物学的作用の発見

一九五一年　G・T・シーボーグ（米）、E・M・マクミラン（米）＝超ウラン元素の発見

J・D・コッククロフト（英）、E・T・S・ウォルトン（アイルランド）＝人工的に加速した原子核粒子による原子核変換についての先駆的研究

M・タイラー（米）＝黄熱病およびその治療法に関する発見

一九五二年　A・J・P・マーティン（英）、R・L・M・シング（英）＝分配クロマトグラフィーの開発およびその応用

F・ブロッホ（米）、E・M・パーセル（米）＝核磁気の精密な測定における新しい方法の開発とそれについての発見

S・A・ワクスマン（米）＝結核に有効な初の抗生物質であるストレプトマイシンの発見

一九五三年　H・シュタウディンガー（西独）＝鎖状高分子化合物の研究

F・ゼルニケ（オランダ）＝位相差を用いた手法の実証、とくに位相差顕微鏡の発明

F・A・リップマン（米）＝コエンザイムAおよびその中間代謝における重要性の発見、H・A・クレブス（英）＝クエン酸回路の発見

一九五四年　**L・C・ポーリング**（米）＝化学結合の本性、ならびに複雑な分子の構造研究

M・ボルン（英）＝量子力学に関する基礎研究、とくに波動関数の確率解釈、W・ボーテ（西独）＝コインシデンス法による原子核反応とガンマ線に関する研究

J・F・エンダース（米）、T・H・ウェーラー（米）、F・C・ロビンス（米）＝種々の組織培地におけるポリオウイルスの生育能の発見

一九五五年

V・デュ・ヴィニョー（米）＝硫黄を含む生体物質（とくにオキシトシン、バソプレッシン）の構造決定と全合成

W・E・ラム（米）＝水素スペクトルの微細構造に関する発見、P・クッシュ（米）＝彼が考案した電子の磁気モーメントの正確な決定法

H・テオレル（スウェーデン）＝酸化酵素の性質および作用機序の発見

一九五六年

C・N・ヒンシェルウッド（英）、N・N・セミョーノフ（ソ連）＝気相系の化学反応速度論（とくに連鎖反応）に関する研究

W・ブラッテン（米）、**J・バーディーン**（米）、**W・ショックレー**（米）＝半導体の研究およびトランジスタ効果の発見

A・F・クルナン（米）、W・フォルスマン（西独）、D・W・リチャーズ（米）＝心臓カテーテル法、および循環器系に生ずる病理学上の変化に関する発見

一九五七年

A・R・トッド（英）＝ヌクレオチドとその補酵素に関する研究

李政道（米）、楊振寧（米）＝素粒子物理学における重要な発見に導いた、いわゆるパリティについての洞察的な研究

D・ボベット（伊）＝ある種の体内物質の作用を阻害する合成化合物、とくに血管系および骨格筋に関するものの発見

一九五八年

F・サンガー（英）＝インスリンの構造研究

P・A・チェレンコフ（ソ連）、I・Y・タム（ソ連）、I・M・フランク（ソ連）＝チェレンコフ効果の発見とその解釈

G・W・ビードル（米）、E・L・タータム（米）＝遺伝子が厳密に化学過程の調節によって働くことの発見、J・レーダーバーグ（米）＝遺伝子組換えおよび細菌の遺伝物質に関する発見

一九五九年

J・ヘイロフスキー（チェコスロバキア）＝ポーラログラフィーの理論および発見

E・セグレ（米）、O・チェンバレン（米）＝反陽子の発見

S・オチョア（米）、A・コーンバーグ（米）＝リボ核酸およびデオキシリボ核酸の生合成機構の発見

一九六〇年

W・F・リビー（米）＝炭素14による年代測定法の研究

D・A・グレーザー（米）＝泡箱の発明

F・M・バーネット（豪）、P・B・メダワー（英）＝後天的免疫寛容の発見

一九六一年
M・カルヴィン（米）＝植物における光合成の研究

R・ホフスタッター（米）＝原子核内での電子線散乱とそれによる核子の構造の発見、R・L・メスバウアー（西独、米）＝ガンマ線の共鳴吸収についての研究とメスバウアー効果の発見

G・フォン・ベーケーシ（米）＝内耳蝸牛における刺激の物理的機構の発見

一九六二年
M・F・ペルーツ（英）、J・C・ケンドリュー（英）＝球状タンパク質の構造研究

L・D・ランダウ（ソ連）＝彼が確立した凝縮系物理の理論、とくに液体ヘリウムについて

F・H・C・クリック（英）、**J・D・ワトソン**（米）、**M・H・F・ウィルキンズ**（英）＝核酸の分子構造および生体の情報伝達におけるその重要性の発見

一九六三年
K・ツィーグラー（西独）、G・ナッタ（伊）＝新しい触媒を用いた重合法の発見とその基礎的研究

E・P・ウィグナー（米）＝原子核および素粒子に関する理論への貢献、とくに対称性の基本原理の発見とその応用、M・ゲッパート＝メイヤー（米）、J・H・イェンセン（西独）＝原子核の殻構造に関する研究

J・C・エックルス（豪）、A・L・ホジキン（英）、A・F・ハクスリー（英）＝神経細胞膜の末梢および中枢部における興奮と抑制に関するイオン機構の発見

一九六四年
D・C・ホジキン（英）＝X線回折法による生体物質の分子構造の決定

C・H・タウンズ（米）、N・G・バソフ（ソ連）、A・M・プロホロフ（ソ連）＝量子エレクトロニクス分野の基礎研究および、メーザー・レーザー原理に基づく振動子・増幅器の構築

K・E・ブロッホ（米）、F・リュネン（西独）＝コレステロールおよび脂肪酸代謝の機構と調節に関する発見

一九六五年　R・B・ウッドワード（米）＝有機合成化学に対する顕著な貢献

朝永振一郎（日）、**J・S・シュウィンガー**（米）、**R・P・ファインマン**（米）＝量子電磁力学の分野における基礎研究と素粒子物理学についての深い結論

F・ジャコブ（仏）、A・ルウォフ（仏）、**J・モノー**（仏）＝酵素およびウイルス合成の遺伝的制御に関する発見

一九六六年　R・S・マリケン（米）＝分子軌道法による化学結合および分子の電子構造に関する研究

A・カストレル（仏）＝原子のラジオ波共鳴を研究するための光学的手法の発見および開発

F・P・ラウス（米）＝腫瘍ウイルスの発見、C・B・ハギンズ（米）＝前立腺癌のホルモン療法に関する発見

一九六七年　R・G・W・ノリッシュ（英）、G・ポーター（英）、M・アイゲン（西独）＝短時間エネルギーパルスによる高速化学反応の研究

H・A・ベーテ（米）＝原子核反応理論への貢献、とくに星の内部におけるエネルギー生成に関する発見

R・グラニト（スウェーデン）、H・K・ハートライン（米）、G・ウォールド（米）＝視覚の化学的、生理学的基礎過程に関する発見

一九六八年　L・オンサーガー（米）＝不可逆過程の熱力学の研究

L・W・アルヴァレズ（米）＝素粒子物理学に対する決定的な貢献、とくに水素泡箱を用いた手法およびデータ解析の発展により可能となった多数の共鳴状態の発見

R・ホリー（米）、H・G・コラナ（米）、M・W・ニーレンバーグ（米）＝遺伝暗号とそのタンパク質合成における機能の解明

一九六九年　O・ハッセル（ノルウェー）、D・バートン（英）＝分子の立体配座概念の確立

M・ゲルマン（米）＝素粒子の分類およびその相互作用に関する貢献と発見

M・デルブリュック（米）、A・D・ハーシー（米）、S・E・ルリア（米）＝ウイルスの複製機構と遺伝的構造に関する発見

一九七〇年

L・F・ルロワール（アルゼンチン）＝糖ヌクレオチドの発見と糖生合成におけるその役割についての研究

L・ネール（仏）＝固体物理学における重要な応用をもたらした反強磁性およびフェリ磁性に関する基礎的研究と諸発見、H・アルヴェーン（スウェーデン）＝プラズマ物理学の様々な部分への有意義な応用を伴う、電磁流体力学における基礎的研究および発見

B・カッツ（英）、U・フォン・オイラー（スウェーデン）、J・アクセルロッド（米）＝神経末梢部における伝達物質の発見と、その貯蔵、解離、不活化の機構に関する研究

一九七一年

G・ヘルツベルク（カナダ）＝遊離基の電子構造と幾何学的構造の研究

D・ガボール（英）＝ホログラフィーの発明および発展

E・W・サザランド（米）＝ホルモンの作用機作に関する発見

一九七二年

C・B・アンフィンセン（米）＝リボヌクレアーゼ分子のアミノ酸配列の決定、S・ムーア（米）、W・H・スタイン（米）＝リボヌクレアーゼ分子の活性中心の構造に関する研究

J・バーディーン（米）、L・N・クーパー（米）、J・R・シュリーファー（米）＝超伝導現象の理論的解明

G・M・エデルマン（米）、R・R・ポーター（英）＝抗体の化学構造に関する発見

一九七三年

E・O・フィッシャー（西独）、G・ウィルキンソン（英）＝サンドイッチ構造を持つ有機金属化合物の研究

江崎玲於奈（米）、**I・ジェーバー**（米）＝半導体内および超伝導体内の各々におけるトンネル効果の実験的発見、**B・ジョセフソン**（英）＝トンネル接合を通過する超電流の性質、とくにジョセフソン効果としてよく知られる普遍的現象の理論的予測

K・フォン・フリッシュ（西独）、**K・ローレンツ**（オーストリア、西独）、**N・ティンバーゲン**（英）＝個体的および社会的行動様式の組織化と誘発に関する発見

一九七四年

P・J・フローリー（米）＝高分子化学の理論、実験両面にわたる基礎研究

M・ライル（英）＝電波天文学における先駆的研究（観測および発明、とくに開口合成技術に関して）、A・ヒューイッシュ（英）＝電波天文学における先駆的研究（パルサーの発見に果たした決定的な役割）

A・クラウデ（ベルギー）、C・R・ド・デューブ（米、ベルギー）、G・E・パラーデ（米）＝細胞の構造と機能に関する発見

一九七五年

J・W・コーンフォース（英）＝酵素による触媒反応の立体化学的研究、V・プレローグ（スイス）＝有機分子および有機反応の立体化学的研究

A・N・ボーア（デンマーク）、B・R・モッテルソン（デンマーク）、L・J・レインウォーター（米）＝核子の集団運動と独立粒子運動との関係の発見、およびこの関係に基づく原子核構造に関する理論の開発

D・ボルティモア（米）、H・M・テミン（米）、**R・ドゥルベッコ**（英）＝腫瘍ウイルスと細胞内の遺伝物質との相互作用に関する発見

一九七六年

W・N・リプスコム（米）＝ボランの構造研究

B・リヒター（米）、S・C・ティン（米）＝新種の重い素粒子の発見についての先駆的研究

B・S・ブランバーグ（米）、D・C・ガジュセック（米）＝感染症の起源および伝播の新たな機構に関する発見

一九七七年

I・プリゴジン（ベルギー、米）＝非平衡熱力学、とくに散逸構造の研究

P・W・アンダーソン（米）、N・F・モット（英）、J・H・ヴァン・ヴレック（米）＝磁性体と無秩序系の電子構造の基礎理論的研究

R・ギルマン（米）、A・シャリー（米）＝脳のペプチドホルモン産生に関する発見、R・S・ヤロー（米）＝ペプチドホルモンのラジオイムノアッセイ法の開発

一九七八年

P・ミッチェル（英）＝生体膜におけるエネルギー転換の研究

P・カピッツァ（ソ連）＝低温物理学における基礎的発明および諸発見、A・ペンジアス（米）、R・ウィルソン（米）＝宇宙マイクロ波背景放射の発見

W・アーバー（スイス）、H・スミス（米）、D・ネーサンズ（米）＝制限酵素の発見と分子遺伝学への応用

一九七九年

H・C・ブラウン（米）、G・ウィッティヒ（西独）＝新しい有機合成法の開発

S・L・グラショー（米）、S・ワインバーグ（米）、アブドゥッサラーム（伊、英）＝素粒子間に働く弱い相互作用と電磁相互作用を統一した理論への貢献、とくに弱中性カレントの予想

A・M・コーマック（米）、G・N・ハウンスフィールド（英）＝コンピュータ断層撮影の開発

一九八〇年

P・バーグ（米）＝遺伝子工学の基礎としての核酸の生化学的研究、W・ギルバート（米）、F・サンガー（英）＝核酸の塩基配列の決定

J・W・クローニン（米）、V・L・フィッチ（米）＝中性K中間子崩壊における基礎的な対称性の破れの発見

B・ベナセラフ（米）、J・スネル（米）、J・ドーセ（仏）＝細胞表面において免疫反応を調節する、遺伝的に決定された構造に関する発見

一九八一年

福井謙一（日）、R・ホフマン（米）＝化学反応過程の理論的研究

K・シーグバーン（スウェーデン）＝高分解能光電子分光法の開発、N・ブルームバーゲン（米）、A・ショーロー（米）＝レーザー分光学への貢献

R・スペリー（米）＝大脳半球の機能分化に関する発見、D・ヒューベル（米）、T・N・ウィーセル（米）＝視覚系における情報処理に関する発見

一九八二年

A・クルーグ（英）＝電子線結晶学の開発と核酸・タンパク質複合体の立体構造の研究

K・G・ウィルソン（米）＝相転移に関連した臨界現象に関する理論

S・ベリストローム（スウェーデン）、B・サミュエルソン（スウェーデン）、J・ベーン（英）＝プロスタグランジンおよびそれに関わる生物学的活性物質の発見

一九八三年

H・タウベ（米）＝金属錯体の電子遷移反応機構の解明

S・チャンドラセカール（米）＝星の構造および進化にとって重要な物理的過程に関する理論的研究、W・ファウラー（米）＝宇宙における化学元素の生成にとって重要な原子核反応に関する理論的および実験的研究

B・マクリントック（米）＝可動遺伝因子の発見

一九八四年

R・B・メリフィールド（米）＝固相反応によるペプチド化学合成法の開発

C・ルビア（スイス）、S・ファン・デル・メール（スイス）＝弱い相互作用を媒介する場であるW粒子およびZ粒子の発見を導いた巨大プロジェクトへの決定的貢献

N・K・イェルネ（スイス）、G・J・F・ケーラー（スイス）、S・ミルスタイン（英）＝免疫系の発達と制御における選択性に関する諸理論、およびモノクローナル抗体の作成原理の発見

一九八五年

H・A・ハウプトマン（米）、J・カール（米）＝結晶構造を直接決定する方法の確立

K・フォン・クリッツィンク（西独）＝量子ホール効果の発見

M・S・ブラウン（米）、J・L・ゴールドスタイン（米）＝コレステロール代謝の調節に関する発見

一九八六年

D・ハーシュバック（米）、李遠哲（米）、J・ポラニー（カナダ）＝化学反応素過程の動力学的研究

E・ルスカ（西独）＝電子を用いた光学に関する基礎研究、とくに最初の電子顕微鏡の設計、G・ビーニッヒ（スイス）、H・ローラー（スイス）＝走査型トンネル電子顕微鏡の設計

R・レーヴィ＝モンタルチーニ（伊）、S・コーエン（米）＝成長因子の発見

一九八七年

D・J・クラム（米）、J・M・レーン（仏）、C・J・ペダーセン（米）＝高選択的に構造特異的な相互作用をする分子（クラウン化合物）の開発と応用

J・G・ベドノルツ（スイス）、K・A・ミュラー（スイス）＝セラミックスの超伝導体を発見したことによる重要なブレイクスルー

利根川進（米）＝抗体の多様性に関する遺伝的原理の発見

一九八八年

J・ダイゼンホーファー（米）、R・フーバー（西独）、H・ミヒェル（西独）＝光合成反応中心の三次元構造の決定

L・M・レーダーマン（米）、M・シュワーツ（米）、J・シュタインバーガー（スイス）＝ニューニュートリノビーム法、およびミューニュートリノの発見によるレプトンの二重構造の実証

J・W・ブラック（英）、G・B・エリオン（米）、G・H・ヒッチングス（米）＝薬物療法における重要な原理の発見

一九八九年

S・アルトマン（米）、T・R・チェック（米）＝RNAの触媒機能の発見

N・F・ラムゼー（米）＝分離振動場法の開発、およびその水素メーザーや原子時計への応用、H・G・デーメルト（米）、W・パウル（西独）＝イオントラップ法の開発

J・M・ビショップ（米）、H・E・ヴァーマス（米）＝レトロウイルスの癌遺伝子が細胞起源であることの発見

一九九〇年

E・J・コーリー（米）＝有機合成理論および方法論の開発

J・I・フリードマン（米）、H・W・ケンドール（米）、R・E・テイラー（米）＝素粒子物理学におけるクォーク模型の展開に決定的な重要性を持った、陽子および束縛中性子標的による電子の深非弾性散乱に関する先駆的研究

J・E・マレー（米）、E・D・トーマス（米）＝ヒトの疾患治療における臓器および細胞移植に関する発見

一九九一年　R・R・エルンスト（スイス）＝高分解能NMRの開発への貢献

P・G・ドゥジェンヌ（仏）＝単純な系の秩序現象を研究するために開発された手法が、より複雑な物質、とくに液晶や高分子の研究にも一般化できることの発見

E・ネーアー（独）、B・ザクマン（独）＝細胞における単独のイオンチャネルの機能に関する発見

一九九二年　R・A・マーカス（米）＝溶液中の電子移動反応理論への貢献

G・シャルパク（仏、スイス）＝粒子検知器、とくに多線式比例計数管の発明および発展

E・H・フィッシャー（米）、E・G・クレープス（米）＝生体制御機構としての可逆的タンパク質リン酸化の発見

一九九三年　**K・B・マリス**（米）＝DNA化学での手法開発への貢献（PCR法の発明）、M・スミス（カナダ）＝DNA化学での手法開発への貢献（オリゴヌクレオチドによる部位特異的突然変異法の確立およびそのタンパク質研究への発展に対する基礎的貢献）

R・A・ハルス（米）、J・H・テイラー（米）＝重力研究の新しい可能性を開いた新型連星パルサーの発見

R・J・ロバーツ（米）、P・A・シャープ（米）＝分断された遺伝子の発見

一九九四年　G・A・オラー（米）＝カルボカチオン化学への貢献

B・N・ブロックハウス（カナダ）＝凝縮体の研究に用いる中性子散乱技術の開発についての先駆的貢献（中性子分光法の開発）、C・G・シャル（米）＝凝縮体の研究に用いる中性子散乱技術の開発についての先駆的貢献（中性子回折技術の開発）

A・G・ギルマン（米）、M・ロッドベル（米）＝Gタンパク質およびそれらの細胞内情報伝達における役割の発見

一九九五年

P・J・クルッツェン（独）、M・J・モリーナ（米）、F・S・ローランド（米）＝大気化学、とくにオゾンの生成と分解に関する研究

M・L・パール（米）＝レプトン物理学の先駆的実験（タウ粒子の発見）、F・ライネス（米）＝レプトン物理学の先駆的実験（ニュートリノの検出）

E・B・ルイス（米）、C・ニュスライン＝フォルハルト（独）、E・F・ヴィーシャウス（米）＝初期胚発生における遺伝的制御に関する発見

一九九六年

R・F・カール（米）、H・W・クロトー（英）、R・E・スモーリー（米）＝フラーレンの発見

D・M・リー（米）、D・D・オシェロフ（米）、R・C・リチャードソン（米）＝ヘリウム３の超流動の発見

P・C・ドハーティー（米）、R・M・ツィンカーナーゲル（スイス）＝細胞性免疫防御の特異性に関する研究

一九九七年

P・D・ボイヤー（米）、J・E・ウォーカー（英）＝アデノシン三リン酸（ATP）合成の基礎となる酵素機構の解明、J・C・スコウ（デンマーク）＝ナトリウム - カリウムポンプの発見

S・チュー（米）、C・コーエン＝タヌージ（仏）、W・D・フィリップス（米）＝レーザー光を用いて原子を冷却および捕捉する手法の開発

S・B・プルシナー（米）＝感染を引き起こす新たな原因物質としてのプリオンの発見

一九九八年

W・コーン（米）＝密度汎関数法の開発、J・A・ポープル（米）＝量子化学における計算化学的方法の開発

R・B・ラフリン（米）、H・L・シュテルマー（米）、D・C・ツイ（米）＝分数電荷の励起状態を持つ新たな量子流体の形態の発見

R・F・ファーチゴット（米）、L・J・イグナロ（米）、F・ムラド（米）＝循環器系における情報伝達物質としての一酸化窒素に関する発見

一九九九年

A・H・ズウェイル（米）＝フェムト秒分光学を用いた化学反応の遷移状態の研究

G・トホーフト（オランダ）、M・J・G・フェルトマン（オランダ）＝物理学における電弱相互作用の量子構造の解明

G・ブローベル（米）＝タンパク質が細胞内での輸送と局在化を司る信号を内在していることの発見

二〇〇〇年

A・J・ヒーガー（米）、A・G・マクダイアミッド（米）、白川英樹（日）＝導電性高分子の発見と開発

Z・I・アルフョーロフ（ロシア）、H・クレーマー（米）＝情報通信技術における基礎研究（高速エレクトロニクスおよび光エレクトロニクスに利用される半導体ヘテロ構造の開発）、J・S・キルビー（米）＝情報通信技術における基礎研究（集積回路の発明）

A・カールソン（スウェーデン）、P・グリーンガード（米）、E・R・カンデル（米）＝神経系における情報伝達に関する発見

二〇〇一年

W・S・ノールズ（米）、野依良治（日）＝不斉触媒による水素化反応の研究、K・B・シャープレス（米）＝不斉触媒による酸化反応の研究

E・A・コーネル（米）、W・ケターレ（独）、C・E・ワイマン（米）＝アルカリ金属原子の希薄気体でのボース＝アインシュタイン凝縮の実現、および凝縮体の性質に関する基礎的研究

L・H・ハートウェル（米）、T・ハント（英）、P・M・ナース（英）＝細胞周期における主要な制御因子の発見

二〇〇二年

J・B・フェン（米）、田中耕一（日）＝生体高分子の同定および構造解析のための手法の開発（生体高分子の質量分析法のための穏和な脱離イオン化法の開発）、K・ヴュートリッヒ（スイス、米）＝生体高分子の同定および構造解析のための手法の開発（溶液中での生体高分子の三次元構造の決定に関する核磁気共鳴分光法の開発）

R・デイビス（米）、小柴昌俊（日）＝天体物理学への先駆的貢献、とくに宇宙ニュートリノの検出、R・ジャコーニ（米）＝宇宙X線源の発見を導いた天体物理学への先駆的貢献

S・ブレナー（米）、H・R・ホロビッツ（米）、J・E・サルストン（英）＝器官発生とプログラム細胞死の遺伝制御に関する発見

二〇〇三年
P・アグレ(米)＝細胞膜に存在するチャネルに関する発見(アクアポリンの発見)、R・マキノン(米)＝細胞膜に存在するチャネルに関する発見(イオンチャネルの構造および機構の研究)
A・A・アブリコソフ(米)、V・L・ギンツブルク(ロシア)、A・J・レゲット(米)＝超伝導と超流動の理論に関する先駆的貢献
P・ラウターバー(米)、P・マンスフィールド(英)＝核磁気共鳴画像法に関する発見

二〇〇四年
A・チカノーバー(イスラエル)、A・ハーシュコ(イスラエル)、I・ローズ(米)＝ユビキチンを介したタンパク質分解の発見
D・J・グロス(米)、H・D・ポリッツァー(米)、F・ウィルチェック(米)＝強い相互作用における漸近的自由性の理論的発見
R・アクセル(米)、L・B・バック(米)＝嗅覚受容体および嗅覚系組織の発見

二〇〇五年
Y・ショーヴァン(仏)、R・H・グラブス(米)、R・R・シュロック(米)＝有機合成におけるメタセシス法の開発
R・J・グラウバー(米)＝光学コヒーレンスの量子論への貢献、J・L・ホール(米)、T・W・ヘンシュ(独)＝光周波数コム技術を含む、レーザーに基づく精密分光法の開発への貢献
B・J・マーシャル(豪)、J・R・ウォレン(豪)＝ヘリコバクター・ピロリおよびその胃炎や胃潰瘍における役割の発見

二〇〇六年
R・D・コーンバーグ(米)＝真核生物における転写の研究
J・C・マザー(米)、G・F・スムート(米)＝宇宙マイクロ波背景放射が黒体放射の形をとることおよびその非等方性の発見
A・Z・ファイアー(米)、C・C・メロー(米)＝RNA干渉(二重鎖RNAによる遺伝子サイレンシング)の発見

二〇〇七年
G・エルトル(独)＝固体表面の化学反応過程の研究
A・フェール(仏)、P・グリューンベルク(独)＝巨大磁気抵抗の発見
M・R・カペッキ(米)、M・J・エヴァンズ(英)、O・スミティーズ(米)＝胚性幹細胞を用いての、マウスへの特異的な遺伝子改変の導入のための諸発見

二〇〇八年
下村脩（米）、M・L・チャルフィー（米）、R・Y・チエン（米）＝緑色蛍光タンパク質（GFP）の発見と開発

南部陽一郎（米）＝素粒子物理学および原子核物理学における自発的対称性の破れの機構の発見、小林誠（日）、益川敏英（日）＝自然界においてクォークが少なくとも三世代以上存在することを予言する、対称性の破れの起源の発見

H・ツア・ハウゼン（独）＝子宮頸癌を引き起こすヒトパピローマウイルスの発見、**F・バレ＝シヌシ**（仏）、**L・モンタニエ**（仏）＝ヒト免疫不全ウイルスの発見

二〇〇九年
V・ラマクリシュナン（英）、T・A・スタイツ（米）、A・E・ヨナス（イスラエル）＝リボソームの構造と機能の研究

C・K・カオ（英、中国）＝光通信を目的としたファイバー内光伝達に関する画期的業績、W・ボイル（米）、G・E・スミス（米）＝撮像半導体回路であるCCDセンサーの発明

E・H・ブラックバーン（米）、C・W・グライダー（米）、J・W・ショスタク（米）＝テロメアとテロメラーゼ酵素が染色体を保護する機序の発見

二〇一〇年
R・F・ヘック（米）、根岸英一（米）、鈴木章（日）＝有機合成におけるパラジウム触媒クロスカップリング

A・ガイム（英）、K・ノボセロフ（英）＝二次元物質グラフェンに関する革新的実験

R・G・エドワーズ（英）＝体外受精技術の開発

二〇一一年
D・シェヒトマン（イスラエル）＝準結晶の発見

S・パールマッター（米）、B・P・シュミット（豪）、A・リース（米）＝遠方の超新星の観測を通した宇宙の加速膨張の発見

B・A・ボイトラー（米）、J・A・ホフマン（仏）＝自然免疫の活性化に関する発見、R・M・スタインマン（米）＝樹状細胞と、獲得免疫におけるその役割の発見

二〇一二年
R・J・レフコウィッツ（米）、B・K・コビルカ（米）＝Gタンパク質共役受容体の研究

S・アロシュ（仏）、D・J・ワインランド（米）＝個別の量子系に対する計測および制御を可能にする画期的な実験的手法に関する業績

J・B・ガードン（英）、山中伸弥（日、米）＝成熟した細胞に対してリプログラミングにより多能性（分化万能性）を持たせられることの発見

二〇一三年

M・カープラス（仏、米）、M・レヴィット（米）、A・ウォーシェル（米）＝複雑な化学系のためのマルチスケールモデルの開発

F・アングレール（ベルギー）、P・ヒッグス（英）＝欧州原子核研究機構（CERN）によって存在が確認された素粒子（ヒッグス粒子）に基づく、質量の起源を説明するメカニズムの理論的発見

R・W・シェクマン（米）、J・E・ロスマン（米）、T・C・スードフ（米）＝細胞内で生成されたタンパク質を細胞核などの目的の場所まで運ぶ仕組み（小胞輸送）の解明

二〇一四年

E・ベツィグ（米）、S・ヘル（独）、W・E・モーナー（米）＝超高解像度蛍光顕微鏡の開発

赤﨑勇（日）、天野浩（日）、中村修二（米）＝高輝度で省電力の白色光源を実現可能にした青色発光ダイオードの発明

J・オキーフ（英）、M・B・モーセル（ノルウェー）、E・I・モーセル（ノルウェー）＝脳内の空間認知システムを構成する細胞の発見

二〇一五年

T・リンダール（英）、P・L・モドリッチ（米）、A・サンジャル（米）＝DNA修復の仕組みの研究

梶田隆章（日）、A・B・マクドナルド（カナダ）＝素粒子「ニュートリノ」が質量を持つことを示すニュートリノ振動の発見

W・C・キャンベル（米）、大村智（日）＝線虫の寄生によって引き起こされる感染症に対する新たな治療法に関する発見、屠呦呦（中国）＝マラリアに対する新たな治療法に関する発見

二〇一六年

J・P・ソヴァージュ（仏）、F・ストッダート（米）、B・L・フェリンハ（オランダ）＝分子マシンの設計と合成

D・J・サウレス（米）、D・ホールデン（米）、J・M・コステリッツ（米）＝物質のトポロジカル相とトポロジカル相転移の理論的発見

大隅良典（日）＝オートファジーの仕組みの解明

二〇一七年

J・ドゥボシェ（スイス）、J・フランク（米）、R・ヘンダーソン（英）＝溶液中で生体分子を高分解能構造測定するためのクライオ電子顕微鏡の開発

R・ワイス（米）、B・C・バリッシュ（米）、**K・ソーン**（米）＝LIGO検出器および重力波の観測への決定的な貢献

J・C・ホール（米）、M・ロスバッシュ（米）、M・W・ヤング（米）＝概日リズムを制御する分子メカニズムの発見

二〇一八年

F・アーノルド（米）＝酵素の指向性進化法の開発、G・ウィンター（英）、J・P・スミス（米）＝ペプチドおよび抗体のファージディスプレイ法の開発

A・アシュキン（米）＝光ピンセットの開発と生体システムへの応用、G・ムル（仏、米）、D・ストリックランド（カナダ）＝超高出力・超短パルスレーザーの生成方法の開発

J・P・アリソン（米）、本庶佑（日）＝免疫チェックポイント阻害因子の発見と癌治療への応用

二〇一九年

J・B・グッドイナフ（米）、M・S・ウィッティンガム（米）、吉野彰（日）＝リチウムイオン二次電池の開発

J・E・ピーブルス（米）＝物理宇宙論における理論的発見、M・マイヨール（スイス）、D・ケロー（スイス、英）＝太陽型恒星を周回する太陽系外惑星の発見

W・ケリン（米）、P・J・ラトクリフ（英）、G・L・セメンザ（米）＝細胞による酸素量の感知とその適応機序の解明

二〇二〇年

E・シャルパンティエ（独）、J・ダウドナ（米）＝ゲノム編集手法の開発

R・ペンローズ（英）＝ブラックホールの形成が一般相対性理論の強力な裏付けであることの発見、**R・ゲンツェル**（独、米）、**A・M・ゲズ**（米）＝我々の銀河系の中心にある超大質量コンパクト天体の発見

H・J・オルター（米）、M・ホートン（カナダ）、C・M・ライス（米）＝C型肝炎ウイルスの発見

二〇二一年

B・リスト（独）、D・マクミラン（米）＝不斉有機触媒の開発

真鍋淑郎（米）、K・ハッセルマン（独）＝地球の気候の物理的モデリング、気候変動の定量化、地球温暖化の確実な予測、G・パリージ（伊）＝原子から惑星のスケールまでの物理システムの無秩序と変動の相互作用の発見

D・J・ジュリアス（米）、A・パタプティアン（米）＝温感と触覚の受容体の発見

二〇二二年

C・R・ベルトッツィ（米）、M・P・メルダル（デンマーク）、K・B・シャープレス（米）＝クリックケミストリーと生体直交化学の開発

A・アスペ（仏）、J・F・クラウザー（米）、A・ツァイリンガー（オーストリア）＝量子もつれ状態の光子を用いた実験によるベルの不等式の破れの実証と、量子情報科学における先駆的研究

S・ペーボ（独、日）＝絶滅したヒト族のゲノムと人類の進化に関する発見

二〇二三年

M・バウェンディ（米）、L・E・ブラス（米）、A・エキモフ（米）＝量子ドットの発見と合成

P・アゴスティーニ（米）、F・クラウス（独）、A・リュイリエ（スウェーデン）＝物質中の電子ダイナミクスの測定を可能にするアト秒パルス光を生成する実験手法の開発

K・カリコ（ハンガリー、米）、D・ワイスマン（米）＝新型コロナウイルス感染症に対する効果的なmRNAワクチンの開発を可能にしたヌクレオシド塩基修飾に関する発見

Maurice Wilkins, Oxford University Press, 2005.
Wiseman, Richard, *Paranormality: Why We See What Isn't There*, Macmillan, 2011. [リチャード・ワイズマン（著）、木村博江（訳）『超常現象の科学：なぜ人は幽霊が見えるのか』文藝春秋社、2012年]
Yount, Lisa, *Luc Montagnier: Identifying the AIDS Virus*, Chelsea House Publishing, 2011.

学的アプローチ』新書館、1976年]

Turing, Alan, *The Essential Turing: Seminal Writings in Computing, Logic, Philosophy, Artificial Intelligence, and Artificial Life plus The Secrets of Enigma*, edited by Jack Copeland, Oxford University Press, 2004.

Ulam, Stanislaw, *Science, Adventures of a Mathematician*, Scribner's Sons, 1976. [スタニスラフ・ウラム（著）、志村利雄（訳）『数学のスーパースターたち』東京図書、1979年]

Von Neumann, John, *Collected Works of John von Neumann*, 6 Vols., edited by Abraham Taub, Pergamon, 1961-1963.

Von Neumann, John, *Mathematische Grundlagen der Quantenmechanik*, Springer, 1932. [ジョン・フォン・ノイマン（著）、広重徹／井上健／恒藤敏彦（訳）『量子力学の数学的基礎』みすず書房、1957年]

Von Neumann, John, *Papers of John von Neumann on Computing and Computer Theory*, edited by Arthur Burks and William Aspray, MIT Press, 1987.

Von Neumann, John, *The Computer and the Brain*, Yale University Press, 1958. [ジョン・フォン・ノイマン（著）、柴田裕之（訳）『計算機と脳』筑摩書房（ちくま学芸文庫）、2011年]

Von Neumann, John, and Morgenstern, Oskar, *Theory of Games and Economic Behavior*, Princeton University Press, 2007. [ジョン・フォン・ノイマン／オスカー・モルゲンシュテルン（著）、銀林浩／橋本和美／宮本敏雄／阿部修一／下島英忠（訳）『ゲームの理論と経済行動』（3分冊）筑摩書房（ちくま学芸文庫）、2009年]

Walker, Mark, *German National Socialism and the Quest for Nuclear Power*, Cambridge University Press, 1993.

Walker, Mark, *Nazi Science: Myth, Truth, and the German Atomic Bomb*, Harper Collins, 1995.

Watson, James, *Avoid Boring People and Other Lessons from a Life in Science*, Random House, 2007.

Watson, James, *The Double Helix: A Personal Account of the Discovery of the Structure of DNA*, Atheneum, 1968. [ジェームズ・ワトソン（著）、江上不二夫／中村桂子（訳）『二重らせん』講談社（講談社ブルーバックス）、2012年]

Watson, James and Berry, Andrew, *DNA: The Secret of Life*, Random House, 2003. [ジェームズ・ワトソン／アンドリュー・ベリー（著）、青木薫（訳）『DNA』（2分冊）講談社（講談社ブルーバックス）、2005年]

Wigner, Eugene, *The Collected Works of Eugene Paul Wigner: Historical, Philosophical, and Socio-Political Papers*, Springer, 2013.

Wilkins, Maurice, *The Third Man of the Double Helix: The Autobiography of*

Szilard, Bela, *Genius in the Shadows: A Biography of Leo Szilard, The Man Behind The Bomb*, edited by William Lanouette, Skyhorse, 1992.
Szilard, Leo, *His Version of the Facts: Selected Recollections and Correspondence*, edited by Spencer Weart and Gertrud Szilard, MIT Press, 1978.［レオ・シラード（著）、伏見康治／伏見諭（訳）『シラードの証言：核開発の回想と資料1930-1945年』みすず書房、1982年］
Szilard, Leo, *The Voice of the Dolphins: And Other Stories*, Stanford University Press, 1961.
高橋昌一郎『知性の限界：不可測性・不確実性・不可知性』講談社（講談社現代新書）、2010年。
高橋昌一郎『フォン・ノイマンの哲学：人間のフリをした悪魔』講談社（講談社現代新書）、2021年。
高橋昌一郎『ゲーデルの哲学：不完全性定理と神の存在論』講談社（講談社現代新書）、1999年。
高橋昌一郎『反オカルト論』光文社（光文社新書）、2016年。
高橋昌一郎『科学哲学のすすめ』丸善、2002年。
高橋昌一郎『感性の限界：不合理性・不自由性・不条理性』講談社（講談社現代新書）、2012年。
高橋昌一郎『20世紀論争史』光文社（光文社新書）、2021年。
高橋昌一郎『ノイマン・ゲーデル・チューリング』筑摩書房（筑摩選書）、2014年。
高橋昌一郎『理性の限界：不可能性・不確定性・不完全性』講談社（講談社現代新書）、2008年。
高橋昌一郎『東大生の論理』筑摩書房（ちくま新書）、2010年。
Taylor, John, *Superminds*, Viking 1975.
Teller, Edward, *The Legacy of Hiroshima*, edited by Allen Brown, Double Day, 1962.
Tinbergen, Nikolaas, *Social Behaviour in Animals: With Special Reference to Vertebrates*, Methuen, 1953.［ニコラス・ティンバーゲン（著）、日高敏隆／羽田節子／宮川桃子（訳）『動物行動学』（２分冊）平凡社、1982-1983年］
Tinbergen, Nikolaas, *The Herring Gull's World*, Collins, 1953.
Tinbergen, Nikolaas, *The Study of Instinct*, Oxford University Press, 1951.［ニコラス・ティンバーゲン（著）、永野為武（訳）『本能の研究』三共出版、1969年］
Tinbergen, Nikolaas and Tinbergen, Elisabeth, *Autistic Children: New Hope for a Cure*, George Allen & Unwin, 1972.［ニコラス・ティンバーゲン／エリザベート・ティンバーゲン（著）、田口恒夫（訳）『自閉症・文明社会への動物行動

チャード・ローズ（著）、神沼二真／渋谷泰一（訳）『原子爆弾の誕生：科学と国際政治の世界史』（２分冊）啓学出版、1993年］

Russell, Bertrand, *Common Sense and Nuclear Warfare*, George Allen & Unwin, 1959.［バートランド・ラッセル（著）、飯島宗享（訳）『常識と核戦争：原水爆戦争はいかにして防ぐか』理想社、1959年］

Russell, Bertrand, *Unarmed Victory*, George Allen & Unwin, 1963.［バートランド・ラッセル（著）、牧野力（訳）『武器なき勝利』理想社、1964年］

Sagan, Carl, *The Demon-Haunted World*, Random House, 1996.［カール・セーガン（著）、青木薫（訳）『科学と悪霊を語る』新潮社、1997年］

Sayre, Anne, *Rosalind Franklin and DNA*, Norton, 1975.

Schrödinger, Erwin, *Lectures on Physics and the Nature of Scientific Knowledge*, edited by Vesselin Petkov, Minkowski Institute Press, 2020.［エルヴィン・シュレーディンガー（著）、湯川秀樹（監修）、田中正／南政次／内山龍雄／高林武彦（訳）『シュレーディンガー選集』（２分冊）共立出版、1974年］

Schrödinger, Erwin, *What is Life?* Cambridge University Press, 1992.［エルヴィン・シュレーディンガー（著）、岡小天／鎮目恭夫（訳）『生命とは何か：物理的にみた生細胞』岩波書店（岩波文庫）、2008年］

Selleri, Franco, *Die Debatte um die Quantentheorie*, Vieweg & Sohn, 1983.［フランコ・セレリ（著）、櫻山義夫（訳）『量子力学論争』共立出版、1986年］

Shermer, Michael, *Why People Believe Weird Things: Pseudoscience, Superstition, and Other Confusions of Our Time*, Henry Holt, 1997.［マイクル・シャーマー（著）、岡田靖史（訳）『なぜ人はニセ科学を信じるのか』（２分冊）早川書房（ハヤカワ文庫）、2003年］

Shockley, William and Pearson, Roger, *Shockley on Eugenics and Race: The Application of Science to the Solution of Human Problems*, Scott-Townsend, 1992.

Shurkin, Joel, *Broken Genius: The Rise and Fall of William Shockley, Creator of the Electronic Age*, Macmillan, 2006.

Sime, Ruth, *Lise Meitner: A Life in Physics*, University of California Press, 1996.［ルス・サイム（著）、米沢富美子（監修）、鈴木淑美（訳）『リーゼ・マイトナー：嵐の時代を生き抜いた女性科学者1878-1968』シュプリンガー・ジャパン、2004年］

Smullyan, Raymond, *Gödel's Incompleteness Theorems*, Oxford University Press, 1992.［レイモンド・スマリヤン（著）、高橋昌一郎（監訳）、川辺治之／村上祐子（訳）『不完全性定理』丸善出版、2019年］

Stoltzenberg, Dietrich, *Fritz Haber: Chemist, Laureat, German, Jew*, Chemical Heritage Foundation, 2005.

Penrose, Roger, *The Emperor's New Mind: Concerning Computers, Minds, and the Laws of Physics*, Oxford University Press, 1989.［ロジャー・ペンローズ（著）、林一（訳）『皇帝の新しい心：コンピュータ・心・物理法則』みすず書房、1994年］

Penrose, Roger, *The Road to Reality: A Complete Guide to the Laws of the Universe*, Jonathan Cape, 2004.

Penrose, Roger, Hawking, Stephen, Cartwright, Nancy and Shimony, Abner, *The Large, the Small and the Human Mind*, Cambridge University Press, 1997.［ロジャー・ペンローズ／スティーヴン・ホーキング／ナンシー・カートライト／アブナー・シモニー（著）、中村和幸（訳）『心は量子で語れるか：21世紀物理の進むべき道をさぐる』講談社（講談社ブルーバックス）、1999年］

Planck, Max, *Scientific Autobiography and Other Papers*, Philosophical Library, 1968.

Plotz, David, *The Genius Factory: The Curious History of the Nobel Prize Sperm Bank*, Random House, 2005.［デイヴィッド・プロッツ（著）、酒井泰介（訳）『ノーベル賞受賞者の精子バンク：天才の遺伝子は天才を生んだか』ハヤカワ書房（ハヤカワ文庫）、2007年］

Poundstone, William, *Prisoner's Dilemma: John Von Neumann, Game Theory and the Puzzle of the Bomb*, Anchor, 1993.［ウィリアム・パウンドストーン（著）、松浦俊輔（訳）『囚人のジレンマ：フォン・ノイマンとゲームの理論』青土社、1995年］

Powers, Thomas, *Heisenberg's War: The Secret History Of The German Bomb*, Da Capo, 2000.［トマス・パワーズ（著）、鈴木主税（訳）『なぜ、ナチスは原爆製造に失敗したか：連合国が最も恐れた男・天才ハイゼンベルクの闘い』（２分冊）ベネッセコーポレーション（福武文庫）、1995年］

Randi, James, *An Encyclopedia of Claims, Frauds, and Hoaxes of the Occult and Supernatural*, introduced by Arthur Clarke, St. Martin's Press, 1995.

Randi, James, *Flim-Flam!: Psychics, ESP, Unicorns, and Other Delusions*, introduced by Isaac Asimov, Prometheus Books, 1982.

Randi, James, *The Magic of Uri Geller*, Ballantine Books, 1975.

Regis, Ed, *Who Got Einstein's Office?: Eccentricity and Genius at the Institute for Advanced Study*, Addison-Wesley, 1987.［エド・レジス（著）、大貫昌子（訳）『アインシュタインの部屋』（２分冊）工作舎、1990年］

Rhodes, Richard, *Dark Sun: The Making of the Hydrogen Bomb*, Simon & Schuster. 1995.［リチャード・ローズ（著）、小沢千重子／神沼二真（訳）『原爆から水爆へ：東西冷戦の知られざる内幕』（２分冊）紀伊國屋書店、2001年］

Rhodes, Richard, *The Making of the Atomic Bomb*, Simon & Schuster, 1986.［リ

Nobel Foundation, "Nobel Prizes and Laureates: Bibliographies and Lectures," https://www.nobelprize.org/prizes/, 2024.

大槻義彦「『ノーベル病』などあり得ない」*Journal of the JAPAN SKEPTICS*: 30, 2, 2021.

Oppenheimer, Robert, *Science and the Common Understanding*, Simon & Schuster, 1954.

Oppenheimer, Robert, *The Open Mind*, Simon & Schuster, 1965.

Pais, Abraham, *A Tale of Two Continents*, Princeton University Press, 1997. [アブラハム・パイス（著）、杉山滋郎／伊藤伸子（訳）『物理学者たちの20世紀』朝日新聞社、2004年]

Pais, Abraham, *Niels Bohr's Times: In Physics, Philosophy, and Polity*, Oxford University Press, 1991. [アブラハム・パイス（著）、西尾成子／今野宏之／山口雄仁（訳）『ニールス・ボーアの時代』（２分冊）みすず書房、2007-2012年]

Pais, Abraham, *Subtle Is the Lord: The Science and the Life of Albert Einstein*, Oxford University Press, 1982.

Pauli, Wolfgang, *Relativitaetstheorie*, Springer, 2000. [ヴォルフガング・パウリ（著）、内山龍雄（訳）『相対性理論』（２分冊）筑摩書房（ちくま学芸文庫）、2007年]

Pauli, Wolfgang and Jung, Carl, *The Interpretation of Nature and the Psyche*, Random House. 1955. [ヴォルフガング・パウリ／カール・ユング（著）、河合隼雄／村上陽一郎（訳）『自然現象と心の構造：非因果的連関の原理』海鳴社、1976年]

Pauling, Linus and Cameron, Ewan, *Cancer and Vitamin C: A Discussion of the Nature, Causes, Prevention, and Treatment of Cancer With Special Reference to the Value of Vitamin C*, Camino, 1979. [ライナス・ポーリング／ユーアン・キャメロン（著）、村田晃／木本英治／森重福美（訳）『がんとビタミンC』共立出版、1981年]

Pauling, Linus, *General Chemistry*, California Institute of Technology Press, 1941.

Pauling, Linus, *How to Live Longer and Feel Better*, Freeman, 1986. [ライナス・ポーリング（著）、村田晃（訳）『ポーリング博士の快適長寿学』平凡社、1987年]

Pauling, Linus, *No more war!* Gollencs, 1958.

Penrose, Roger, *Shadows of the Mind: A Search for the Missing Science of Consciousness*, Oxford University Press, 1994. [ロジャー・ペンローズ（著）、林一（訳）『心の影：意識をめぐる未知の科学を探る【新装版】』（２分冊）みすず書房、2016年]

学同人、2005年]
Maddrell, Paul, *Spying on Science: Western Intelligence in Divided Germany 1945-1961*, Oxford University Press, 2006.
Marks, David, *The Psychology of the Psychic*, Prometheus Books, 2000.
McGrayne, Sharon, *Nobel Prize Women in Science: Their Lives, Struggles, and Momentous Discoveries*, Joseph Henry Press, 1998.
Miller, Arthur, *137: Jung, Pauli, and the Pursuit of a Scientific Obsession*, Norton, 2010. [アーサー・ミラー（著）、阪本芳久（訳）『137：物理学者パウリの錬金術・数秘術・ユング心理学をめぐる生涯』草思社、2010年]
宮田親平『愛国心を裏切られた天才：ノーベル賞科学者ハーバーの栄光と悲劇』朝日新聞出版(朝日文庫)、2021年。
Monod, Jacques, *Le hasard et la nécessité : essai sur la philosophie naturelle de la biologie modern*, Points, 1970. [ジャック・モノー（著）、渡辺格／村上光彦（訳）『偶然と必然：現代生物学の思想的問いかけ』みすず書房、1972年]
Montagnier, Luc, *Virus: The Co-discoverer of HIV Tracks Its Rampage And Charts the Future*, edited by Stephen Sartarelli, Norton, 1999.
Moore, Walter, *Schrödinger: Life and Thought*, Cambridge University Press, 1989. [ウォルター・ムーア（著）、小林澈郎／土佐幸子（訳）『シュレーディンガー：その生涯と思想』培風館, 1995年]
Morrice, Polly, "The Genius Factory: Test-tube Superbabies," *The New York Times*, https://www.nytimes.com/2005/07/03/books/review/the-genius-factory-testtube-superbabies.html, 2005.
Mullis, Kary, "Cosmological Significance of Time Reversal," *Nature*: 218 (5142), 663-664, 1968.
Mullis, Kary, *Dancing Naked in the Mind Field*, Pantheon, 1998. [キャリー・マリス（著）、福岡伸一（訳）『マリス博士の奇想天外な人生』早川書房（ハヤカワ文庫）、2004年]
Nasar, Sylvia, *A Beautiful Mind: A Biography of John Forbes Nash, Jr., Winner of the Nobel Prize in Economics*, Simon & Schuster, 1998. [シルヴィア・ナサー（著）、塩川優（訳）『ビューティフル・マインド：天才数学者の絶望と奇跡』新潮社、2002年]
Nash, John, *The Essential John Nash*, edited by Sylvia Nasar and Harold Kuhn, Princeton University Press, 2001. [ジョン・ナッシュ（著）、シルヴィア・ナサー／ハロルド・クーン（編）、落合卓四郎／松島斉（訳）『ナッシュは何を見たか：純粋数学とゲーム理論』丸善、2014年]
西尾成子『現代物理学の父ニールス・ボーア：開かれた研究所から開かれた世界へ』中央公論新社（中公新書）、1993年。

Michael, Springer, 2001.［クラウス・ホフマン（著）、山崎正勝／栗原岳史／小長谷大介（訳）『オットー・ハーン：科学者の義務と責任とは』シュプリンガー・ジャパン、2006年］

Isaacson, Walter, *Einstein: His Life and Universe*, Simon & Schuster, 2017.［ウォルター・アイザックソン（著）、二間瀬敏史（監訳）、関宗蔵／松田卓也／松浦俊輔（訳）『アインシュタイン：その生涯と宇宙』（２分冊）武田ランダムハウスジャパン、2011年］

Josephson, Brian, "Brian Josephson's home page," https://www.tcm.phy.cam.ac.uk/~bdj10/, 2024.

Josephson, Brian, *Consciousness and the Physical World*, edited by Vilayanur Ramachandran, Pergamon Press, 1980.［ブライアン・ジョセフソン（著）、仲里誠毅／入江宏和（訳）『量子力学と意識の役割』たま出版、1984年）

Josephson, Brian, Rubik, Beverly, Fontana, David and Lorimer, David, "Defining Consciousness," *Nature*: 358(6388), 618, 1992.

『科学朝日』（編）『ノーベル賞の光と陰』朝日新聞社（朝日選書）、1987年。

Kerner, Charlotte, *Lise, Atomphysikerin: Die Lebensgeschichte der Lise Meitner*, Beltz, 1986.［シャルロッテ・ケルナー（著）、平野卿子（訳）『核分裂を発見した人：リーゼ・マイトナーの生涯』晶文社、1990年］

Kragh, Helge, *Quantum Generations: A History of Physics in the Twentieth Century*, Princeton University Press, 2002.［ヘリガ・カーオ（著）、岡本拓司（監訳）、有賀暢迪／稲葉肇／小長谷大介（訳）『20世紀物理学史』（２分冊）名古屋大学出版会、2015年］

Kurtz, Paul, *Exuberant Skepticism*, Prometheus Books, 2010.

Kurtz, Paul, *The New Skepticism: Inquiry and Reliable Knowledge*, Prometheus Books, 1992,

Lemmerich, Jost, *Max von Laue: Intrepid and True: A Biography of the Physics Nobel Laureate*, translated by Ann Hentschel, Springer, 2022.

Lenard, Philipp, *Great Men of Science; a History of Scientific Progress*, Bell, 1933.

Lilienfeld, Scott, Basterfield, Candice, Bowes, Shawna and Costello, Thomas, "The Nobel Disease: When Intelligence Fails To Protect Against Irrationality," *Skeptical Inquirer*: 44-3, 2020.［スコット・リリエンフェルド／キャンディス・バスターフィールド／ショウナ・ボウズ／トーマス・コステロ（著）、高橋昌一郎（監訳）、阿部夏由美（訳）「ノーベル病：知性が不合理に陥る病」*Journal of the JAPAN SKEPTICS*: 29, 4-10, 2020.］

Maddox, Brenda, *Rosalind Franklin: The Dark Lady of DNA*, Harper Collins, 2003.［ブレンダ・マドックス（著）、福岡伸一（監訳）、鹿田昌美（訳）『ダークレディと呼ばれて：二重らせん発見とロザリンド・フランクリンの真実』化

Nicolson, 1995.［ジョン・グリビン（著）、櫻山義夫（訳）『シュレーディンガーの子猫たち』シュプリンガー・ジャパン、1998年］

Gunderman, Richard, "When Science Gets Ugly: The Story of Philipp Lenard and Albert Einstein: The Conversation," https://theconversation.com/when-science-gets-ugly-the-story-of-philipp-lenard-and-albert-einstein-43165, 2015.

Hager, Thomas, *Linus Pauling and the Chemistry of Life*, Oxford University Press, 1998.［トム・ヘイガー（著）、梨本治男（訳）『ライナス・ポーリング：科学への情熱と平和への信念』大月書店、2011年］

Hahn, Otto, *My Life*, translated by Ernst Kaiser and Eithne Wilkins, Herder, 1970.［オットー・ハーン（著）、山崎和夫（訳）『オットー・ハーン自伝』みすず書房、1977年］

Hameroff, Stuart, "Anesthesiologist, Quantum Consciousness Theorist & Researcher," https://hameroff.arizona.edu/, 2024.

Hargittai, István, *The Martians of Science: Five Physicists Who Changed the Twentieth Century*, Oxford University Press, 2006.

Heisenberg, Werner, *Physics and Beyond*, Harper & Row, 1971.［ヴェルナー・ハイゼンベルク（著）、山崎和夫（訳）『部分と全体：私の生涯の偉大な出会いと対話』みすず書房、1974年］

Heisenberg, Werner, *Physics and Philosophy*, Harper and Row, 1958.［ヴェルナー・ハイゼンベルク（著）、田村松平（訳）『自然科学的世界像』みすず書房、1994年］

Hentschel, Klaus, ed., *Physics and National Socialism: An Anthology of Primary Sources*, Birkhäuser, 1996.

Hermann, Armin, *Die neue Physik: Der Weg in das Atomzeitalter*, Moos, 1984.［アーミン・ヘルマン（著）、杉元賢治／一口捷二（訳）『アインシュタインの時代』地人書館、1993年］

Herneck, Friedrich, *Max von Laue*, Teubner, 1979.

Hillman, Bruce, Ertl-Wagner, Birgit and Wagner, Bernd, *The Man Who Stalked Einstein: How Nazi Scientist Philipp Lenard Changed the Course of History*, Lyons, 2015.［ブルース・ヒルマン／ビルギット・エルトル＝ヴァグナー／ベルント・ヴァグナー（著）、大山晶（訳）『アインシュタインとヒトラーの科学者：ノーベル賞学者レーナルトはなぜナチスと行動を共にしたのか』原書房、2016年］

Hodges, Andrew, *Alan Turing: The Enigma*, Vintage, 2012.［アンドルー・ホッジス（著）、土屋俊／土屋希和子／村上祐子（訳）『エニグマ：アラン・チューリング伝』（２分冊）勁草書房、2015年］

Hoffmann, Klaus, *Otto Hahn: Achievement and Responsibility*, translated by Cole,

Fermi, Laura, *Atoms in the Family: My Life with Enrico Fermi*, University of Chicago Press, 1954. [ラウラ・フェルミ（著）、崎川範行（訳）『フェルミの生涯：家族の中の原子』法政大学出版局、1977年]

Feynman, Richard, *Perfectly Reasonable Deviations from the Beaten Track: The Letters of Richard P. Feynman*, edited by Michelle Feynman, Basic Books, 2005. [リチャード・ファインマン（著）、ミシェル・ファインマン（編）、渡会圭子（訳）『ファインマンの手紙』ソフトバンククリエイティブ、2006年]

Feynman, Richard, *"Surely You're Joking, Mr. Feynman!": Adventures of a Curious Character*, Norton, 1985. [リチャード・ファインマン（著）、大貫昌子（訳）『ご冗談でしょう、ファインマンさん：ノーベル物理学者の自伝』（2分冊）岩波書店（岩波現代文庫）、2000年]

Feynman, Richard, Leighton, Robert and Sands, Matthew, *The Feynman Lectures on Physics: The Definitive and Extended Edition*, Addison Wesley, 2005. [リチャード・ファインマン／ロバート・レイトン／マシュー・サンズ（著）、坪井忠二／富山小太郎／宮島龍興／戸田盛和／砂川重信（訳）『ファインマン物理学』（5分冊）岩波書店、1986年]

Feynman, Richard, *"What Do You Care What Other People Think?": Further Adventures of a Curious Character*, Norton, 1988. [リチャード・ファインマン（著）、大貫昌子（訳）『困ります、ファインマンさん』岩波書店、1988年]

Fraser, Gordon, *The Quantum Exodus*, Oxford: Oxford University Press, 2012.

Frisch, Otto, *What Little I Remember*, Cambridge University Press, 1979.

藤原章生『湯川博士、原爆投下を知っていたのですか』新潮社、2015年。

Gardner, Martin, *Science: Good, Bad and Bogus*, Prometheus Books, 1981. [マーティン・ガードナー（著）、市場泰男（訳）『奇妙な論理』（2分冊）社会思想社（現代教養文庫）、1992年]

Gödel, Kurt, *Kurt Gödel Collected Works*, 5 Vols., edited by S. Feferman, et al., Oxford University Press, 1986-2004.

Goertzel, Ted and Goertzel, Ben, *Linus Pauling: A Life in Science and Politics*, Basic Books, 1995. [テッド・ゲーツェル／ベン・ゲーツェル（著）、石館康平（訳）『ポーリングの生涯：化学結合・平和運動・ビタミンC』朝日新聞社、1999年]

Gorski, David, "Luc Montagnier and the Nobel Disease: Science Based Medicine," https://sciencebasedmedicine.org/luc-montagnier-and-the-nobel-disease/, 2012.

Gratzer, Walter, *The Undergrowth of Science: Delusion, Self-deception, and Human Frailty*, Oxford University Press, 2001.

Gribbin, John, *Schrödinger's Kittens and the Search for Reality*, Weidenfeld &

Laureate Who Launched the Age of Chemical Warfare, Ecco, 2005.

Clary, David, *Schrödinger in Oxford*, World Scientific Publishing, 2022.

Cornwell, John, *Hitler's Scientist: Science, War and the Devil's Pact*, Penguin Books, 2003.［ジョン・コーンウェル（著）、松宮克昌（訳）『ヒトラーの科学者たち』作品社、2015年］

Crick, Francis, *The Astonishing Hypothesis: The Scientific Search for the Soul*, Charles Scribner's Sons, 1994.［フランシス・クリック（著）、中原英臣／佐川峻（訳）『ＤＮＡに魂はあるか：驚異の仮説』講談社、1995年］

Crick, Francis, *What Mad Pursuit: A Personal View of Scientific Discovery*, Basic Books, 1988.

Dawson, John, *Logical Dilemmas: The Life and Work of Kurt Gödel*, AK Peters, 1997.［ジョン・ドーソン（著）、村上祐子／塩谷賢（訳）『ロジカル・ディレンマ：ゲーデルの生涯と不完全性定理』新曜社、2006年］

Dirac, Paul, *The Principles of Quantum Mechanics*, Oxford University Press, 1930.［ポール・ディラック（著）、朝永振一郎／玉木英彦／木庭二郎／大塚益比古／伊藤大介（訳）『量子力学』岩波書店、1954年］

Dyson, George, *Turing's Cathedral: The Origins of the Digital Universe*, Penguin, 2013.［ジョージ・ダイソン（著）、吉田三知世（訳）『チューリングの大聖堂：コンピュータの創造とデジタル世界の到来』早川書房、2013年］

Edelson, Edward, *Francis Crick and James Watson: And the Building Blocks of Life*, Oxford University Press, 2000.

Einstein, Albert, *The Collected Papers of Albert Einstein*, edited by Diana Buchwald, 17 Vols., Princeton University Press, 1990-2024.［アルベルト・アインシュタイン（著）、湯川秀樹（監修）、中村誠太郎／井上健／谷川安孝／内山龍雄（訳）『アインシュタイン選集』（３分冊）共立出版、1972年］

El-Hai, Jack, *The Lobotomist: A Maverick Medical Genius and His Tragic Quest to Rid the World of Mental Illness*, Wiley, 2007.［ジャック・エル＝ハイ（著）、岩坂彰（訳）『ロボトミスト：3400回ロボトミー手術を行った医師の栄光と失墜』武田ランダムハウスジャパン、2009年］

Enz, Charles, *No Time to Be Brief, A Scientific Biography of Wolfgang Pauli*, Oxford University Press, 2002.

Ewald, Paul, *Max von Laue*, https://royalsocietypublishing.org/doi/pdf/10.1098/rsbm.1960.0028, 1960.

Farmelo, Graham, *The Strangest Man: The Hidden Life of Paul Dirac, Quantum Genius*, Faber, 2010.［グレアム・ファーメロ（著）、吉田三知世（訳）『量子の海、ディラックの深淵：天才物理学者の華々しき業績と寡黙なる生涯』早川書房、2010年］

参考文献

本書の性質上、本文中に詳細な出典の注は付けなかったが、本書で用いた事実情報は、原則的に以下の文献から得たものである。また、本書で引用した文章は、用語等を統一するため、すべて原文から直訳してある。なお、本書と拙著に重複部分があることをお断りしておきたい。

Abella, Alex, *Soldiers of Reason: The RAND Corporation and the Rise of the American Empire*, Houghton Mifflin Harcourt, 2008. [アレックス・アベラ（著）、牧野洋（訳）『ランド：世界を支配した研究所』文藝春秋、2008年]

Aspray, William, *John von Neumann and the Origins of Modern Computing*, MIT Press, 1990. [ウィリアム・アスプレイ（著）、杉山滋郎／吉田晴代（訳）『ノイマンとコンピュータの起源』産業図書、1995年]

Ball, Philip, *Serving the Reich: The Struggle for the Soul of Physics under Hitler*, University of Chicago Press, 2013. [フィリップ・ボール（著）、池内了／小畑史哉（訳）『ヒトラーと物理学者たち：科学が国家に仕えるとき』岩波書店、2016年]

Barone, Antonio and Paterno, Gianfranco, *Physics and Applications of the Josephson Effect*, Wiley, 1982.

Bernstein, Jeremy, *Hitler's Uranium Club: The Secret Recordings at Farm Hall*, Copernicus, 2001.

Beyerchen, Alan, *Scientists under Hitler: Politics and the Physics Community in the Third Reich*, Yale University Press, 1977.

Bohr, Niels, *The Collected Works of Niels Bohr*, 13 Vols., edited by Finn Aaserud, North Holland, 1972.

Boyle, Alan, "How to spot quantum quackery," https://www.nbcnews.com/science/how-spot-quantum-quackery-6c10403763, 2010.

Brian, Denis, *Einstein: A Life*, John Wiley, 1996.

Carroll, Robert, *The Skeptic's Dictionary: A Collection of Strange Beliefs, Amusing Deceptions, and Dangerous Delusions*, Wiley, 2007. [ロバート・キャロル（著）、小内亨／菊池聡／菊池誠／高橋昌一郎／皆神龍太郎（編）、小久保温／高橋信夫／長澤裕／福岡洋一（訳）『懐疑論者の事典』（２分冊）楽工社、2008年]

Cassidy, David, and Esterson, Allen, *Einstein's Wife: The Real Story of Mileva Einstein-Maric*, MIT Press, 2019.

Charles, Daniel, *Between Genius and Genocide*, Jonathan Cape, 2005.

Charles, Daniel, *Master Mind: The Rise and Fall of Fritz Haber, the Nobel*

ワ

ラ

マ

ヤ

ナ

ハ

タ

サ

カ

人 名 索 引

＊各章のメイン人物およびその章のページはゴチック体で表示。

ア

[装丁]
川添英昭
[編集協力]
岩谷菜都美

本書内の写真はパブリック・ドメインです。

〈著者略歴〉
高橋昌一郎（たかはし　しょういちろう）
1959年生まれ。國學院大學文学部教授。専門は論理学・科学哲学。主要著書に『理性の限界』『知性の限界』『感性の限界』『フォン・ノイマンの哲学』『ゲーデルの哲学』（以上、講談社現代新書）、『20世紀論争史』『自己分析論』『反オカルト論』『新書100冊』（以上、光文社新書）、『愛の論理学』（角川新書）、『東大生の論理』（ちくま新書）、『小林秀雄の哲学』（朝日新書）、『実践・哲学ディベート』（NHK出版新書）、『哲学ディベート』（NHKブックス）、『ノイマン・ゲーデル・チューリング』（筑摩選書）、『科学哲学のすすめ』（丸善）など多数。情報文化研究所所長、Japan Skeptics 副会長。

天才の光と影
ノーベル賞受賞者23人の狂気

2024年5月7日　第1版第1刷発行

著　者　高　橋　昌　一　郎
発行者　永　田　貴　之
発行所　株式会社ＰＨＰ研究所
東京本部　〒135-8137　江東区豊洲5-6-52
ビジネス・教養出版部　☎03-3520-9615（編集）
普及部　☎03-3520-9630（販売）
京都本部　〒601-8411　京都市南区西九条北ノ内町11
PHP INTERFACE　https://www.php.co.jp/

組　版　株式会社PHPエディターズ・グループ
印刷所　株式会社精興社
製本所　株式会社大進堂

ISBN978-4-569-85681-0

PHPの本

ハーバード大学卒業生が徹底解説！

米英の名門大学48

向井彩野 著

学生生活、授業、学外活動、街の様子などを徹底レポート。海外大学受験に必須のエッセイ作成から留学を考える時の必須の内容を紹介。

PHPの本

この20人でわかる 世界史のキホン

山本直人 著

世界史の人物を20名徹底解説。世界史全体に通底する概念を学びながら、通史と同時代の出来事が一度に理解できるようになる。